KB189519

아쉬타바크라의 노래

아쉬타바크라의 노래

Ashtavakra Gita

심성일 강설

침묵의 향기

머리말

솔직하게 고백하자면, 저는 《아쉬타바크라의 노래(Ashtavakra Gita)》라고 하는 인도 경전에 대해 아는 것이 거의 없습니다. 저자가 누구인지, 언제 어떻게 쓰였는지, 어떤 사상이나 철학을 담고 있는지에 대해서는 알지도 못할 뿐만 아니라 알고 싶지도 않습니다.

제가 아는 것이라곤 이 경전이 아쉬타바크라(Ashtavakra)라고 하는 여덟 가지 장애를 가진 성자와, 비데하(Videha) 또는 미틸라(Mithila)라는 고대 인도 왕국의 왕 자나카(Janaka)의 대화를 통해 심오한 비이원론의 가르침을 드러내고 있다는 것이 전부입니다.

따라서 이 책은 《아쉬타바크라 기타》라는 경전의 주해서도 아니고 해설서도 아닙니다. 다만 《아쉬타바크라 기타》라는 경전의 저자가 그 경전 속 등장인물들의 입을 빌려 전달하려고 한 의미에 대한 공감과 공명을 저 자신만의 방식으로 노래하고자 했을 뿐입니다.

이 책을 읽으실 때는 책 속의 글자와 그 의미보다는 그 글자와 의미를 통해 제가 나누려고 하는 실재를 함께 공감해 주시면 좋겠습니다. 책 속의 글자보다 그 글자가 드러나는 여백에, 글의 의미보다 그 의미가 드러나는 여러분 자신의 의식 자체에 주의를 기울여 주시기 바랍니다.

천천히 책의 의미를 공감하며 읽다 보면, 경전의 저자와 제가 끝없이 반복해서 가리키려는 어떤 것을 자기 자신 안에서 발견하게 될지도 모릅니다. 아니, 이 책과 이 책을 읽는 사람, 그리고 읽는 행위 전체가 무엇이라 표현할 수 없는 한 바탕이라는 사실을 문득 깨달을 수 있을지도 모르겠습니다.

강설에 사용한 텍스트는 존 리차즈(John Richards)[1]와 바트 마샬(Bart Marshall)[2], 스와미 니티야스와루파난다(Swami Nityaswarupananda)[3] 등 여러 영역자들의 텍스트를 참고하여 그 대의(大意)를 우리말로 재구성하여 옮겼습니다.

2018년 1월 어느 날 새벽
금정산 계명봉 아래에서

몽지 심성일 두 손 모음

---

1 realization.org
2 holybooks.com
3 《Astavakra Samhita》(Advaita Ashrama, 1975)

차례

아쉬타바크라의 노래

Ashtavakra Gita

1장
깨달음의 가르침

옳음과 그름, 즐거움과 고통은
오로지 마음속에만 존재할 뿐,
그대와 아무 상관이 없다.
그대는 행위자가 아니며,
그 결과를 받는 자도 아니다.
따라서 그대는 언제나 자유롭다.

1.

늙은 왕 자나카(Janaka)가 젊은 아쉬타바크라(Ashtavakra)에게 물었다.

"어찌해야 앎을 성취할 수 있으며, 어찌해야 해탈을 성취할 수 있으며, 어찌해야 무심(無心)을 성취할 수 있습니까? 부디 이 모든 것을 말씀해 주십시오."

자나카는 고대 인도의 왕국 가운데 하나인 비데하(Videha)를 통치했던 왕입니다. 그리고 아쉬타바크라는 자나카 왕의 영적인 스승, 곧 구루(Guru)로 알려져 있습니다. 전하는 바에 따르면 아쉬타바크라는 몸의 8군데가 선천적으로 기형인 사람[4]이었다 합니다. 아쉬타바크라의 노래, 곧《아쉬타바크라 기타》는 영적인 진리를 구하는 자나카 왕과 그의 스승 아쉬타바크라가 나눈 대화를 바탕으로 하고 있습니다.

대화는 자나카 왕의 질문으로 시작됩니다. "어떻게 해야 앎을 얻을 수 있는가? 어떻게 해야 해탈을 얻을 수 있는가? 어떻게 해야 무심을 얻을 수 있는가?" 표현은 제각각 다르지만 결국 묻고자 하는 바는 단 하나입니다. 즉, "어떻게 해야 깨달음을 얻을 수 있는가?" 이것은 모든 구도자의 궁극적인 질문입니다. "어떻게 해야 깨달음, 자유, 무심을 얻을 수 있는가?" 이 질문에 대해 아쉬타바크라는 어떻게 대답할까요?

아쉬타바크라의 대답을 살펴보기 전에 저의 노래 한 곡조 들어보십시오.

늙음이 바로 이것이다.
젊음이 바로 이것이다.
자나카 왕이 바로 이것이다.
아쉬타바크라가 바로 이것이다.

---

4 산스크리트 어 아쉬타(Ashta)는 8을, 바크라(Vakra)는 기형이라는 뜻을 나타낸다.

앎이 바로 이것이다.
해탈이 바로 이것이다.
무심이 바로 이것이다.

성취가 바로 이것이다.
말씀이 바로 이것이다.
모든 것이 바로 이것이다.
그대가 바로 이것이다.

오직 이것뿐이다!

2.

아쉬타바크라가 대답하였다.

"그대가 해탈을 성취하고자 한다면, 감각 대상들에 대한 욕망을 독(毒)과 같이 피하라. 그대의 주의를 감로(甘露)와 같은 관용, 진실, 자비, 만족과 진리에 기울여라."

"아쉬타바크라가 대답하였다."

속지 마십시오. 아쉬타바크라는 지금 어디에 있습니까? '고대 인도에 살았던 어떤 성자'라는 생각에 속지 마십시오. '과거'라는 어느 시점에 살았던 '누구'라는 이미지에 속지 마십시오. 아쉬타바크라는 바로 지금 여기 이 순간을 벗어나 독립적으로 실존하는 개체가 아닙니다.

아쉬타바크라와 그의 답변은 그대로 바로 지금 여기 이 순간 그대의 마음, 아니, 그대인 마음, 의식, 현존, 자각, 생명이 일으킨 작용일 뿐입니다.

16

그대가 해탈을 성취하는 따위의 일도 있을 수 없습니다. 해탈 역시 바로 지금 여기 이 순간 그대인 마음, 의식, 현존, 자각, 생명을 떠나 따로 있는 대상이 아니기 때문입니다. '구속'이라는 분별이 있기 때문에 '해탈'이라는 또 다른 분별이 있을 뿐입니다. 구속이 없다면 달리 해탈이 있을 수 없습니다.

그렇다면 구속은 무엇일까요? 보고 듣고 냄새 맡고 맛보고 느끼고 아는 감각 대상에 대한 욕망이 바로 구속입니다. 감각되는 대상이 객관적으로 실재하는 것이라는 착각이 바로 구속입니다. 그 모든 감각 대상을 감각하고 있는 '나'에 대한 집착이 바로 구속입니다.

감각 대상을 향하던 주의를 주의 그 자체, 자각의 성품 자체로 향하도록 하십시오. 모든 감각 대상을 허용하고 있으며, 진실하며, 모든 대상을 동등하게 여기며, 텅 비어 있으나 충만한 진리를 향하도록 하십시오. 자각이 자각 자체를 향하는 그 순간, 감각이 그려 낸 환영의 장막이 걷히게 될 것입니다.

감각이 빚어낸 분리의 환상이 사라지면서 말과 생각 너머의 진실과 하나가 될 것입니다.

3.

"그대는 땅도 아니고, 물도 아니고, 불도 아니고, 공기도 아니고, 심지어 허공조차 아니다. 해탈이란 그대 자신이 이 모든 것의 목격자인 자각(自覺)일 뿐임을 아는 것이다."

그대는 육체가 아니라, 그 육체를 자각하는 자입니다.

그대는 감정이 아니라, 그 감정을 자각하는 자입니다.
그대는 생각이 아니라, 그 생각을 자각하는 자입니다.

그대는 자각하는 자입니다.
그대는 자각 자체입니다.

모든 것은 이 자각의 소산입니다.
따라서 그대는 곧 모든 것입니다.

자각 안에서 그대와 모든 것은 하나입니다.

4.

"그대가 만일 자신이 육체라는 동일시에서 벗어나 자각 안에 머문다면, 즉시 구속에서 벗어나 만족하며 평화로워질 것이다."

그대는 자각입니다. 그대는 자각이 꾸는 꿈속의 등장인물과 같습니다. 그대를 둘러싼 세계는 자각이 꾸는 꿈속의 배경입니다. 모든 것이 자각입니다. 그러므로 자각은 하나의 대상으로서 존재하지는 않습니다.

자신이 하나의 육체라는 동일시에서 벗어나는 것, 그러한 자각이 바로 자각 안에 머무는 것입니다. 자각이 스스로 자각이라는 사실을 자각하는 것이 자각 안에 머무는 것입니다. 그것은 예상 밖으로 아주 평범한 경험입니다.

자각이 바로 해탈이며 만족이며 평화입니다.

5.

"그대는 브라만이나 다른 계급에 속하지 않으며, 어떤 단계에 있지도 않으며, 눈으로 볼 수 있는 무엇이 아니다. 그대는 손댈 수 없고, 형상이 없는, 모든 것의 목격자이다. 그러므로 행복하라."

그대는 어떤 인종, 성별, 계급, 연령, 속성을 가진 인간 개체가 아닙니다. 그것이 바로 잘못된 동일시입니다. 그것이 바로 근본적인 무지(無知)입니다. 그것이 바로 우리의 눈을 가리고 있는 환영입니다.

그대는 태어난 적이 없는 영원한 자각, 영원한 존재입니다. 그대는 늘어나지도 줄어들지도 않는 완전한 자각, 완전한 존재입니다. 그대는 더 깨끗해지지도 더 더러워지지도 않는 순수한 자각, 순수한 존재입니다.

그대는 모든 것을 다 알지만 자기 자신만은 결코 알 수 없는 절대적인 자각입니다. 마치 모든 대상을 다 볼 수 있지만, 그것을 보고 있는 자기 자신만은 결코 보지 못하는 눈과 같습니다.

보이는 대상이 그것을 보고 있는 눈의 시야를 벗어나 있지 않듯이, 지각되는 모든 것은 그것을 경험하고 있는 자각의 성품을 벗어나 따로 있지 않습니다. 결국 모든 것은 자각의 자기 현현일 뿐입니다.

자각과 자각되는 대상은 둘이 아닙니다. 자각과 자각하는 자 역시 둘이 아닙니다. 오직 자각뿐이므로, 자각 하나마저 아닙니다.

6.

"옳음과 그름, 즐거움과 고통은 오로지 마음속에만 존재할 뿐, 그대와 아무 상관이 없다. 그대는 행위자가 아니며, 그 결과를 받는 자도 아니다. 따라서 그대는 언제나 자유롭다."

옳음과 그름, 즐거움과 고통 같은 상대적 분별은 객관적 실체가 아닙니다. 비유하자면 꿈속에서 본 금 덩어리도 실체는 꿈이요, 똥 덩어리도 그 실체는 역시 꿈인 것과 같습니다. 그러나 꿈이라는 객관적 실체는 없습니다. 따라서 금 덩어리도 없고 똥 덩어리도 없습니다.

옳음과 그름도 마음이 빚어낸 환상입니다. 즐거움과 고통도 마음이 빚어낸 환상입니다. 그 모든 상대적 분별의 실체, 질료는 동일한 마음입니다. 그러나 마음이라는 독립된 실체는 없습니다. 따라서 그것이 빚어낸 옳음과 그름, 즐거움과 고통도 객관적 실재는 아닙니다.

진실한 그대 자신, 참나는 마음과 아무 상관이 없습니다. 진실한 그대 자신, 참나는 그러한 마음의 상대적 분별이 드러날 수 있는 텅 빈 가능성의 공간, 의식인 존재, 존재인 의식 자체입니다.

그러므로 그대는 하나의 행위자, 또는 그러한 행위의 결과를 받는 자가 아닙니다. 그대는 하나의 대상이 아닙니다. 그대는 하나의 개체가 아닙니다. 그대는 결코 부분이 아닙니다.

그대는 그대인 것과 그대가 아닌 것으로 분리될 수 없는 존재입니다. 그대는 그대인 것과 그대가 아닌 것 모두를 수용하고 있는 무엇입니다. 그대는 안과 밖, 위와 아래, 앞과 뒤, 왼쪽과 오른쪽이 없습니다.

이 사실을 깨닫는 것, 그것이 바로 자유입니다.

7.

"그대는 존재하는 모든 것의 유일무이한 목격자이며, 언제나 자유롭다. 문제는 그대가 자신을 목격자가 아닌, 목격되는 것으로 여긴다는 것이다."

오늘 아침 잠에서 깨어 의식이 돌아왔을 때 비로소 그대 자신과 바깥의 세계가 그대의 감각 기관을 통해 지각됩니다. 그렇게 깨어난 이후 다시 잠들기 전까지 그대는 무수한 사물과 사건을 느끼고 경험하고 분별합니다. 그러다가 다시 의식이 잠들면서 그대 자신과 바깥 세계 전체는 사라집니다.

만약 그대가 꿈도 꾸지 않는 깊은 잠을 잤다고 할 때, 그것은 그대의 경험입니까? 꿈도 없는 깊은 잠 속에서는 그대는 물론 어떤 사물, 사건, 경험도 없었습니다. 그렇다면 그대는 그대 자신의 부재를 경험했다고 말하고 있는 셈입니다. 그대가 없었다는 사실을 그대 자신이 경험했다는 것은 명백한 모순입니다.

그렇지만 그대는 분명 꿈도 꾸지 않고 자기 자신은 물론 어떤 대상도 부재했다는 경험을 하지 않았습니까? 아무 의식이 없었다는 경험을 목격했던 목격자는 깨어 있는 의식 상태의 그대 자신이 아닙니다. 깨어 있는 의식 상태의 그대 자신은 목격되는 것이지, 목격하는 자는 아닙니다.

그대의 의식과 무의식 전체를 목격하는 근원적 의식, 의식마저 아닌 의식, 바탕의식, 순수의식, 근원의식, 자연스러운 자각의 성품이 바로 그대의 참모습, 참나입니다. 그것은 깨어 있는 의식 상태의 그대에게 결코 목격되지 않습니다. 그것만이 유일무이한 목격자, 보는 자이기 때문입니다.

마치 그대의 눈이 모든 것을 목격하지만 그 눈 자체는 목격되지 않는 것과 흡사합니다. 눈 자체는 목격되지 않지만 다른 대상들을 목격하고 있다는 사실을 통해 그 존재가 확인됩니다. 마찬가지로 목격자를 다시 목격할 수는 없지만 목격되는 것들을 통해 목격자가 확인됩니다.

그대는 어떤 사물이 아닙니다. 그대는 그 사물을 목격하는 자입니다. 그대는 어떤 느낌이 아닙니다. 그대는 그 느낌을 목격하는 자입니다. 그대는 어떤 감정이 아닙니다. 그대는 그 감정을 목격하는 자입니다. 그대는 어떤 생각이 아닙니다. 그대는 그 생각을 목격하는 자입니다.

그대 자신을 사물, 느낌, 감정, 생각과 동일시하지 마십시오. 진정한 그대 자신은 그것들의 목격자입니다. 그러므로 그대는 언제나 자유롭습니다.

8.
"그대가 '나는 행위자다.'라고 믿는 것은 커다란 검은 독사(毒蛇)에게 물린 것과 같다. '나는 행위자가 아니라 목격자다.'라는 해독제를 마셔라. 그러면 행복해지리라."

흔히 '나'라고 하는 고정불변의 실체가 있어 그것이 모든 행위를 일으키고 그 결과를 받는다고 여깁니다. 그러나 '나'가 있다는 이 근본적 분별, 근본적 분열이야말로 인간 고통의 뿌리입니다.

있는 그대로의 사실을 보십시오.

'나'는 의식하는 자, 목격하는 자가 아니라 의식되는 것, 목격되는 것에 불과합니다. 분별 의식이 사라지는 깊은 잠 속에서 '나'가 사라지는 까닭은 '나'의 실체가 사실은 분별 의식, 곧 생각의 결과이기 때문입니다.

"나는 생각한다. 고로 나는 존재한다."는 데카르트의 명제가 이러한 착각을 분명하게 보여 주고 있습니다. '나'는 생각하는 행위자가 아닙니다. 오히려 '나'는 생각의 소산, '나'는 곧 생각입니다.

생각하면 '나'는 있지만, 생각하지 않으면 '나'는 존재하지 않습니다.

'나'가 있을 때나 없을 때나, 즉 생각이 있을 때나 없을 때나 한결같이 있는 것이 참나입니다. '나'-생각 있음과 '나'-생각 없음을 아무 차별 없이 비추고 있는 의식, 자각, 목격자가 바로 참나입니다.

바로 지금 눈앞이 바로 그것입니다. 이것이 그것입니다.

이것은 있는 것도 아니고, 없는 것도 아닙니다. 동시에 있는 것도 이것이고, 없는 것도 이것입니다. 이것은 아는 것도 아니고, 모르는 것도 아닙니다. 동시에 아는 것도 이것이고, 모르는 것도 이것입니다.

그대가 바로 이것입니다.

9.
"'나는 단일하고 순수한 자각이다.'라는 이해의 불로 무지(無知)의 숲을 태워 버려라. 그러면 고통에서 자유롭고 행복하리라."

바로 지금 이 순간 다섯 가지 감각 기관을 통해 끊임없이 상대적 분별, 인식이 일어났다가 사라집니다. 마치 텅 빈 칠판 위에 끊임없이 무언가를 그렸다가 지우는 것과 흡사합니다.

칠판 위에 그려지는 것들은 나타났다 사라지지만 그것들의 배경이 되는 칠판은 나타나지도 사라지지도 않습니다. 언제나 변함없이 그 자리에 있습니다. 칠판 자체를 칠판 위에 그릴 수는 없습니다.

그러나 그 모든 그림이 칠판을 벗어나 따로 존재하는 것은 아닙니다. 어떤 그림도 결국 칠판과 둘이 아닙니다. 마찬가지로 모든 상대적 분별, 인식 역시 제 스스로는 드러나지 않는 순수한 자각과 둘이 아닙니다.

바로 지금 이 순간 그대는 그대 자신의 존재를 지각(知覺)하고 있습니다. 육체적 감각과 감정이나 생각 등의 정신 작용에 대한 지각을 통해 그대는 그대 자신이 존재한다고 믿습니다.

사실 진정한 그대 자신, 참나는 그러한 지각의 목격자, 곧 더 이상 나눌 수 없는 단일하고 순수한 자각(自覺) 자체입니다. 텅 비어 아무런 실체가 없는 것 같지만 모든 현상이 출몰하는 허공과 같은 의식입니다.

그대의 육체와 그 육체 바깥의 물질적 세계, 그대 내면의 정신 작용 전체가 그대로 자각 자체입니다. 자각의 여러 가지 다른 모습입니다. 마치 텅 빈 허공에서 때로 구름이 일어나고 비가 오는 것과 같습니다.

많은 일이 그 안에서 벌어졌지만 허공은 언제나 변함없이 그대로 있습니다. 많은 사건을 경험했지만 자각은 조금도 변함없이 바로 지금 여기 있습니다. 언제나 변함없지만 늘 새로운, 바로 지금 여기 이 순간의 현존입니다.

모든 것이 그것입니다. 바로 지금 이것이 그것입니다. 이것에 눈뜰 때, 이것에 대한 무지 때문에 발생한 모든 고통에서 벗어나게 됩니다. 때로는 순식간에, 때로는 오랜 시간에 걸쳐 자각이 스스로를 자각하게 됩니다.

10.

"그대는 한계 없는 자각, 지고의 기쁨이다. 그 안에서 이 현상 세계가 마치 새끼줄이 뱀으로 보이는 환영처럼 나타나고 있다. 그러므로 행복하라."

신기루가 나타나기 위해서는 그것보다 먼저, 그것보다 굳건하게 허공이 존재해야만 합니다. 마찬가지로 온갖 분별, 온갖 인식, 온갖 현상이 드러나기 위해서는 제 스스로는 분별되지 않고, 제 스스로는 인식되지 않고, 제 스스로는 드러나지 않는 무엇이 먼저 있어야만 합니다.

그것이 바로 자각, 진정한 그대 자신입니다. 아무 내용이 없는 의식 자체, 순수한 존재 자체가 바로 자각입니다. 겉보기에 실재하는 것 같은 모든 현상 세계는 사실 이 내용 없는 의식이라는 스크린 위에 비친 영상, 순수한 존재라는 무대 위에서 등장했다 퇴장하는 배우들과 같습니다.

어두운 밤에 땅에 떨어진 새끼줄을 보고 뱀인 줄 착각하는 것과 같이, 오감을 통해 지각되는 현상 세계가 사실은 오직 순수한 자각이라는 사실을 알지 못할 뿐입니다. 따라서 어떠한 일이 벌어졌다고 하더라도 실제로는 아무 일도 일어나지 않은 것과 같습니다.

이 사실에 대한 깨달음이야말로 지고의 기쁨이자 행복이며 자유입니다.

11.

"그대가 만약 자유롭다고 생각한다면 그대는 자유롭다. 그대가 만약 구속되어 있다고 생각한다면 그대는 구속되어 있다. '그대는 바로 그대가 생각하는 것이다.'라는 말은 진실이다."

그대가 한계 없는 자각임을 경험했다면 그대는 자유롭습니다. 그대가 이 육체와 이 마음이라고 믿고 있다면 그대는 그것에 구속되어 있습니다. 그대의 생각이 바로 그대의 정체성이기 때문입니다.

그대가 애초에 구속되지 않았다면 다시 구속에서 풀려나는 일 또한 없습니다. 그대 스스로 구속되어 있다고 믿고 있기 때문에 해탈을 찾는 것입니다. 진정한 해탈은 스스로 구속되어 있다는 바로 그 생각에서 벗어나는 것입니다.

해탈을 구하기 이전에 그것을 구하고 있는 그대 자신을 바로 보십시오.

그대는 누구입니까? 그대는 무엇입니까? 어떤 육체, 어떤 느낌, 어떤 감정, 어떤 생각도 아닌, 그 모든 것의 영원한 목격자인 그대 자신은 진정 무엇입니까? 이 질문이 어디에서 나타났다가 어디로 사라집니까?

그러나 이러한 질문들에 대한 어떠한 대답도 모두 생각의 소산일 뿐입니다. 따라서 모두 부질없는 대답입니다. 질문에 대한 대답을 찾을 것이 아니라, 그 질문이 일어난 곳으로 들어가십시오. 질문이 사라진 곳으로 들어가십시오.

그 순간 한계 없는 자각, 자연스러운 존재 자체인 그대의 참나가 스스로를 드러낼 것입니다. 결코 모든 현상과 둘은 아니지만, 나타났다 사라지는 현상들과는 상관없는 무언가를 비로소 알아차리게 될 것입니다.

12.

"그대의 참된 본성은 완전하고 자유로우며 모든 곳에 두루 펼쳐져 있는 의식, 어디에도 집착하지 않고 움직이지 않으며 고요한 유일한 목격자이다. 오로지 잘못된 믿음, 환상 때문에 그대가 세상 속에 있는 것처럼 보일 뿐이다."

그대가 자신의 참된 본성을 확인하려 하면 그대는 결코 자신의 참된 본성을 확인할 수 없습니다. 이 거대한 역설을 깨달아야만 합니다. 그대가 자신의 참된 본성을 확인하려 한다는 말은 곧, 그대와 그대의 참된 본성이 서로 독립적으로 존재한다는 의미입니다.

아닙니다.

그대가 바로 참된 본성입니다. 그대와 그대의 참된 본성은 결코 둘이 아닙니다. 확인하려는 주체와 확인하려는 대상이 동일한 그대 자신, 참된 본성입니다. 따라서 어떠한 노력이나 움직임이 필요하지 않습니다. 조금의 시간도 걸리지 않고 즉각 확인됩니다. 바로 지금, 바로 여기입니다.

이것입니다.

이것은 불완전까지 포함하고 있는 완전함입니다. 이것은 본래 자유롭습니다. 오직 이것밖에 없습니다. 따라서 집착할 다른 것이 없습니다. 둘이 없기 때문에 움직임이 없습니다. 그러므로 완전한 침묵입니다. 이것은 보는 자와 보이는 대상이 둘이 아닌 유일한 목격자입니다.

오직 그대 자신이 이 몸과 이 마음이라는 잘못된 믿음, 착각, 환상 때문에 그대가 세상 속에 있는 것처럼 보일 뿐입니다. 그대가 무소부재(無所不在)한 유일한 의식, 한계가 없는 자각의 성품임을 깨닫는 순간, 세상은 그대가 꾸는 꿈처럼 그대 안에서 나타나고 있을 뿐임을 알 것입니다. 인생이란 그대가 꾸는 한바탕 꿈입니다.

13.

"그대 자신이 변함없고 의식하고 있으며 비이원적인 자각임을 명상하라. 그대가 분리되어 있는 한 개인이며 안과 밖이 있다는 생각을 포기하라."

그대는 이미 그것입니다. 그대는 이미 그대 자신입니다. 그대가 다시 그것, 그대 자신이 될 수는 없습니다.

진정한 그대 자신에 대해 명상하십시오.

변하는 것은 참다운 그대 자신일 수 없습니다. 따라서 변하는 육체는 참다운 그대 자신이 아닙니다. 변하는 마음 역시 그대 자신이 아닙니다.

진정한 그대 자신에 대해 명상하십시오.

잠과 꿈과 깸의 세 가지 의식 상태에 늘 변함없이 있는 것은 무엇입니까? 세 가지 의식 상태에서 모든 것을 의식하고 있는 그것은 무엇입니까?

진정한 그대 자신에 대해 명상하십시오.

그대 자신은 결코 둘이 아닙니다. 따라서 그대가 의식하는 대상으로서의 그대는 참다운 그대 자신이 아닙니다.

행복도 그대 자신이 아닙니다. 불행도 그대 자신이 아닙니다. 고요함도 그대 자신이 아닙니다. 소란함도 그대 자신이 아닙니다. 존재도 그대 자신이 아닙니다. 비(非)존재도 그대 자신이 아닙니다. 그대는 이 모든 상대적 분별, 이원성을 넘어서 있습니다.

진정한 그대 자신에 대해 명상하십시오.

그대는 외부의 세계와 분리되어 있는 개체가 아닙니다. 그대는 세계와 결코 분리되어 있지 않습니다. 그 잘못된 생각을 포기하십시오.

그대가 바로 세계이고, 세계가 바로 그대입니다. 그대의 바깥이 바로 그대의 안이고, 그대의 안이 바로 그대의 바깥입니다. 그대는 안도 없고 밖도 없습니다.

진정한 그대 자신에 대해 명상하십시오.

14.
"나의 아들아, 그대는 오랫동안 '나는 육체다.'라는 습관적인 생각에 묶여 있었다. '나는 자각이다.'라는 지혜의 칼로 그것을 자르고 행복하라."

그대가 아무리 나이가 많다 하더라도 진리를 깨닫지 못했다면 아무것도 모르는 어린아이와 같습니다. 그래서 젊은 아쉬타바크라가 나이 많은 자나카 왕을 "나의 아들아!"라고 부를 수 있는 것입니다.

'나는 육체다.'라는 습관적 생각이 그대를 얽어매는 족쇄라면, '나는 자각이다.'라는 생각 역시 또 다른 족쇄에 불과합니다. 그것이 황금으로 만들어졌다 하더라도 족쇄는 족쇄일 뿐입니다.

'나는 자각이다.'가 하나의 생각, 지식이어서는 안 됩니다. 그것은 직접적인 체험, 생각을 넘어선 즉각적인 경험이어야만 합니다. 바로 그러할 때 밝은 빛 가운데 어둠이 존재할 수 없는 것처럼, 모든 생각의 구속이 사라집니다.

바로 지금 이 순간 이미 그대는 아무 한계 없는 자각 자체입니다. 오직 자각 자체만 실재하기 때문에 이 자각을 상대적으로 인식할 하나의 주체적 개인으로서 그대는 존재하지 않습니다.

'나는 하나의 육체를 가진 개인이다.'라는 습관적 생각이 본래 한계 없는 자각인 그대를 제한하고 있었을 뿐입니다. '나는 자각이다.'라는 직접적인 체험만이 그대를 이 생각의 구속에서 벗어나 자유롭게 해 줄 수 있습니다.

'나는 육체이다.'라는 생각은 잘못된 착각에 불과하므로 그 착각에서 깨어날 뿐, 다시 얻어야 할 해탈과 자유 따위는 없습니다. 문득 '나는 자각이다.'라는 직접적 체험을 통해 그대 자신이 본래 자각 자체였음을 깨달을 뿐입니다.

무엇이 되거나 얻거나 잃는 것이 아닙니다. 무엇이 되고 얻고 잃는 것이 애초에 불가능한 '있는 이대로'를 깨닫는 것일 뿐입니다. 직접 체험하면 너무나 쉽지만, 생각으로 이해하려 하면 너무나 어렵습니다.

15.
"그대는 이미 자유롭고 자명(自明)하며 청정하고 고요하다. 수행을 통해 스스로를 평화롭게 만들려고 노력하는 것이 그대의 구속이다."

믿기 어렵겠지만 그대가 성취하고자 하는 모든 것은 이미 이루어져 있습니다. 깨달음, 마음의 평화, 행복…. 그것이 어떤 것이든 그대가 이미 그것입니다. 모든 다양한 형태의 사건, 사물, 사태들의 본질은 오로지 순수한 자각일 뿐입니다. 마치 어젯밤 꿈속의 다양한 사건, 사물, 사태 모두가 오직 꿈일 뿐인 것과 같습니다.

모든 것은 한계 없고 스스로 빛나며 대상에 물들지 않는 고요한 의식, 자각입니다. 모양, 빛깔, 소리, 냄새, 맛, 느낌, 생각이라는 현상적 분별에 속지 않는다면 그 모든 차별 현상이 그저 살아 있는 의식, 자각의 변용에 불과합니다. 그래서 모든 종교 전통에서 이 세계를 환영, 마야(maya), 꿈이라 일컫는 것입니다. 실재하는 것처럼 보이나 실재는 아닙니다.

이 자각, 몸과 마음이 아닌 있는 그대로의 그대 자신은 수행을 통해 성취하거나 만들어 낼 수 있는 대상이 결코 아닙니다. 그 한 생각으로 인해 모든 고통이 비롯됩니다. 수행하는 주체로서의 '나'가 있어 수행이라는 방편을 통해 언젠가는 무언가를 성취하리라는 무의식적 분별. 그 한 생각이 분리와 소외를 만들어 냈을 뿐입니다.

그대가 깨달음을 얻지 못하는 것은 깨달음이라는 실체를 그대가 얻지 못해서가 아니라, 그것을 얻으려는 생각을 가지고 있기 때문입니다. 그대가 고통에서 벗어나지 못하는 이유는 고통이라는 실체가 있어서가 아니라, 그것을 피하려고 노력하고 있기 때문입니다. 온통 하나의 꿈일 뿐인 꿈속 세상에서 꿈속의 황금을 탐하거나, 꿈속의 호랑이를 피해 도망치려 하는 것 모두 꿈일 뿐입니다.

단지 그 꿈, 그 착각, 그 미망에서 깨어나십시오. 본래 그런 일은 없었습니다. 진정한 그대 자신은 그러한 사건, 사물, 사태에 의해 영향 받지 않는 순수한 자각, 영원한 생명, 텅 비어 있는 의식입니다. 아니, 그러한 이름들과도 아무 상관없는 바로 지금 이 순간, 이것입니다. 어디에도 의지하지 않고 제 스스로 존재하는 존재 자체입니다.

아, 저의 가난한 언어로는 도무지 이것을 표현할 길이 없습니다.

16.

"이 세상은 그대로서 충만하며 그대 안에 존재하고 있다. 그대는 순수한 자각이다. 그러므로 그대가 육체라는 편협한 개념을 포기하라."

그대는 스스로를 육체 안에 갇힌 존재라 믿기 때문에 바깥 세계와 분리된 것처럼 느끼고 있습니다. 그러나 있는 그대로의 사실은 그대의 존재가 확인되는 순간, 바깥 세계의 존재 또한 동시에 함께 확인되고 있다는 것입니다.

그대는 육체인 '나', 정확히는 몸과 마음의 결합체인 '나'라고 하는 주체가 바깥 세계라는 객체를 경험하고 있다고 믿어 의심치 않습니다. 그러나 정확히는 '내가 바깥 세계를 경험하고 있다는 느낌'이 지각된다는 사실뿐입니다.

'내가 있다'는 느낌은 여러 가지 감각 지각과 의식적, 무의식적인 분별의 결합체입니다. 그것은 일정하게 고정된 느낌이 아니라 수시로 변화하는 불확실한 느낌입니다. 실제로 그 느낌의 밑바탕에는 아무 내용 없는 의식이 있을 뿐입니다.

아무리 미묘한 느낌이라 할지라도 지각되는 것은 모두 진정한 그대 자신이 아닙니다. 그대는 제 스스로는 드러나지 않으면서 모든 것을 드러내고 있는 텅 빈 의식의 배경, 순수한 자각의 성품입니다.

모든 것을 지각하고, 인식하고, 경험하고, 분별하면서도 제 스스로는 지각되지 않고, 인식되지 않고, 경험되지 않고, 분별되지 않는 절대적 주체입니다. 마치 모든 것을 보는 눈이 눈 자신은 보지 못하는 것과 같습니다.

순수한 자각으로서 그대 자신을 상대적으로 파악할 수는 없지만, 그렇다고 스스로를 부정할 수는 없습니다. 나와 바깥 세계가 분리된 것처럼 경험되고 있다는 사실이 그것들이 나타나는 텅 빈 배경과 같은 자각의 존재를 증명하고 있습니다.

마치 눈이 눈 자신을 볼 수는 없지만, 보이는 사물 하나하나가 눈을 벗어나 있지 않은 것과 같습니다. 바깥으로 보이는 모든 세계가 사실은 자기 눈 안인 것과 같습니다. 자기 눈의 시야를 벗어난 것은 아무것도 없는 것과 같습니다.

보이는 모든 것이 눈 자신인 것과 같이, 드러난 세계 전체가 그대 자신, 그대의 참나, 순수한 자각입니다. 어느 것 하나 그대 자신이 아닌 것이 없습니다. 그대가 바로 세계입니다. 세계는 그대 안에서 나타나는 이미지와 같습니다.

그대는 분리된 개체의 시각에서 나머지 세계를 바라보고 있는 전체입니다. 그대는 그대 자신을 보고 있습니다. 보는 자도 그대요, 보이는 것도 그대입니다. 눈이 눈 자신을 보고 있습니다. 보이는 대상을 떠나 독립적으로 존재하는 눈은 없습니다.

그대가 바로 그것입니다.

17.
"그대는 무조건적이고 변함없는, 모양도 없고 움직임도 없는, 굳건하고 헤아릴 수 없는, 아무것도 욕망하지 않는 자각이다. 그러므로 순수한 의식으로 확고하게 머물러 있으라."

자각이란, …….

바로 그것입니다. "자각이란"이라는 말 이후에 어떤 말이나 생각도 이어지지 않은 순간, 스스로를 드러냄 없이 드러내고 있는 텅 빈 공간 같은 의식입니다. 그러나 이러한 설명보다도 자각이란, ……. 이 (……), 이 공백, 이 비어 있음, 이 여백으로 있으십시오.

그것이 바로 자각, 그대의 참 성품입니다.

이것은 어디에도 의지함이 없습니다. 이것은 무조건적입니다. 둘이 없는 하나이므로 변함이 없습니다. 어떠한 모양도 없고, 어떤 실체도 없습니다. 따라서 한계가 없고 흔들림이 있을 수 없습니다. 생각으로 도무지 헤아릴 수 없으며, 그 자신 이외에 다른 것을 필요로 하지 않습니다.

그대는 이미 그것입니다.

이것밖에 다른 것은 없습니다. 오직 이것만 있습니다. 이것이 그대 자신입니다. 이것이 세상의 실상입니다. 이것은 모든 존재보다 앞서 존재하는, 존재의 밑바탕입니다. 모든 것이 실제로는 이것입니다. 이것은 있음도 아니고, 없음도 아닙니다. 있음의 실체도 이것이고, 없음의 실체도 사실은 이것입니다.

이것 이외에 다른 것이 없으므로, 이것은 순수합니다.

이 순수한 의식, 자각으로 머물러 있으십시오. 그것에서 비롯된 느낌이나 감정, 생각에 속지 마십시오. 그것은 환상, 이미지, 꿈과 같습니다. 새롭게 나타나지도, 끝내 사라지지도 않는 근원으로 머물러 있으십시오. 이것이 그것입니다. 그대가 그것입니다. 바로 지금 이 (……)입니다.

그대가 깨달아도 이 (……)이고, 깨닫지 못해도 이 (……)입니다. 다른 것은 존재할 가능성마저 없습니다.

18.

"형상은 실제가 아니고 오로지 형상 없는 것만이 영원한 것이라는 사실을 알라. 일단 그대가 이 사실을 알게 된다면 다시는 환상 속에 떨어지지 않으리라."

모든 형상은 감각 지각의 소산으로 결코 실제가 아닙니다. 마치 꿈속에서 감각적으로 지각했던 모든 것이 실제로는 존재하지 않았던 것과 같습니다. 진실로 영원하고 항상한 것은 스스로는 형상 없는 감각 지각의 근원, 그러한 감각 지각을 일으키고 있는 순수한 의식 자체입니다.

결국 우리가 알고 있고 경험하는 모든 것은 스스로는 형상이 없는 순수한 의식, 자각입니다. 지각과 인식의 주체도, 그것의 대상인 객체도, 그리고 그러한 지각과 인식 작용 자체도 모두 자각일 뿐입니다. 꿈속의 나도, 꿈속의 세상도, 꿈속의 경험도 모두 꿈일 뿐인 것과 마찬가지입니다.

모든 형상은 형상 없는 것 안에서 나타났다가 형상 없는 것 속으로 사라집니다. 비유하자면 우리의 모든 경험은 텅 빈 허공에서 인연 따라 조각구름이 나타났다가 그것이 다시 텅 빈 허공 속으로 사라지는 것과 같습니다. 이 사실이 분명하다면 그대는 더 이상 형상들이 빚어내는 환상에 속지 않을 것입니다.

그것이 바로 깨달음입니다.

19.

"마치 거울이 그것이 반영하는 이미지 안과 밖에 존재하는 것처럼, 궁극의 참나는 육체의 내부에 존재하는 동시에 외부에도 존재한다."

거울은 자신이 반영하고 있는 이미지를 자신 안에 포함하고 있는 동시에 비치는 대상과 상관없이 존재하고 있습니다. 거울 안에 비치는 이미지를 떠나서 따로 거울이 있는 것은 아니지만, 거울은 비치는 대상들에 영향 받지 않은 채로 존재합니다.

궁극의 참나 역시 몸과 마음이라는 개체적 자아 안에 있으면서 동시에 개체적 자아 바깥에 그것에 영향 받지 않은 채로 존재합니다. 마치 꿈속의 주인공인 자아가 꿈의 일부이면서 꿈 전체인 것과 같습니다. 궁극의 참나는 개체적 자아를 포함하면서 동시에 그것과 상관없는 전체로서 존재합니다.

오직 단일한 자각, 유일한 목격자만 있습니다. 자각되고 목격되는 대상들과, 그것을 자각하고 목격하는 자는 결코 둘이 아닙니다. 자각하고 목격하는 자 안에 자각되고 목격되는 대상들이 있음과 동시에, 자각하고 목격하는 자는 자각되고 목격되는 대상들 밖에 있습니다.

안이 그대로 밖이면서, 밖이 그대로 안입니다. 부분이 그대로 전체이면서, 전체가 그대로 부분입니다. 내가 그대로 세계이면서, 세계가 그대로 나입니다. 있음이 그대로 없음이면서, 없음이 그대로 있음입니다. 앎이 그대로 모름이면서, 모름이 그대로 앎입니다.

바로 이것이 그것입니다.

20.

"마치 동일한 허공이 병 안과 밖에 존재하는 것처럼, 영원히 끊어지지 않는 하나가 모든 사물의 안과 밖에 존재한다."

모든 사물이 이루어졌다가 변하고 없어지더라도 그것들을 둘러싸고 있는 허공은 변함이 없습니다. 허공은 어떠한 물질적 실체가 없지만 아주 없는 것은 아닙니다. 존재와 부재의 상대성을 아우르는 절대적 현존이 허공입니다.

우리의 자아와 그것이 경험한 모든 것은 나타났다가 변하고 사라지더라도 그것들을 수용하고 있는 의식은 끊어짐이 없습니다. 순수 의식, 자각의 성품은 스스로는 결코 대상화되지 않은 채로 현존하고 있습니다.

바로 지금 이 글을 보고 있다는 사실이 그것을 증명하고 있습니다.

허공은 어떠한 경계선이나 한계로 제한할 수 없습니다. 따라서 안도 없고 바깥도 없습니다. 겉으로 보기에 테두리나 벽에 의해 안과 밖이 나뉘어 있는 것처럼 보일지라도 그것은 언제나 동일한 허공입니다.

꿈속에 등장하는 모든 것의 재료가 꿈 하나이듯이, 우리가 지각하는 모든 대상은 의식 하나로 만들어졌습니다. 지각의 주체와 객체는 물론 지각 작용 자체도 의식의 결과물입니다. 결국 오직 의식만 존재합니다.

바로 지금 이것이 의식입니다.

이것은 안도 없지만 밖도 없습니다. 이것은 있지도 않지만 없지도 않습니다. 이것은 알 수도 없지만 모를 수도 없습니다. 이것은 가질 수도 없지만 버릴 수도 없습니다. 이것은 가까이 다가갈 수도 없지만 멀리 벗어날 수도 없습니다.

언제나 바로 지금 이것뿐입니다.

2장
깨달음의 기쁨

마치 물결과 물거품이
물과 다르지 않은 것처럼,
이 모든 세상은 참나에서 출현했으며,
참나와 다르지 않습니다.

1.

자나카 왕이 말했다.

"나는 티끌 한 점 없이 깨끗하고 평온한, 순수한 의식, 자각입니다. 이제까지 나는 허상에 속아 왔습니다."

아쉬타바크라의 이야기를 귀 기울여 듣고 있던 자나카 왕은 마침내 자기 자신의 진정한 정체성을 깨닫게 되었습니다. 깨달음은 대부분 이와 같이 이 일을 먼저 깨달은 사람이 아직 이 일을 깨닫지 못한 사람과 얼굴을 마주하고 상호 작용하는 가운데 일어납니다.

깨달음이란 특별한 의식의 상태를 성취하는 것도 아니고, 남과 다른 능력을 소유하게 되는 것도 아닙니다. 깨달음은 정확히 있는 그대로의 자기 자신, 어떤 의도적인 수행이나 노력이 필요 없는, 본래부터 주어져 있는 본성을 스스로 깨닫는 것일 뿐입니다.

깨달음의 순간, 조금도 모자람 없이 갖추어져 있는 눈앞의 사실, 바로 이 자각, 이 의식을 깨닫게 됩니다. 이때까지 어떻게 이 사실을 모르고 살아올 수 있었는지 스스로 생각해도 믿기지가 않습니다. 깊은 잠, 또는 긴 꿈에서 깨어났다는 표현이 실감이 납니다.

깨달음은 이처럼 전복적이고 갑작스럽습니다. 점진적이고 점차적인 깨달음은 없습니다. 깨달음은 생각이 개입할 틈이 없는, 즉각적이고 전체적인 경험입니다. 경험하는 자와 경험되는 대상의 분열이 사라진, 전일성(Oneness)의 체험, 일시에 모든 한계에서 벗어나는 체험입니다.

깨달음은 본래부터 바로 지금 여기 이렇게 있습니다.

2.

"내가 이 육체를 비추는 것처럼, 그렇게 나는 온 세상을 비추고 있습니다. 그러므로 나는 모든 것이거나 아무것도 아닙니다."

그대는 육체가 아닙니다. 그대는 그 육체를 지각하는 자입니다. 깊은 잠 속에서는 육체에 대한 지각마저 사라지지만 그대 자신은 사라지지 않았습니다. 깊은 잠 속에서 육체의 부재를 목격한 자가 바로 그대입니다.

그대는 정신이 아닙니다. 그대는 어떤 느낌, 감정, 생각, 의식이 아닙니다. 그대는 그 모든 것을 지각하는 자, 그 모든 것의 유일무이한 목격자입니다. 그대가 무의식 상태에 있었을 때조차 현존했던 그것이 바로 그대입니다.

그대는 개체적 존재로서의 그대 자신과 그것을 둘러싼 세계 전체를 비추고 있는 자각의 빛입니다. 의식인 광명, 광명인 의식이 그대입니다. 실제로는 이 자각, 이 의식, 이 빛만이 존재합니다. 자각이 곧 존재입니다.

따라서 그대가 바로 현상 세계 전체입니다. 마치 꿈속의 주인공과 그의 세계가 모두 꿈 하나로 귀결되듯이, 개체적 존재로서의 그대와 그것을 둘러싼 세계 전체는 자각일 뿐입니다. 그대가 모든 것입니다.

바로 그러할 때, 그대라는 존재는 따로 있지 않습니다. 전체라는 것은 따로 있을 수 없습니다. 전체가 있다고 하려면 그 바깥에서 그것을 인식할 자가 별개로 있어야 하기 때문입니다. 그러면 그것은 전체가 아닙니다.

그대는 없으면서 있습니다. 자각은 다른 자각의 대상으로 존재하지 않습니다. 오직 하나의 자각만 있을 뿐입니다. 그러할 때 자각은 따로 없는 것입니다. 일체가 자각이면 그 가운데 어느 하나만이 자각일 수 없습니다.

따라서 그대는 모든 것이자 아무것도 아닌 것입니다. 그대는 아무것도 아닌 것이기에 모든 것입니다. 꿈속의 다양한 현상들이 모두 꿈 하나이지만 꿈은 다양한 현상들 중 하나로서 존재하지는 않는 것과 같습니다.

지금 이 순간 이렇게 존재하는 것이 바로 그대, 자각입니다. 이것을 대상화하여 알려고 하는 순간 어긋납니다. 아는 것도 아니고, 모르는 것도 아닙니다. 그 애매모호하고 미묘한 순간 문득 전환이 찾아옵니다.

바로 지금 이것입니다.

3.
"이제 스승님의 자비로운 가르침을 통해 육체와 이 세상을 포기해 버리자, 분명하게 참나를 인식하게 되었습니다."

이 가르침은 반드시 한 사람에게서 다른 한 사람에게로 전달됩니다. 꽃이 피면 벌과 나비가 날아들듯이, 이 가르침을 받아들일 준비가 된 사람에게는 반드시 스승이 될 사람이 나타납니다. 사람의 이성으로는 헤아릴 수 없는 인연을 통해 자신의 무지와 어리석음을 돌아보게 해 줄 사람을 만나게 됩니다. 이것이 이 가르침의 아름다움입니다.

스승과의 만남을 통해, 그의 가르침을 통해 제자 역시 동일한 사실, 이 진실을 깨닫게 됩니다. 깨닫고 나서 보면 스승도, 제자도 결국 이 자각의 성품 하나였을 뿐 서로 다른 존재가 결코 아니었습니다. 자기가 자기를 애타게 찾았던 것이고, 자기가 자기에게 가르침을 베풀었던 것입니다. 결국 가르침을 베푼 자도 없고, 가르침을 받은 자도 없으며, 그 가르침 자체마저도 없었습니다.

오직 변함없고 끊어짐 없는 참나, 이 자각만이 있습니다. 무지와 잘못된 동일시로 인해 스스로를 육체와 세상 안에 갇힌 존재로 착각했을 뿐입니다. 헛된 망상에서 깨어났을 뿐 새롭게 얻거나 성취한 경지는 없습니다. 꿈에서 깨어나는 순간, 꿈속의 주인공과 세계가 사라졌을 뿐 또 다른 꿈의 세계 속으로 들어가는 것이 아닌 것과 마찬가지입니다.

처음부터 끝까지 언제나 이러할 뿐입니다.

4.
"마치 물결과 물거품이 물과 다르지 않은 것처럼, 이 모든 세상은 참나에서 출현했으며, 참나와 다르지 않습니다."

현상 세계의 다양성은 결국 이름(nama)과 모양(rupa)에서 비롯된 분별의 소산입니다. 마치 물결과 물거품이 동일한 질료인 물의 다양한 모양에 따른 헛된 명칭일 뿐인 것과 같습니다. 실제로 존재하는 것은 물밖에 없습니다.

주관과 객관의 상대성으로 구성된 눈앞의 현상 세계는 마치 지난밤의 꿈속에서 경험한 세계와 같이 나타난 허상입니다. 이름과 모양을 가지고 있는 모든 것은 허상입니다. 알 수 있고 경험할 수 있는 모든 것은 허상입니다.

모든 이름과 모양의 출처이지만 스스로는 이름도 없고 모양도 없는 것,

모든 인식과 경험의 주체이지만 저 자신은 알 수도 없고 경험할 수도 없는 것이 참나, 곧 자각 자체입니다.

꿈속에 등장하는 주인공과 그를 둘러싼 세계 전체가 오직 꿈 하나이지만, 꿈을 깨기 전에는 그것이 모두 꿈임을 알 수 없습니다. 마찬가지로 깨닫기 이전에는 이 현상 세계가 모두 참나, 자각일 뿐이라는 사실을 알 수 없습니다.

이름과 모양뿐인 현상 세계 가운데서 문득 모든 이름과 모든 모양을 잊는 또는 잃는 순간, 이름도 아니고 모양도 아닌, 이름도 없고 모양도 없는 무엇이 비로소 자기 자신에게 자기 자신을 드러냅니다.

이른바 합일, 계합이라고 하는 비이원성의 체험의 순간은 이름과 모양, 곧 생각의 굴레에서 벗어나는 경험입니다. 그런데 그 경험은 일상적 의식 흐름의 갑작스러운 단절, 공백, 방향 전환으로 일시적이며 순간적입니다.

그 일별의 순간 이후 삶은 자기 자신의 진정한 본성에 대한 지속적인 깨어남의 과정이 됩니다.

5.
"옷감을 자세히 살펴보면 단지 실뿐이듯이, 이 모든 세상은 오직 참나일 뿐입니다."

온갖 다양한 색채와 질감과 무늬의 옷감들은 한낱 실들이 얼기설기 얽혀서 이루어진 것일 뿐입니다. 마찬가지로 다양한 이름과 모양과 속성으로 나타난 이 모든 세상은 오직 의식, 자각, 참나의 현현(顯現)일 뿐입니다.

비유하자면, 꿈속의 세계에서는 꿈속의 주인공도 꿈이요, 꿈속의 다른 인물 역시 꿈이며, 꿈속의 시간과 공간, 온갖 사물과 사건 모두 꿈일 뿐인 것과 같습니다. 그러나 정작 꿈속의 세계 가운데에는 꿈이라는 사물이 없습니다.

둘이 없는 하나, 나머지가 없는 전체, 상대가 없는 절대인 의식, 자각, 참나는 모든 것이 그것이지만 특별히 이것만이 그것이라 할 것은 없습니다. 모든 것이지만 어떤 것은 아니고, 분명히 있지만 특정하게 있지는 않습니다.

이것과 저것, 있음과 없음이라는 상대적 분별과 상관없는 맑고 투명한 의식, 내용 없는 자각, 바로 지금 이 순간의 현존이 그것입니다. 알고 모름과 상관없는 이 자연스러움, 이 당연함이 그것입니다.

생각으로 헤아리는 순간, 그 생각이 일어났다 사라지는 바로 그 자리입니다.

6.
"사탕수수 즙에서 추출된 설탕에 단맛이 두루 배어 있듯이, 참나 안에서 생성된 이 세계는 온전히 참나로 충만합니다."

꿈속 세상에서 모든 것의 본질은 꿈이지만, 그 모든 것 가운데 특정한 하나의 대상으로서 꿈을 확인할 수는 없습니다. 단지 꿈이라는 본질을 깨닫는 순간 꿈속의 세상에서 깨어날 뿐입니다.

주관과 객관으로 분열된 현상 세계의 본질은 순수한 자각의 성품, 내용

46

이 없는 텅 빈 의식입니다. 현상 세계의 현실성, 확실성은 결국 오감과 분별 의식의 소산일 뿐이기 때문입니다.

오감과 분별 의식을 떠나서 주관은 없습니다. 객관 역시 마찬가지입니다. 결국 주관과 객관 모두 지각 작용과 인식 작용이 만든 허상입니다. 그러므로 이 현상 세계를 또 다른 꿈이라 말하는 것입니다.

지각 작용과 인식 작용의 본질은 순수한 자각의 성품, 내용이 없는 텅 빈 의식입니다. 모든 것이 이 자각, 이 의식입니다. 이 자각과 이 의식만이 실재입니다. 현상 세계 전체가 바로 그것입니다.

하나의 대상을 바라보십시오. 눈을 감았다 떠 보면 대상이 보이지 않았다가 다시 보입니다. 그러나 볼 때도 보지 못할 때도 이 자각, 이 의식은 변함이 없습니다. 보는 줄도 알고, 보지 못하는 줄도 압니다.

하나의 소리를 들어보십시오. 하나의 소리가 나타났다가 사라집니다. 그러나 소리가 들릴 때도 있고, 소리가 들리지 않을 때도 있는 이 자각, 이 의식은 변함이 없습니다. 침묵과 소리의 배경으로 항상 있습니다.

하나의 느낌을 느껴 보십시오. 느낌은 있다가 없습니다. 그러나 느낌을 느낄 줄 아는 이 자각, 이 의식은 느낌이 있을 때도, 느낌이 없을 때도 있습니다. 아무 느낌이 없다는 느낌의 배후에 이 자각, 이 의식이 있습니다.

하나의 생각을 일으켜 보십시오. 끊임없는 생각의 흐름 가운데서도 가끔은 생각의 공백, 부재를 자각하는 순간들이 있습니다. 숙면과 같이 생각이 사라졌을 때도 그것의 부재에 대한 자각, 의식은 있습니다.

결국 보고 듣고 느끼고 아는 모든 상대적 지각 작용, 상대적 인식 작용은 이 절대적 자각, 이 절대적 의식일 뿐입니다. 이것이 모든 것이자, 모든 것이 이것입니다. 오직 이것뿐입니다.

7.

"참나를 알지 못하는 까닭에 세상이 나타나고, 참나를 알게 되면 세상은 사라집니다. 그것은 마치 새끼줄이 뱀처럼 보이는 것과 같습니다. 새끼줄을 잘못 보게 되면 뱀이 나타나지만, 제대로 보게 되면 뱀은 사라집니다."

꿈속에서 그것이 꿈인 줄 알지 못하면 그것은 현실이 됩니다. 꿈속에서 그것이 꿈인 줄 아는 순간 꿈에서 벗어납니다. 마찬가지로 이 복잡다단한 현실이 그저 현실인 줄만 알면 그 현실의 고통에서 벗어날 수 없습니다. 이 복잡다단한 현실이 단지 참나, 자각일 뿐임을 깨달을 때 그 현실에서 비롯된 고통에서 벗어날 수 있습니다.

어두운 밤에 땅에 놓인 새끼줄을 뱀으로 잘못 보고 놀랄 수 있습니다. 애초에 뱀은 없었지만 착각으로 인해 없는 뱀이 생겨났습니다. 놀란 마음을 진정시키고 자세히 살펴보면 뱀이 있었던 것이 아니라 새끼줄이 있었을 뿐입니다. 원래 없었던 뱀은 나타났지만 실제로 나타난 것이 아니고, 사라졌지만 실제로 사라진 것이 아닙니다. 오직 새끼줄만 있었습니다.

이 눈앞의 현실이 오직 참나, 의식, 자각의 성품일 뿐이라는 사실을 받아들이기는 몹시 어려울 수 있습니다. 이 현실의 실재감이 너무나 강력하기 때문입니다. 그러나 나라는 주관과 세상이라는 객관은 애초부터 실재했던 것이 아닙니다. 나와 세계는 언어 개념에 의한 분별 의식이 형성된 이후에 나타났습니다. 주객으로 나누어진 이 현실은 실제로는 분별 의식이 만든 착각입니다.

　이 사실을 깨닫는 순간, 실재하는 것은 오직 참나, 의식, 자각임을 깨닫는 순간, 이 현실은 본래 나타난 바가 없기에 또한 사라지지도 않습니다. 다만 이 현실이라는 것이 오직 참나, 의식, 자각임이 명확해질 뿐입니다. 허상인 뱀이 나타났다는 것도 착각이요, 사라졌다는 것도 착각입니다. 오직 새끼줄만 실재했습니다. 현실은 나타나지도 사라지지도 않습니다. 자각만 실재합니다.

　8.
　"빛이야말로 나의 본질이며, 나는 다름 아닌 바로 그 빛입니다. 어떤 것이 나타날지라도 그것은 단지 그 안에서 빛나는 나일 뿐입니다. 세상의 모든 모습은 오로지 나의 빛입니다."

　나는 무엇입니까? 참된 나는 그러한 질문이 떠오르는 텅 빈 공간입니다. 감각의 차원에서 보자면 텅 비었다 하겠지만, 본질적 차원에서는 의식으로 가득 찬, 자각으로 가득 찬 공간입니다.

　이 의식, 이 자각을 물질적인 빛에 비유할 수도 있습니다. 어떤 것이 드러나기 위해서는 빛이 필요하듯, 주관과 객관으로 나누어진 이 현상 세계가 드러나기 위해서는 이 의식, 이 자각의 빛이 필요합니다.

　결국 이 현상 세계 전체는 이 의식, 이 자각일 뿐입니다. 이 의식, 이 자각이 주관과 객관으로 나뉘어 스스로가 스스로를 경험하는 놀이, 유희를 즐기고 있을 뿐입니다. 그러므로 이 세상은 환영과 같습니다.

모든 것은 이 절대적 의식, 이 절대적 자각의 빛에 의해 드러난 것입니다. 마치 영화관의 영사기에서 나온 빛과 스크린 위에 펼쳐진 영상이 둘이 아닌 것과 같습니다. 오직 이 하나의 빛이 있을 뿐입니다.

바로 지금 당장 여기에서 이렇게 빛나고 있는 이것입니다.

9.

"마치 진주 조가비 안에서 은이 빛나는 것처럼 보이고, 새끼줄이 뱀으로 보이며, 햇빛의 장난으로 사막의 지평 위에 물의 신기루가 보이듯, 무지 때문에 내 안에 이 헛된 세상이 나타나는 것은 실로 놀라운 일입니다."

지금 당장 눈앞의 세상을 바라보십시오. 그 보고 있음 가운데 보고 있는 나도, 보이는 세상도 함께 있습니다. 너무나 자연스럽고 당연한 이 보고 있음, 이 의식, 이 자각의 성품을 떠나서는 나도 없고, 세상도 없습니다. 나와 세상의 현실성은 바로 이 의식, 이 자각의 성품의 확실성에서 나왔습니다. 절대적 의식인 참나가 주관인 나와 객관인 세상, 상대적 현상으로 나타난 것입니다.

그러나 어리석음, 전도된 생각, 착각으로 말미암아 이 절대적 의식, 이 자각은 돌아보지 못하고, 상대적으로 드러난 현상에 미혹되어 스스로를 제한된 육체 속에 갇힌 개체인 줄 알고 있습니다. 그러면서 세상은 나와 분리된 채 별개의 원리와 법칙으로 돌아가고 있다고 알고 있습니다. 이 모든 것이 절대적 의식, 이 자각의 성품 안에서 나타나는 꿈이나 환영, 신기루와 같은 것인 줄 깨닫지 못합니다.

깨달음이란 겉으로 드러난 현상의 모습에 속지 않고 그것의 본질을 꿰뚫어 보는 안목을 갖추는 것입니다. 자아가 세상이라는 한정된 시공간 안에서 겪는 사건의 스토리에 동일시되지 않으면서 이 의식, 이 자각의 성품으로 깨어 있는 것입니다. 온갖 경험들, 지각과 인식의 흐름에 휩쓸려 가지 않고 언제나 흔들림 없는 목격자, 절대적 주체, 참나로 현존하는 것입니다. 바로 지금 여기 이 순간 이 자리에 있는 것입니다.

10.

"항아리가 흙으로 돌아가고, 물결이 물로 돌아가며, 장신구들이 금으로 돌아가듯이, 내게서 비롯된 이 세상은 마침내 내 안으로 침잠할 것입니다."

어젯밤 잠이 들었을 때 그대와 이 세상은 어디로 사라졌습니까? 오늘 아침 눈을 떴을 때 그대와 이 세상은 어디에서 나타났습니까? 그대와 세상은 나타났다가 사라지고, 사라졌다가 나타납니다. 나타났다가 사라지는 것은 일시적인 것이고, 무상한 것이고, 허망한 것입니다.

그러나 그것들이 비롯되고, 마침내 그것들이 돌아가는 그곳은 나타나지도 사라지지도 않습니다. 그것이 바로 그대의 참나, 절대적 주체인 순수한 의식, 또는 자각의 성품입니다. 그것은 하나의 실체로서 존재하는 것은 아니지만, 부재하는 것 또한 아닙니다.

모든 대상의 부재가 바로 이 순수한 의식, 이 자각의 현존입니다. 시작도 끝도 없고, 늘지도 줄지도 않고, 깨끗하지도 더럽지도 않은 이 순수한 의식, 이 자각은 어떠한 한계나 제약도 없습니다. 궁극적으로 존재 그 자체인 그것이 그대와 이 세상의 본질입니다.

11.

"얼마나 놀라운가요! 창조주 브라만에서 가장 작은 풀잎에 이르기까지, 온 우주가 파괴될지라도 파괴되지 않은 채 언제나 있는 그대로 남아 있을 참나에게 경배합니다."

바로 지금 당장 눈앞에 있는 모든 것을 없앤다고 가정합시다.

먼저 눈앞에 보이는 낱낱의 대상들을 없앱니다. 컴퓨터, 책상, 벽, 창문, 건물, 하늘, 땅 등등. 말 그대로 모든 객관 대상을 없애는 것입니다.

그러면 나라고 하는 몸과 마음, 주관만 남아 있을 것입니다. 그 주관마저 없앱니다. 그러면 무엇이 남아 있을까요?

주관과 객관이 사라진 그 자리에 허공만 있을 것입니다. 그 마지막 남아 있는 허공마저 없애 버립니다.

그 허공마저 없애 버렸을 때, 거기에 무엇이 남아 있습니까?

이 순간 전광석화보다 빠르게 이것을 깨닫지 못했다면 여전히 생각 속에서 무언가를 더듬고 있을 것입니다.

결코 생겨난 적도 따라서 절대 사라지지도 않는 것이 우리의 참나입니다.

온 우주가 사라져도 파괴되지 않고 있는 그대로 있는 것, 바로 지금 눈앞에 온갖 형상으로 드러나 있는 바로 그것입니다.

12.

"얼마나 놀라운가요! 육체를 가지고 있는 것처럼 보이지만, 어느 곳에서 오지도 않고 어느 곳으로 가지도 않으며, 언제나 현존하며 온 세상 만물의 근저에 있는 참나에게 경배합니다."

모든 현상의 배후이자 모든 현상의 본질이며 모든 현상 자체로 드러나고 있는 것이 바로 참나입니다. 아무런 내용이 없는 자각의 성품이 바로 참나이고, 그것이 바로 모든 현상 그 자체입니다.

이것이 바로 그것입니다.

아무 내용이 없는 그것이 모든 내용, 모든 현상으로 스스로를 현시하고 있습니다. 순수한 존재 자체가 온갖 존재자들로 드러나고 있을 뿐입니다. 이 육체의 내면도 이것이고, 이 육체의 외면도 이것입니다.

이 육체 자체도 이것입니다.

생생하게 살아 있음, 이와 같이 존재함, 온 세상과 만물을 감싸 안고 있는 텅 빈 공간 같은 의식의 장(場), 모든 형상을 포괄하고 있지만 스스로는 어디에도 제한되지 않는 비(非)-형상, 그것이 바로 참나입니다.

온통 이것 하나인 까닭에 어디에서 온 바도 없고, 어디로 가는 바도 없습니다.

바로 지금 이것뿐입니다.

13.

"얼마나 놀라운가요! 감각으로 지각되고 마음으로 인식되는 이 세상에서 내 능력 밖에 있는 것은 아무것도 없습니다. 언제나 온 세상을 떠받치고 있으면서도 그것에 영향 받지 않는 참나에게 경배합니다."

나와 이 세상의 본질은 아무 내용 없고 한량없는 텅 빈 자각의 성품 자체입니다. 영원한 생명이자 순수한 존재 자체입니다. 없는 듯 있고, 있는 듯 없는 무엇입니다. 모든 상대적 속성이 사라졌기에 마치 없는 것 같고, 모르는 것 같습니다. 그러나 이와 같이 뚜렷하게 있고, 이와 같이 분명하게 알고 있습니다.

앎과 모름이라는 상대적 분별을 초월한 것이 바로 이것입니다.

주관인 나와 객관인 이 세상은 모두 감각에 의한 지각과 마음에 의한 인식의 분별로 존재합니다. 어떤 것이 실재한다는 유일한 근거가 바로 감각 지각과 분별 인식입니다. 그 감각 지각과 분별 인식의 근원이 바로 제 스스로는 아무 형상이나 속성이 없는 이 텅 빈 자각의 성품입니다.

바로 지금 이 순간 눈앞에 펼쳐져 있는 나와 이 세상이 바로 그것입니다.

보이는 대상을 통해, 제 스스로 보이지는 않지만 분명히 작용하고 있는 눈의 존재를 감지하듯, 바로 지금 이 순간 지각되는 감각과 인식되는 분별을 통해 이 자각의 성품을 알아차릴 수 있습니다. 어떤 감각 지각과 분별 인식도 이 텅 빈 자각의 능력을 벗어나 있는 것은 없습니다.

이 자각이 모든 것을 떠받치고 있으면서도 그것들에 의해 영향 받지 않는 참나입니다.

14.

"얼마나 놀라운가요! 아무것도 소유하지 않았지만 모든 것을 소유하고 있으며, 말과 생각의 범위를 넘어서 있는 참나에게 경배합니다."

이미 존재하고 있는 것을 다시 새롭게 얻거나 소유할 수는 없습니다. 텅 빈 자각의 성품은 우리의 말과 생각의 범위를 넘어서 선험적으로 이미 존재하고 있습니다. 말과 생각, 다양한 현상들이란 이미 있는 이 자각의 성품 위에 그려지는 이미지와 같습니다. 결국 그 모든 것 역시 이 텅 빈 자각의 성품일 뿐입니다.

이것은 새롭게 얻거나 소유할 수도 없지만, 또한 잃어버리거나 제거할 수도 없습니다. 이것은 아무것도 아니지만 동시에 지각되고 인식되는 모든 것이기 때문입니다. 가난하기로 치면 이보다 더 가난할 수가 없고, 풍요롭기로 치면 이보다 더 풍요로울 수가 없습니다.

모든 생각의 바탕이기에 이것 자체는 생각으로 파악할 수 없습니다. 모든 말의 근원이기에 이것 자체를 말로 표현할 수 없습니다. 그러나 모든 생각과 말이 바로 이것입니다. 따라서 어떤 생각을 해도 실제로는 아무 생각을 하지 않은 것과 같고, 어떤 말을 해도 실제로는 아무 말도 하지 않은 것과 같습니다.

이 자리에서는 맑고 깨끗하다는 생각과 말마저도 티끌에 불과합니다. 한 생각 일으키기 이전, 입 한 번 벌리기 이전이라 할지라도 이미 생각과 말에 불과합니다. 기존의 모든 지식, 관념, 기억, 이미지를 포기할 때, 더 이상 포기할 수 없는 마지막 밑바탕이 바로 이것입니다.

15.

"아는 자와 알려지는 대상, 그리고 앎은 실제로는 존재하지 않습니다. 이들 셋은 미혹과 무지로 인하여 흠 하나 없이 청정한 참나 안에서 나타납니다."

눈앞에 빨간 사과 하나가 있다고 합시다.

그것을 아는 자는 어디에 있습니까?
바로 지금 여기 있습니다.

알려지는 대상은 어디에 있습니까?
바로 지금 여기 있습니다.

저것이 빨간 사과라는 앎은 어디에 있습니까?
역시 바로 지금 여기 있습니다.

모든 것은 바로 지금 여기 있습니다.
바로 지금 여기가 바로 모든 것입니다.

바로 지금 여기가 텅 빈 자각의 성품, 언제나 현존하는 참나입니다.

아는 자와 알려지는 대상은 둘입니까? 아는 자를 떠나 알려지는 대상이 독자적으로 존재할 수 있습니까? 알려지는 대상과 상관없이 아는 자가 홀로 존재할 수 있습니까? 그 모든 질문에 대한 대답은 동일하게 "아니요!" 입니다.

56

아는 자와 그 앎을 분리할 수 있습니까? 앎과 알려지는 대상을 나눌 수 있습니까? 이 모든 질문에 대한 대답 역시 동일하게 "아니요!"입니다. 결국 아는 자와 알려지는 대상, 그리고 앎은 서로 다르지 않습니다.

마치 타오르는 불에서 그 불꽃과 밝음, 그리고 그 뜨거움이 분리되지 않는 것과 같습니다. 겉으로 드러난 모양, 이미지에 속아 그 본질을 망각하는 순간, 아는 자와 알려지는 대상, 그리고 앎이 존재하는 듯 보입니다.

꿈이 꿈인 줄 깨닫지 못하면 꿈속의 나와 꿈속의 세상, 그리고 그 가운데 벌어지는 사건들이 실제인 것처럼 느껴지는 것과 마찬가지입니다. 꿈속의 나와 꿈속의 세상, 그리고 꿈속의 사건들은 그저 하나의 꿈이었을 뿐입니다.

스스로 일으킨 미혹과 무지에서 벗어나는 순간, 많은 일이 있었지만 사실은 아무 일도 일어나지 않았다는 사실을 깨닫게 될 것입니다.

16.

"이원성이야말로 모든 괴로움의 근본적인 원인임에 틀림없습니다. 눈에 보이는 모든 것은 실재가 아니며, 나는 단일하고 순수한 의식임을 깨닫는 것만이 그에 대한 유일한 해결책입니다."

이원성, 곧 주관과 객관, 나와 세계, 아는 자와 알려지는 대상 사이의 분리와 분열이 모든 괴로움의 근본적인 원인입니다. 허깨비 환상에 불과한 꿈이 마치 현실과 같은 힘을 얻는 이유도 꿈속의 경험하는 자와 경험되는 대상 사이의 분리, 이원성 때문입니다.

보이고, 들리고, 냄새 맡아지고, 맛보아지고, 느껴지고, 알아지는 것들은 실재가 아닙니다. 이원성은 미혹과 무지로 인해 나타난 꿈이나 신기루, 환상과 같은 것입니다. 주관과 객관, 정신과 물질, 나와 세계의 본질은 단일하고 순수한 의식, 자각의 성품일 뿐입니다.

그러나 이 이원성을 떠나 달리 비이원성, 단일하고 순수한 의식, 텅 빈 자각의 성품이 있는 것은 아닙니다. 이원성의 본질이 그것입니다. 다채로운 꿈 세계가 그저 하나의 마음이 그려 낸 환상이듯, 나와 이 현실 세계의 진정한 정체성이 바로 단일하고 순수한 의식, 자각의 성품입니다.

바로 지금 경험하고 있는 이것이 그것입니다.

17.

"나는 순수하고 무한한 자각이지만, 무지로 인하여 자기 자신이 한계와 부수적인 속성들을 가지고 있다고 상상해 왔습니다. 끊임없이 이 사실을 되돌아보면서 나는 분리 없는 절대적 참나 안에 안주합니다."

바로 지금 여기 이 순간 진실로 실재하는 것은 무엇입니까? 오감을 통해 지각되는 다양한 감각들, 인연 따라 일어났다 사라지는 감정들과 생각들이 있습니다. 그리고 그러한 감각, 감정, 생각이 자유롭게 나타났다 사라질 수 있는 공간과 같은 자각, 텅 빈 의식, 내용 없는 앎이 있습니다.

오가는 감각, 감정, 생각은 지각과 인식의 대상이지만, 이 공간과 같은 자각, 텅 빈 의식, 내용 없는 앎은 절대적 주체이기에 스스로 지각되거나 인식되지 않습니다. 만약 어떤 미세한 것이라도 지각되거나 인식되는 것이 있다면 그것은 참나인 자각, 의식, 앎이 아닌, 또 다른 대상에 불과합니다.

자기 자신이 이 절대적 주체인 참나, 공간과 같은 자각의 성품, 순수하고 한계가 없는 의식, 아무 내용이 없는 앎 자체인 줄 깨닫지 못하고, 그것에 의해 지각되거나 인식되는 육체나 감각, 감정, 생각인 줄로 착각하는 것이 바로 미혹, 무지입니다. 자기가 아닌 것을 자기로 잘못 동일시한 것입니다.

이 잘못된 동일시에서 벗어나 진정한 자신의 정체성을 확인하는 것이 바로 깨달음, 참나에 안주하는 것입니다. 모든 감각, 감정, 생각을 바로 지금 이 순간 이 자리에서 자각하고 있다는 사실을 끊임없이 되돌아보아야 합니다. 어떤 미세한 느낌일지라도 아무 노력할 필요 없이 자각되고 있습니다.

바로 지금 이렇게 참나로서 참나 안에 안주하고 있습니다. 오직 참나만이, 이 공간과 같은 자각의 성품만이, 이 무한하고 순수한 의식만이, 이 내용 없이 텅 빈 앎만이 존재합니다. 지각되고 인식되는 감각, 감정, 생각 역시 바로 이 자각, 이 의식, 이 앎의 다른 형태일 뿐입니다.

이 순수하고 자연스럽고 아무 노력이 필요 없는 존재, 자각, 의식, 앎의 성품이 바로 참나, 있는 그대로의 나와 세계의 본질입니다.

18.
"나에게는 구속도 없고 해탈도 없습니다. 그러한 환상은 그 기반을 잃어버리고는 사라졌습니다. 이 세상은 내 안에서 나타났지만, 진실로 내 안에 세상은 존재하지 않습니다."

구속은 없습니다. 구속의 본질은 결국 육체적 감각이거나 심리적 압박

감, 정신적 고뇌와 번민입니다. 그러한 감각, 감정, 생각은 꿈이나 환상, 그림자나 물거품과 같은 것입니다. 존재하지만 부재하고, 부재하지만 존재합니다. 마치 꿈속에서 꿈속의 현실을 벗어날 수 없는 이치와 같습니다. 꿈에서 깨어나지 못하면 꿈속의 구속은 엄연한 현실입니다.

해탈도 없습니다. 구속된 감각, 감정, 생각에서 벗어나는 것이 해탈이라면, 이미 그러한 감각, 감정, 생각이 꿈이나 환상, 그림자나 물거품 같은 것이므로 해탈 역시 그러합니다. 구속이 있다고 여기기 때문에 해탈을 구할 뿐, 구속이 본래 없다면 해탈 역시 존재할 수 없습니다. 본래 없던 꿈에서 깨어나면 언제나 있는 그대로인 평소의 그 상태일 뿐입니다.

이러한 환상의 기반은 모든 것을 둘로 나누어 보는 이원성입니다. 꿈속의 주인공과 꿈속의 세상은 본래 둘이 아닌데, 분명히 둘로 나뉜 것처럼 지각되고 인식됩니다. 이 지각과 인식 때문에 지각하고 인식하는 주관과 지각되고 인식되는 객관, 그리고 지각하고 인식하는 사건이 있는 줄 착각합니다. 그러나 지각과 인식의 본질은 아무 내용 없는 자각, 순수하고 무한한 의식일 뿐입니다.

마찬가지로 현실의 나와 이 세상 역시 참나가 꾸는 꿈과 같습니다. 나와 세계는 결코 둘로 나눌 수 없는 하나, 절대로 분리할 수 없는 전체입니다. 나는 세상을 비추고, 세상은 나를 비추고 있습니다. 그러나 나와 세상을 모두 비추고 있는 빛의 근원은 참나, 내용이 없는 자각, 순수하고 무한한 의식, 아무 차별이 없는 앎의 성품입니다.

오직 이것뿐입니다!

19.

"이 육체까지 포함한 이 세상은 명백히 실존하는 것이 아닙니다. 오직 순수한 의식, 참나만이 존재합니다. 이제 이 사실이 확고해졌는데, 어떤 허상들이 있을 수 있겠습니까?"

육체의 본질은 무엇일까요? 원자와 같은 여러 가지 물질적 요소들인가요? 그렇다면 그러한 물질적 요소들의 근원은 어디인가요? 결국 육체든 원자든 그러한 어떤 것이 있다는 앎이 아닌가요? 어떤 대상에 대한 지각과 인식이 실재 또는 실체가 아닌가요?

이 세상 또한 그렇지 않은가요? 세상이라는 것 역시 지각되거나 인식되지 않는다면 어찌 그러한 것이 있다고 할 수 있겠습니까? 다시 말해, 이 육체와 이 세상의 존재는 지각과 인식의 대상으로서 항존(恒存)하지 않는 반면, 그것에 대한 앎, 의식, 자각은 항존하지 않은가요?

이 앎, 이 의식, 이 자각이 부재한 적이 있었나요?

이 앎, 이 의식, 이 자각이 부재하려면, 즉 없었던 적이 있으려면, 그것을 지각하고 인식할 이 앎, 이 의식, 이 자각이 있어야만 합니다. 따라서 이 앎, 이 의식, 이 자각은 필수불가결한 절대적 주체로서 생겨나지도 않고 사라지지도 않습니다. 시공을 초월하여 항존하는 참나입니다.

결론적으로 이 육체와 이 세상 역시 바로 그것입니다.

다른 것들은 존재할 가능성마저 없습니다. 이 사실이 체험적으로 확고해질 때, 모든 허상은 사라집니다. 오직 존재하는 것은 바로 이것, 이 앎, 이 의식, 이 자각뿐입니다. 내가 바로 그것입니다. 나고 죽음이 없는 영원한 생명, 한계 없는 무한한 의식, 언제나 바로 지금 여기의 현존입니다.

언제나 바로 지금, 언제나 바로 여기, 언제나 바로 이것!

20.

"육체, 천국과 지옥, 구속과 해탈, 그리고 두려움, 이 모든 것은 순전히 허상일 뿐입니다. 그러한 것들이 순수한 자각인 나와 무슨 상관이 있겠습니까?"

알 수 있는 것들, 그리고 모를 수 있는 것들은 진실이 아닙니다. 지각과 인식을 통해 파악되는 것은 우리의 감각과 생각이 만들어 낸 허상입니다. 나라는 개체의 존재 역시 그러한 지각과 인식 작용의 결과물입니다. 나 바깥에 객관적으로 존재하는 것 같은 세상 역시 마찬가지입니다.

모든 대상은 꿈속에서 경험하는 대상들과 같이 순전한 허상입니다.

참나는 그러한 허상들, 대상들을 인식하고 지각하는 자, 순수한 자각의 성품입니다. 그러나 참나를 하나의 대상으로 경험하거나 확인할 수는 없습니다. 지각되고 인식된다면 그것은 또 다른 허상에 불과합니다. 순수한 자각의 성품은 내용이 없는 앎의 성품, 텅 비어 있으면서 또렷이 깨어 있는 성품입니다.

순수한 자각은 아무 내용이 없기 때문에 대상만을 지각하고 인식하는 마음의 입장에서는 흡사 없는 것, 모르는 것으로 무시해 버리기도 합니다. 그것은 모든 경험의 배후에 있는 기저, 배경과 같은 의식, 생명 그 자체라 할 수 있습니다. 지극히 단순하고 당연한 의식, 투명한 자각 그 자체입니다.

바로 지금 이 한 생각이 일어나는 그 자리입니다.

21.

"겉보기에 무수한 '나'들과 '너'들로 이루어진 군중 속에서도 나는 이원성을 보지 않습니다. 마치 황량한 사막처럼 변해 버린 세상에서 나의 관심을 끌 것이 무엇이 있겠습니까?"

다양한 대상들의 진정한 출처는 어디입니까? 나와 너의 참된 근원은 어디입니까? 이원성은 어디에 뿌리를 두고 있습니까?

나라는 느낌, 내가 존재한다는 느낌의 진정한 본질은 무엇입니까? 그것이 다른 사람들이 있다, 대상이 있다는 느낌의 본질과 다릅니까?

결국 모두가 앎의 내용, 의식되는 대상, 자각되는 것들 아닙니까? 그 내용과 대상, 것들은 끊임없이 변하는데, 순수한 앎, 의식, 자각은 변함없지 않습니까?

그것이 무엇입니까? 모든 것이 이 순수한 앎, 의식, 자각으로 귀결되면 다양성이라는 허상은 사라지고 단일성이라는 진실이 드러납니다.

온갖 색깔과 모양, 소리, 냄새, 맛, 느낌, 생각들이 사실은 아무 색깔과 모양, 소리, 냄새, 맛, 느낌, 생각 없는 것에서 비롯된 것입니다.

모든 것이 꿈속의 황금이나 똥에 불과함을 깨달을 때, 그것들에 대한 탐착과 거부는 저절로 사라집니다.

22.

"육체는 내가 아닐 뿐만 아니라, 내 것 또한 아닙니다. 나는 목숨을 가진 존재마저 아닙니다. 나는 자각입니다. 오직 삶에 대한 갈망이 나를 구속할 뿐입니다."

육체는 내가 아닙니다. 나는 이 육체를 자각하는 성품입니다. 육체는 내 것도 아닙니다. 나는 이 육체를 내 것으로 자각하는 성품입니다. 나는 목숨을 가진 존재가 아닙니다. 나는 이 목숨을 가진 존재를 자각하는 성품입니다.

나는 자각하는 성품입니다. 오직 이 자각하는 성품, 자각뿐입니다. 이 자각을 달리 자각하는 성품은 없습니다. 마치 눈을 보기 위해서 다른 눈이 필요하지 않은 것과 같습니다. 이 자각이야말로 결코 대상화할 수 없는 참나입니다.

자각하는 성품이 자각되는 대상에 집착하는 것, 그것이 바로 구속입니다. 그러나 모든 자각되는 대상들이 곧 자각하는 성품 자체임을 깨달으면, 그것은 그대로 유희가 됩니다. 자각이 자기 자신을 경험하기 위해 벌이는 놀이입니다.

단일한 자각의 성품이 온갖 다양한 자각의 대상들로 경험되는 신비로운 환상, 그것이 바로 나와 세상으로 벌어져서 일어나는 삶입니다. 전체가 스스로를 부분으로 나누어 자기 자신을 찾는 숨바꼭질이 삶입니다.

경험하는 자와 경험되는 대상, 그리고 그 사이에서 일어나는 모든 경험이 바로 자각 하나입니다. 마치 꿈속에서 꿈속의 주인공과 꿈속의 객관 대상, 그리고 그 사이에서 일어난 꿈의 경험이 모두 꿈 하나인 것과 마찬가지입니다.

많은 일이 있는 듯 보이지만, 사실은 아무 일도 일어나지 않았습니다.

23.

"나라고 하는 무한한 바다에 문득 생각의 바람이 불어오면 세상이라는 다양한 물결이 일어납니다. 하지만 그것들은 다름 아닌 나이고, 결국 나로 다시 돌아옵니다."

어제의 일을 떠올려 보십시오. 마음 위에 그려진 어제의 일이라는 이미지를 떠나서 어제가 객관적으로 존재합니까?

내일의 일을 예상해 보십시오. 내일의 일 역시 마음 위에 그려진 하나의 이미지를 떠나 따로 존재하지 않을 것입니다.

그렇다면 지금은 어떨까요? 바로 지금, 절대적 현재를 지각할 수 있을까요?

만약 '이것이 바로 지금, 절대적 현재다!' 하는 순간 그것 역시 마음 위에 그려진 하나의 이미지, 생각을 벗어날 수 없습니다.

결국 모든 것이 생각입니다. 모든 것이 생각으로 인해 존재하는 것입니다. 바로 지금 일어난 한 생각이 모든 것의 존재 자체입니다. 그 한 생각이 없다면 어떤 것도 존재할 수 없습니다.

그렇다면 그 한 생각은 어디에서 일어났습니까?

이 질문에 어떤 형식의 답변을 한다 하더라도 그것은 생각의 출처가 아니라 생각에 불과할 것입니다. 생각은 결코 그 자신의 출처를 파악할 수 없습니다. 생각은 결코 자신의 출처에 다가갈 수 없습니다. 그곳에 다가가면 생각은 마치 빛을 마주한 그림자처럼 사라지게 될 것입니다.

모든 생각은 바로 나, 이 무한한 의식, 자각의 바다에서 일어난 물결과 같습니다. 바다와 물결은 둘이 아닙니다. 물결은 바다에서 일어나서 바다로 사라집니다. 바다를 떠난 물결은 없고, 물결이 없는 바다도 없습니다. 바다가 바로 물결이고, 물결이 바로 바다입니다. 생각의 본질이 바로 자각의 성품입니다.

생각들은 오고 가지만, 오고 가는 생각들 사이의 텅 빈 공간 같은 바탕, 배경으로서의 의식, 자각의 성품은 언제나 변함없이 현존합니다. 바로 지금 여기 이 순간 그대의 눈앞에 드러나 있습니다. 모든 추구와 헤아림을 멈출 때 아무런 요동 없이 늘 이 자리에 있었던 그것이 드러납니다.

항상 드러나 있었기 때문에 오히려 알아차리지 못했던 이것!

24.
"생각의 바람이 나라는 무한한 바다 속으로 가라앉으면 무역상과 같은 개별적 존재는 세상이라는 배와 함께 침몰합니다."

생각이 없다면 시간도 없습니다. 생각이 없다면 공간도 없습니다. 생각이 없다면 나도 없습니다. 생각이 없다면 세상도 없습니다.

매일 밤마다 우리는 생각이 없는 깊은 잠 속으로 가라앉습니다. 그 순간 시간과 공간, 나와 세계 전체가 함께 사라집니다.

옅은 잠 속 희미한 꿈에서 다시 한 생각이 일어나면서 꿈속의 주인공과 꿈속의 세상, 꿈속의 사건들이 펼쳐집니다.

시작을 알 수 없는 한순간 일어났던 꿈은 다시 그 끝을 알 수 없는 한순간 사라집니다. 우리의 삶이라는 것 역시 이러한 꿈과 마찬가지입니다.

시작을 알 수 없는 한순간 개별적인 나가 등장합니다. 개별적인 나는 항상 그러한 나를 둘러싼 세상과 동시에 출현합니다.

개별적인 나는 스스로를 다른 대상들, 세상과 분리된 존재로 인식하고 살아갑니다. 그러나 나는 언제나 세상 속의 나이고, 세상은 언제나 내 속의 세상입니다.

내가 바로 세상이고, 세상이 바로 나입니다. 나와 세상은 결코 둘이 아닙니다. 그 모든 분리감은 생각으로 인해 일어나는 착각에 불과합니다.

생각이 출몰하는 바로 그 자리에, 시간을 초월한 영원, 공간을 벗어난 무한, 이원성 너머의 단일성이 있습니다.

시간과 공간, 나와 세상이 그대로 시간도 아니고 공간도 아니며, 나도 아니고 세상도 아닌 것입니다.

그렇다면 그것이 무엇일까요?

이 질문, 그 한 생각 다음에 이어지는 침묵, 고요, 아무 생각 없음 속으로 녹아드십시오.

25.
"얼마나 놀라운가요! 나 자신이라는 무한한 바다 가운데서 존재들의 물결이 일어나서는 서로 충돌하고 잠시 함께 놀다가 그들의 본성을 따라 사라집니다."

우주 삼라만상 가운데 나 자신을 벗어나 독립적으로 존재하는 것이 티끌 하나라도 있습니까?

온갖 현상 가운데 지각과 인식, 바로 순수한 자각의 성품인 우리 자신을 벗어나 홀로 존재하는 것이 있느냐 말입니다.

결국 대상들, 현상들이란 바로 지금 여기 이 순간의 지각과 인식, 의식, 자각에 의해 포착된 것, 나아가 그 지각과 인식, 의식, 자각 자체에 다름 아닙니다.

모든 다양성이 이 단일성을 벗어나 있지 않습니다. 이 단일성은 모든 다양성을 통해 스스로를 드러내고 있습니다. 여럿이면서 하나이고, 하나면서 여럿입니다.

20세기 인도의 위대한 현자 니사르가다타 마하라지는 이렇게 말했습니다.

"사랑은 '나는 모든 것이다.'라고 말한다. 지혜는 '나는 아무것도 아니다.'라고 말한다. 그 둘 사이로 나의 삶은 흐른다."

3장
깨달음의 점검

그대는 마치 바다 위의 물결처럼
그대 자신 안에서
모든 것이 일어났다 사라진다는 것을 깨달았다.
그런데 어째서 다른 사람들처럼
사물을 뒤쫓아 헤매고 있는가?

1.

아쉬타바크라가 말했다.

"이제 그대가 참나는 진실로 하나이며 파괴되지 않는다는 것을 알았다면, 어떻게 부귀를 얻는 데 조금이라도 관심을 가질 수 있겠는가?"

1장에서 아쉬타바크라의 가르침을 받은 자나카 왕은 2장에서 자신이 깨달은 바를 노래했습니다. 3장에서는 아쉬타바크라가 자나카 왕의 깨달음을 점검해 보는 내용이 이어집니다.

깨달음은 일정한 수행 방편을 반복적으로 실천함으로써 성취되거나 획득되는 정신적 경지나 상태가 아닙니다. 깨달음은 다만 이미 드러나 있는 진실을 보지 못하는 무지와 착각, 미혹이 사라지는 것일 뿐입니다.

그러므로 따로 이루거나 얻을 것은 없습니다. 먼저 이 사실을 깨달은 사람이 아직 그 사실을 깨닫지 못한 사람으로 하여금 자기 자신의 무지와 착각, 미혹을 돌아보게 함으로써 이미 드러나 있는 진실을 확인하게 할 뿐입니다.

따라서 깨달음은 단박에, 순식간에 일어나는 전환입니다. 흡사 다른 생각을 하느라 자기 자신을 까맣게 잊고 있던 사람이 정신을 차리는 것과 같습니다. 한순간 정신을 차리면 망상은 본래 없는 것이므로 단박에 사라집니다.

온갖 망상이 사라지면 그 자리에 본래 있던 것, 진정한 자기 자신, 참나, 오지도 가지도 않는 바탕과 같은 의식, 자각의 성품이 있습니다. 이것을 깨닫는 것은 시간이 오래 걸리지도 않을 뿐더러 그다지 어려운 일이 아닙니다.

문제는 비록 이 사실을 단박에 깨달았다 할지라도 무지와 착각, 미혹의 버릇, 망상의 습관은 그와 같이 단박에 사라지지 않는다는 점입니다. 오랫동안 조건화된 것은 일별의 깨달음만으로는 쉽게 사라지지 않기 때문입니다.

그래서 스승과 도반의 점검과 탁마가 중요합니다. 깨달음이 또 다른 견해나 신조가 되는 것이 아니라 삶 그 자체로 체화가 되어야 합니다. 자신의 깨달음과 현실 생활 사이에 이음매, 미세한 분리가 사라져야 합니다.

그리하여 진실로 무지와 착각, 미혹이 사라졌다면 깨달음마저도 남아 있지 않습니다.

2.
"마치 은빛으로 빛나는 진주 조가비를 은으로 착각하고 탐착을 일으키는 것처럼, 진실로 자신의 본질을 알지 못하는 까닭에 바깥 대상들에 집착하는 것이다."

어떤 것이 참나, 우리 자신의 진정한 본질, 본성일까요?

그것을 가리키는 이름이 무엇이든 간에 만약 그러한 것이 있다면, 그것은 언제 어디서나 결코 변함이 없고 항상 존재해야 합니다. 그렇다면 그것은 바로 지금 여기 있어야 합니다.

바로 지금 여기 무엇이 있습니까?

먼저 다양한 모양의 사물들이 보입니다. 보이는 대상인 사물들은 언제나 변합니다. 그러므로 보이는 대상은 그것이 아닙니다.

다양한 내면과 외면의 소리들이 들립니다. 들리는 소리 역시 끝없이 변합니다. 따라서 들리는 소리 또한 그것이 아닙니다.

냄새와 맛, 느낌 역시 보이는 대상이나 들리는 소리와 마찬가지로 한시도 가만있지 않고 변화합니다. 그러므로 그것들 역시 그것이 아닙니다.

감정이나 생각도 마치 하늘에 떠가는 구름이나 흘러가는 강물처럼 인연 따라 수시로 변합니다. 결국 그마저도 그것은 아닙니다.

보이는 것, 들리는 것, 냄새 맡아지는 것, 맛보아지는 것, 느껴지는 것, 생각되는 것들은 절대 그것이 아닙니다.

그것들은 모두 알 수 있는 것, 지각과 인식의 대상이지 아는 자, 지각과 인식의 주체는 결코 아닙니다.

그런데 그 아는 자, 지각과 인식의 주체가 바로 지금 여기 없습니까? 다른 곳 말고 이 글을 보고 있는 '지금 여기' 말입니다!

이 글자는 지각과 인식의 대상입니다. 이 글자를 읽고 저절로 떠오르는 이해(생각)는 지각과 인식의 대상입니다.

그런데 이 글자를 보고 읽고 이해하는 자, 아는 자, 지각과 인식의 주체가 없습니까? 그것이 없다면 바로 지금 보지도, 읽지도, 이해하지도, 알지도 못해야만 합니다.

눈치 채셨습니까?

너무나 당연하기에 오히려 알아차리지 못했던 것, 너무나 자연스럽기에 마치 없는 것처럼 여겼던 것, 너무 분명하기에 도리어 깨닫지 못했던 것, 완전히 드러나 있기 때문에 찾거나 구하는 마음에게는 숨어 있는 것처럼 느껴졌던 것이 바로 지금 여기 이렇게 있습니다.

그러나 생각을 통해 이것을 살펴보려는 순간, 그것은 다시 지각과 인식의 대상으로 전락합니다. 그저 생각을 멈추고 가만히 있으십시오. 아무 특별할 것이 없는 이 살아 있음, 이 의식 있음, 아무 노력 없이 모든 것이 저절로 지각되고 인식되고 있음, 단지 있음(be-ing) 그 자체가 있습니다.

이것을 텅 빈 알아차림의 성품, 순수의식, 청정한 마음, 공적영지, 평상심, 자성, 본성, 의식의 장(場), 자각(Awareness), 존재, 영원한 생명, 신(神), 브라만, 절대의식 등등 여러 가지 이름으로 부르지만 그 어느 것도 그것 자체는 아닙니다. 오히려 그 모든 이름을 잊은 그 자리에 남아 있는 것이 그것입니다.

이것을 깨닫지 못한 까닭에 보이고, 들리고, 냄새 맡아지고, 맛보아지고, 느껴지고, 알아지는 허망한 대상들에 속아 끌려 다녔던 것입니다. 신기루 속의 오아시스로는 자신의 목마름을 해결할 수 없듯, 그렇게 허망한 지각과 인식 대상을 통해서는 결코 만족을 얻을 수 없습니다.

이것, 자신의 진정한 본질, 참나를 깨달으십시오. 한 걸음 더 가까이 갈 수도 없고, 한 걸음 더 멀리 떨어질 수 없는 바로 지금 여기! 우리의 예상과 달리 이것을 깨닫기란 너무나 쉽습니다. 진정으로 찾지 않는 순간 발견되고, 진정으로 구하지 않는 순간 이미 가지고 있다는 사실을 깨닫습니다.

바로 지금 여기서 이 글자를 보고 있는 그것입니다.

3.

"그대는 마치 바다 위의 물결처럼 그대 자신 안에서 모든 것이 일어났다 사라진다는 것을 깨달았다. 그런데 어째서 다른 사람들처럼 사물을 뒤쫓아 헤매고 있는가?"

많은 이들의 예상과는 달리 깨달음은 영적 여정의 최종 목적지가 아니라 진정한 영적 여정의 출발점입니다. 깨달음은 일회적인 사건, 이벤트가 아니라 지속적인 깨어남의 과정, 갑작스러운 인식의 전환에 따라 이어지는 의식의 확대 과정이라 할 수 있습니다.

자기 자신을 포함한 세상의 본질이 순수한 의식, 텅 빈 자각의 성품 자체임을 깨닫는 일은 생각보다 쉬운 일입니다. 그것은 이미 본래 완전하게 갖추어져 있는 일에 대한 단순한 발견이기 때문입니다. 정말 어려운 일은 그러한 깨달음, 일별 이후입니다.

갑작스러운 깨달음의 체험 이후에도 여전히 자기 자신을 몸과 마음을 가진 개별적인 존재로 동일시하는 습관에 사로잡혀 있기 때문에, 스스로가 아무런 한계나 속성이 없는 의식 자체, 자각 자체라는 사실을 확신하지 못하고 오락가락하는 시기가 반드시 뒤따릅니다.

마치 깊은 잠에서 깨어났지만 정신 차리지 않으면 자기도 모르게 다시 잠 속으로 빠져들게 마련인 것과 같습니다. 어렵게 깨어남을 체험했으면서도 다시 잘못된 동일시에 빠져드는 순간 비몽사몽의 상태가 되는 것입니다. 그러므로 이때부터가 진정한 공부, 수행의 시작입니다.

한 번 깨어난 경험, 깨달음의 체험을 했기 때문에 이제 깨어 있는 상태, 자각 자체가 무엇인지 감을 잡을 수 있습니다. 아직은 희미하고 또렷하지 않을 수도 있지만 지속적으로 스승의 가르침을 받고, 선배들이 남긴 기록을 토대로 꾸준히 공부하다 보면 자연스럽게 깨달음이 명확해지는 순간들이 찾아옵니다.

이 과정 아닌 과정에서 필요한 것은 이 진리에 대한 뜨거운 사랑과 스승에 대한 신뢰, 그리고 무한한 끈기와 인내심입니다. 애벌레가 스스로 고치 속에 들어가 나비로 환골탈태하듯, 전혀 다른 존재의 차원으로 비약하기 위해서는 말로 다 설명할 수 없는 난관을 뚫고 가야만 합니다.

이 모든 연금술이 바로 자기 자신이라는 실험실 안에서 이루어져야 합니다. 아무 특별한 것도 아니고 너무나 평범한 이 자각의 성품이 바로 영원한 생명, 신성(神性), 절대자, 해탈, 열반, 천국임을 스스로 철저하게 규명할 수 있어야 합니다. 모름지기 스스로 분명하여 남은 의심이 없어야 합니다.

4.
"그대 자신이 순수한 자각, 말로 형언할 수 없는 아름다움이라는 사실을 깨달았는데도, 어떻게 부정(不淨)한 성적(性的) 대상에 계속 욕망을 느끼는가?"

깨달음은 진정한 자기 자신의 본질이 몸과 마음에 구속된 개별적 존재가 아니라, 무한하고 고정된 실체가 없는 의식 자체, 순수한 자각 자체라는 사실에 대한 확인입니다.

이를 통해 몸에서 드러나는 감각과 마음에서 드러나는 감정이나 생각이 자기 자신이 아니라 끝없이 나타났다 사라지는 허망한 대상에 불과하다는 인식이 분명해집니다.

진정한 자기 자신은 그러한 감각, 감정, 생각의 끝없는 경험의 흐름이 지나가는 텅 빈 공간과 같은 의식, 자각이며, 그러한 지각과 인식의 대상들이 결코 물들이거나 영향을 줄 수 없습니다.

그러나 아직 해소되지 않는 잘못된 동일시, 즉 몸과 마음을 자기라고 여기는 착각에서 완전히 벗어나지 못하는 한, 여전히 기존에 조건화된 습관의 힘에 끌려갈 수밖에 없습니다.

식욕, 수면욕, 성욕, 명예욕, 소유욕과 같은 욕망은 모두가 자기 자신을 몸과 마음이라 여기는 데서 비롯되는 망령된 집착입니다. 필요 이상의 욕망도 망령된 집착이지만, 욕망의 배제나 억압 또한 역시 망령된 집착입니다.

깨달음은 욕망이 없는 상태가 아니라 욕망에 미혹되지 않는 상태일 뿐입니다. 욕망마저도 자기 자신의 진정한 본질인 텅 빈 공간 같은 의식, 순수한 자각의 성품을 벗어나 따로 있지 않습니다.

어떠한 욕망도 이 텅 빈 공간 같은 의식, 순수한 자각의 성품에서 일어나지 않는 것이 없습니다. 그리고 그 욕망의 에너지가 다하는 순간 다시 이 텅 빈 공간 같은 의식, 순수한 자각의 성품, 고요한 침묵 속으로 돌아갑니다.

이러한 사실을 충분히 꿰뚫어 보았다면 이제 더 이상 그러한 허망한 욕망을 추구하는 일을 멈추게 될 것입니다. 오직 자기 자신의 본질에 대한 철저한 확인과 확신이 욕망의 굴레에서 자유를 가져다줄 수 있습니다.

5.

"자기 자신 안에 모든 존재가 있고, 모든 존재 안에 자기 자신이 있음을 깨달은 자가 여전히 소유에 대한 집착을 가지고 있다는 것은 참으로 이상한 일이다."

꿈속에서 황금 송아지를 소유한 것이 진실로 소유한 것입니까?
꿈속에서 멋진 배우자를 소유한 것이 진실로 소유한 것입니까?
꿈속에서 최고의 권력을 소유한 것이 진실로 소유한 것입니까?
꿈속에서 자기의 몸과 마음을 소유한 것이 진실로 소유한 것입니까?

흔히 말하는 무소유(無所有)라는 말은 어떠한 대상을 적게 소유하거나 아예 소유를 거부한다는 말이 아닙니다. 무소유란 말 그대로 소유(所有), 즉 '있는 바'가 '없다(無)'는 말일 뿐입니다. 바로 지금 눈앞에 실제로 있는 것처럼 보이는 모든 대상이 사실은 꿈속의 황금 송아지, 배우자, 권력, 몸과 마음처럼 허망한 것이라는 사실을 가리키는 말입니다.

진실로 무소유, 있는 바 없음을 깨달아야 합니다. 그래야 인연 따라 소유하게 된 모든 것에 대한 집착에서 자유로울 수 있습니다. 소유에 대한 집착에서 자유로워야 상실로 인한 고통에서도 자유로울 수 있습니다. 일체의 대상 경계가 모두 둘 아닌 하나의 의식, 자각의 성품임을 깨달으면, 모든 것이 있는 바 없음을 깨달으면, 소유에 대한 집착과 상실의 고통에서 벗어날 수 있습니다.

소유에 대한 집착은 자기 자신이 어디에도 의지함 없는 광활한 의식, 주관과 객관으로 이루어진 이 세상 전체라는 사실을 망각하게 만듭니다. 자기라는 개체를 중심으로 끌어모은 소유물들로 인해 자신이 삼라만상과 분리되어 있다는 감각을 더욱 굳게 만들 뿐입니다. 모든 것을 버리고 버려도 결코 버릴 수 없는 절대적 자기를 깨달아야 합니다.

가질 수도 없고 버릴 수도 없는 이 본래의 참나, 나와 세계의 바탕으로서의 의식, 바로 지금 이 자각의 성품을 깨달아야 오고 가고, 얻고 잃고, 살고 죽는 현상 세계의 게임의 법칙에서 풀려날 수 있습니다. 모든 일이 내 안에서 일어나지만 그 어떤 일도 나에게 영향을 줄 수 없다는 사실에 분명해야 합니다. 그러한 철저한 깨달음이 바로 해탈입니다.

6.

"궁극의 비이원성을 깨닫고, 사람을 절대적으로 자유롭게 하는 진리 안에 확고하게 자리 잡은 사람이 여전히 욕망에 이끌리는 삶을 살아간다는 것은 참으로 이상한 일이다."

비록 모든 것이 둘 아닌 하나의 의식, 온통 자각의 성품 하나라는 사실을 한번 일별하였다 하더라도 단박에 자아 중심적 사고방식에서 벗어나 자유로워지기란 거의 불가능합니다. 오랜 세월에 걸쳐 형성된 몸과 마음의 조건화, 습관의 힘이 상당 기간 동안 사라지지 않고 반복해서 나타납니다.

새롭게 깨달은 비이원적 관점과 이전의 자아 중심적 관점 사이에서 오락가락 갈팡질팡하면서 혼란을 겪는 시기가 반드시 있습니다. 깨달음은 일회적인 영적 체험이나 이벤트가 아니라 잘못된 동일시와 조건화에서 서서히 풀려나 어디에도 구속됨이 없는 의식 자체, 자각 자체로 안주하는 과정입니다.

욕망이란 스스로를 독립된 개별적 자아, 몸과 마음으로 잘못 동일시하기 때문에, 자기 바깥에서 자기와 마찬가지로 객관적으로 독립해 있다고 믿는 대상을 통해 만족을 얻으려는 마음의 움직임입니다. 그러나 어떤 대상도 영원히 고정 불변하지 않기 때문에 만족에 대한 추구는 결국 불만족으로 귀결될 뿐입니다.

망망대해 한가운데 표류하는 사람이 목마름을 해결하기 위해 바닷물을 마시면 마실수록 더욱 목이 마르듯이, 대상을 통한 만족의 추구는 더 큰 불만족으로 이어지는 악순환에서 벗어날 수 없습니다. 오히려 욕망 자체, 그것을 추구하는 자기 자신을 돌아보는 것이 그러한 굴레에서 벗어나는 길입니다.

욕망은 어디에서 홀연히 일어납니까? 욕망을 일으키는 '자'가 독립적으로 있습니까? 욕망이 일어나는 그 자리에 욕망하는 자도, 욕망의 대상도 함께 있지 않습니까? 사실 그것들은 분리되어 있지 않습니다. 흡사 꿈의 세계처럼 갑자기 나타났다가 잠시 머물다 사라지는 허망한 마음의 움직임입니다.

욕망이 없던 자리에서 특정한 조건화와 경향성 때문에 불현듯 욕망이 일어나 추구가 시작되고, 추구의 대상을 얻는 순간 욕망이 있던 자리를 만족이 잠시 차지하게 됩니다. 그런 다음 만족 또한 사라지고 다시 앞의 과정을 끝없이 되풀이합니다. 만족이란 신기루와 같은 헛된 신화에 불과합니다.

욕망의 노예가 되어 대상을 향해 치달리던 눈길을 욕망이 일어나는 곳, 욕망을 하는 '자' 자체로 돌리십시오. 결국 만족을 얻든 얻지 못하든 욕망이라는 에너지는 그것이 일어났던 그 자리로 사라집니다. 욕망이 없던 곳, 욕망이 사라지는 그 자리에 만족 아닌 만족, 진짜 만족이 있습니다.

욕망하는 자도, 욕망의 대상도, 욕망 자체도 없는 그 자리가 진정한 만족, 니르바나입니다. 바로 지금 여기 이 자리가 그것입니다. 그것이 바로

80

그대의 참나, 어떤 대상이 아니기 때문에 결코 새롭게 얻을 수도 없고 잃어버릴 수도 없는 이 존재 자체입니다. 이것이, 그대가 이미 완전한 깨달음입니다.

7.
"세속의 대상에 대한 집착에서 비롯된 욕망이 앎의 적인 줄 알고 있으며, 이미 매우 쇠약해져 죽음에 가까운 사람이 여전히 감각의 즐거움을 갈망하는 것은 참으로 이상한 일이다."

감각 기관에 의해 지각되고 인식되는 대상에 대한 집착과 갈망은 절대적인 앎, 깨달음의 적입니다. 감각 기관에 의해 지각되고 인식되는 대상이 본래 허망하여 실체가 없다는 사실을 깨달아야 합니다. 객관 대상은 그것을 지각하고 인식하는 주관으로 말미암고, 주관은 그것에 의해 지각되고 인식되는 객관 대상으로 말미암는 허깨비에 불과합니다.

마치 꿈속 세상에서 꿈속의 주인공이 꿈속의 사물을 욕망하는 것과 같습니다. 객관 대상에 대한 욕망을 일으키는 자도, 그가 욕망하는 객관 대상도, 그리고 그 욕망 자체도 모두가 아무 내용이 없는 텅 빈 의식, 순수한 자각의 성품일 뿐입니다. 아무 색깔이 없는 햇빛이 여러 가지 색깔로 드러나듯, 단일한 의식, 자각의 성품이 다양한 현상으로 드러날 뿐입니다.

이 사실을 잘 알고 있으면서도, 언젠가 자신에게 주어진 시간이 종말을 맞이할 것을 잘 알고 있으면서도, 객관 대상을 통한 감각적 즐거움에 대한 욕망을 쉽게 극복하기란 몹시도 어려운 일입니다. 여전히 몸과 마음을 자기 자신으로 동일시하는 버릇에서 벗어나지 못하기 때문에 일시적인 감각적 즐거움을 통한 만족을 갈구하고, 그 만족에 대한 갈망은 다시 불만족을 잉태합니다.

의식과 자각의 내용물이 아닌, 의식과 자각 자체가 진정한 자기 자신, 참나임을 망각해서는 안 됩니다. 의식과 자각의 내용물, 곧 지각되고 인식되는 것들은 만족과 불만족이 있지만, 의식과 자각 자체, 지각과 인식 자체는 만족도 없고 불만족도 없습니다. 어떠한 대상이 없고 실체가 아니지만, 분명히 존재하고 작용하고 있습니다.

그것이 바로 무욕(無慾)이고, 무욕이야말로 영원한 만족, 욕망으로부터의 자유, 해탈입니다.

8.
"이 세상이나 다음 세상의 일에 무관심하고, 영원한 것과 무상한 것을 식별할 수 있으며, 해탈을 갈망하는 사람이 여전히 육체의 소멸을 두려워하는 것은 참으로 이상한 일이다."

마음공부의 궁극은 생사 문제의 해결에 있습니다. 생사가 문제가 되는 것은 자기 자신이 이 몸과 마음이라는 유한한 개별적 존재에 제한되어 있다고 무의식적으로 믿고 있기 때문입니다. 가장 근본적인 어리석음, 이 근원적인 무지에서 벗어나는 유일한 길이 자기 자신의 참나에 대한 깨달음입니다.

시작이 있는 것은 반드시 끝이 있습니다. 태어난 것은 필연적으로 죽어야만 합니다. 지각과 인식이 가능한 모든 것은 시작과 끝, 태어남과 죽음이 있습니다. 오직 지각되지 않고 인식되지 않는 것만이 시작도 없고 끝도 없으며, 태어남도 없고 죽음도 없습니다.

몸은 지각되고 인식됩니다. 마음 역시 지각되고 인식됩니다. 따라서 그것들은 시작이 있고 끝이 있으며, 태어남이 있고 죽음이 있습니다. 그런데 그러한 몸과 마음을 지각하고 인식하고 있는 그것, 개별적인 생명이 아닌 보편적이고 근원적인 생명, 의식, 존재, 자각의 성품이 있습니다.

언제 어디서나 항상 변함없이 바로 이렇게!

자기 스스로는 보이지도, 들리지도, 냄새 맡아지지도, 맛보아지지도, 느껴지지도, 알려지지도 않으면서, 바로 지금 여기 이렇게 보고, 듣고, 냄새 맡고, 맛보고, 느끼고, 알고 있습니다. 바로 지금 여기서 이렇게 이 글을 보고 있는 그것입니다. 나와 세계의 본래모습, 본질이 바로 이것입니다.

모든 운동 변화가 일어나고 잠시 머물다 다시 그곳으로 사라지는 침묵과 고요, 텅 비어 있음이 있습니다. 그것은 침묵과 고요 속에 텅 비어 있지만 생생하게 살아 있습니다. 그것은 삼라만상의 근원이자 그 모든 것의 귀결점입니다. 그대가 바로 그것입니다. 내가 바로 그것입니다. 모든 것이 바로 그것입니다.

순수하고 투명하며 밝은, 흔들림 없고 고요하며 편만한, 애쓸 필요 없고 선택할 필요 없으며 어떠한 속성도 없는 이 자각의 성품으로 머물러 있으십시오. 감각과 감정, 생각에 흔들리는 순간에도 그것이 바로 이 의식, 이 자각의 바다 위에서 일어나는 물결일 뿐임을 알아차리십시오.

바로 거기에 불사(不死)의 문이 있습니다.

9.

"자신의 참나에 안주하고 있는 현자는 칭찬을 받든 비난을 받든 기뻐하지도 않고 성내지도 않는다."

우리 자신의 참나는 제 스스로는 드러나지 않으면서 모든 현상을 드러나게 하는 텅 빈 배경과 같으며, 제 스스로는 움직이지 않으면서 모든 대상을 움직이게 하는 생명력과 같으며, 제 스스로는 알려지지 않으면서 모든 것을 알고 있는 자각의 성품과 같습니다.

있지만 없는 것 같고, 없지만 분명히 있습니다.

어떤 현상, 어떤 대상이 나타날 때 그것의 배경, 그것을 알아차리고 있는 무엇도 동시에 드러납니다. 그리고 특정 현상이나 대상은 사라져도 그것의 배경, 그것을 알아차리는 무엇은 언제나 그 자리에 그대로 있습니다. 허망한 현상과 대상에 속으면 늘 변함없이 있는 것을 알아차리지 못합니다.

아무 내용이 없지만 생생하게 살아 있는 텅 빈 의식이 항존합니다.

그 어떤 것도 그 안에서 일어났다가, 잠시 머물다가, 변화하고, 다시 그 안으로 사라집니다. 모든 현상과 대상은 그렇게 나타났다 사라지지만, 그것들이 드러나는 바탕, 배경, 공간은 바로 지금 여기 이 순간 이 자리에 항상 있습니다. 이 글을 보고 읽고 이해하는 바로 그 힘, 그 의식입니다.

부정하고 싶지만 부정할 수도 없고, 긍정하고 싶지만 긍정할 수도 없습니다.

다른 사람들의 칭찬도 이것을 벗어날 수 없고, 다른 사람의 비난 또한 이것 밖의 것은 아닙니다. 기쁨 역시 이것에서 일어났다 이것으로 돌아가고, 성냄 또한 여기에서 나타났다 여기로 사라집니다. 이 바탕, 이 배경, 이 생명, 이 의식, 이 존재, 이 자각, 이 참나 아닌 것은 존재하지 않습니다.

따라서 모든 것이 이것입니다. 그런데 이것은 이것조차 아닙니다.

10.

"자기 자신의 몸과 마음의 움직임을 다른 사람의 몸과 마음의 움직임처럼 지켜보고 있는 위대한 영혼을 어떻게 칭찬과 비난이 방해할 수 있겠는가?"

우리 자신의 진정한 참나, 진정한 본성은 텅 비어 있지만 생생하게 살아 있는 의식, 내용 없는 순수한 자각의 성품입니다. 이것은 제 스스로 밝게 빛나고 있는 태양처럼 드러나는 모든 것을 비추고 있습니다. 지각되고 인식되는 모든 것은 바로 이 의식, 이 자각의 성품의 대상입니다.

따라서 지각되고 인식되는 몸과 마음은 우리 자신의 진정한 참나, 진정한 본성이 아닙니다. 그것은 다른 사람의 몸과 마음과 같은 대상에 불과합니다. 우리 자신의 진정한 참나, 진정한 본성은 몸과 마음이라는 대상의 움직임을 아무 노력 없이 알아차리고 있는 이 의식, 이 자각의 성품입니다.

이 의식, 이 자각의 성품을 하나의 대상으로서 다시 지각하거나 인식할 수는 없습니다. 다만 대상이 드러난다는 사실을 통해 그 존재를 확인할 수 있을 뿐입니다. 제 스스로 빛나고 있는 태양을 태양 자신이 다시 비출 수 없고, 다른 모든 대상을 보고 있는 눈을 눈 자신이 다시 볼 수 없는 것과 같습니다.

오히려 그러한 노력과 시도를 완전히 멈출 때, 어떤 대상을 찾으려 하지 않음으로써 이미 완전하게 존재하는 것을 깨닫게 되고, 어떤 대상을 얻으려 하지 않음으로써 이미 충분하게 갖추고 있는 것을 알아차리게 됩니다. 생각하지 않음으로써 드러나고, 침묵함으로써 나타납니다.

이것은 모든 상대적인 차별, 분별을 넘어서 있기 때문에, 어떠한 차별, 어떠한 분별도 이것을 흔들 수는 없습니다. 칭찬과 비난, 사랑과 증오, 선과 악 등이 이것에서 비롯되었지만 이것을 어찌할 수는 없습니다. 마치 그림자가 빛에 의해 드러나지만 그 빛을 어찌할 수 없는 것과 같습니다.

그대가 바로 그 빛입니다.

11.

"이 세상이 순수한 환상임을 깨닫고, 그것에 대한 어떠한 관심도 없는데, 어떻게 흔들림 없는 마음을 가진 사람이 죽음에 직면하여 두려워하겠는가?"

나와 세계를 창조한 힘은 무엇일까요? 나와 세계는 진정 어디에서 왔을까요? 그리고 나와 세계를 파괴하는 힘은 무엇일까요? 나와 세계는 진정 어디로 갈까요?

오늘 아침 잠에서 깨어나는 순간, 나라는 분별 의식이 돌아오면서 세계도 동시에 출현합니다. 어젯밤 잠에 든 순간, 나라는 분별 의식이 사라지면서 세계도 동시에 사라졌습니다.

그렇다면 오늘 아침 분별 의식이 돌아와 잠에서 깨어나기 1초 전, 그리고 어젯 밤 분별 의식이 사라져 잠에 든 1초 후, 나와 세계가 없는 그 상태는 무엇일까요?

　결국 나와 세계라는 것은 분별 의식 상태, 마음이 움직이는 상태에서만 가능한 꿈이나 환상 같은 것에 불과합니다. 그러한 꿈과 환상의 바탕에는 잠재적인 가능성의 상태로 있는 근원적인 의식이 있습니다.

　나의 바깥에 엄연히 객관적으로 존재하는 것 같은 세상과, 역시 그 세상과 분리되어 독립적으로 존재하는 것 같은 나는 결코 둘이 아닙니다. 꿈속의 주인공과 꿈속의 세상이 동일한 하나의 꿈인 것과 같습니다.

　텅 빈 하늘에 인연 따라 조각구름이 일어나서는 잠시 머물다 다시 텅 빈 하늘가로 사라지듯, 우리의 인생 역시 아무 내용 없는 의식, 순수한 자각의 성품 안에서 출몰하는 감각 지각과 인식의 내용물에 불과합니다.

　삶이 경험은 되지만 경험하는 자도, 경험의 대상도 실체적으로 존재하는 것은 아닙니다. 꿈을 경험하더라도 꿈속의 주인공과 꿈속의 대상이 실제로 존재하지 않는 것과 마찬가지입니다.

　이러한 사실을 철저히 보게 된다면, 순전한 꿈이나 환상에 불과한 삶에 대한 집착에서 자유로워질 수 있습니다. 삶의 집착에서 풀려나게 되면 죽음에 대한 공포에서도 풀려나게 됩니다.

　결국 삶과 죽음은 서로 다른 것이 아니기 때문입니다. 삶이 꿈이나 환상인 것처럼 죽음 역시 꿈이나 환상 같은 것에 지나지 않습니다. 그러나 그러한 꿈과 환상이 가능하기 위해서는 꿈과 환상 아닌 것이 뒷받침하고 있어야 합니다.

그것이 우리 자신의 본래 상태, 참나, 본성입니다. 생겨나지도 사라지지도 않는 근원 의식, 순수한 자각의 성품, 텅 비어 있으나 생생하게 살아 있는 영원한 생명, 존재 자체가 그것입니다.

고단한 하루의 일과를 마친 이에게 수면은 달콤한 휴식일 뿐입니다.

12.

"해탈에 대한 욕망마저도 초월하고, 자기 자신을 아는 것만으로도 만족하는 위대한 영혼을 어느 누구와 비교할 수 있겠는가?"

구도자는 무엇을 찾고 있는 것일까요?

구도자들이 찾는 그것(진리, 도, 깨달음, 하나님, 마음 등등)이 바로 지금 여기 이 순간 그들에게 진실로 없기 때문에 찾고 있는 것일까요? 아니면 '없다'는 생각이나 느낌 때문에 찾고 있는 것일까요?

구도자들이 찾는 그것(진리, 도, 깨달음, 하나님, 마음 등등)은 이름은 있지만 실체는 없는 것입니다. 실체는 없지만 바로 지금 여기 이 순간 살아 있는 것입니다. 무엇으로 존재하지는 않지만 모든 존재로 드러난 것이 그것입니다.

그것은 '지금 내가 찾고 있는 그것이 지금 여기에는 없다'라는 생각으로도 나타나고 있습니다. 그 허망한 생각과 느낌의 모양에 속지 말고 그 생각과 느낌이 나타났다가 사라지는 그 공간을 알아차리십시오.

온갖 생각과 느낌이 나타났다가 사라지는 바로 그 자리에 생각도 느낌도 없는 텅 빈 의식의 공간, 자각의 공간, 경험의 장이 펼쳐져 있습니다. 자기 스스로는 드러나지 않으면서 모든 것을 드러내고 있습니다.

따라서 드러나는 모든 것이 바로 그것입니다. 무언가를 따로 찾지 않는다면 바로 지금 여기 이 순간 있는 이대로가 찾고자 했던 그것입니다. 찾으면 그런 것은 없지만, 찾지 않으면 모든 것이 그것인 것입니다.

구도자는 자기가 찾고자 했던 것을 찾지 못해서 괴로운 것이 아니라, 찾으려 하는 그 마음 때문에 괴로운 것입니다. 찾으려는 그 마음이 허상에 불과한, 찾아야 할 무엇을(찾는 자기 자신도) 만들어 내는 것입니다.

찾으려는 마음이 완전히 쉬어졌을 때, 바로 지금 여기 이 순간 실제로 무엇이 존재하고 있을까요? 언제나 변함없는 것, 항상 지금 여기 이렇게 있는 것, 너무나 평범하고 당연한 것, 이것이 있습니다.

이것이 진정한 자기 자신, 참나, 의식·존재·지복입니다. 어떤 것과도 비교가 불가능한 절대입니다.

13.

"모든 대상이 본질적으로 공(空)임을 아는 굳건한 마음을 가진 사람이 어떻게 하나의 대상을 붙잡거나 거부하려 하겠는가?"

모든 대상은 순수한 의식, 자각의 성품에 의해 지각되고 인식되는 것입니다. 바꿔 말하면, 지각되고 인식되지 않는다면 어떠한 대상도 존재하지 않는 것입니다. 따라서 모든 대상은 지각과 인식의 결과물로서, 본질적으로 순수한 의식, 자각의 성품 자체, 곧 공(空)입니다.

공은 텅 비어서 아무런 실체가 없지만 절대적인 무(無)는 아닌 것입니다. 실체는 없지만 분명한 존재성 자체, 생명 자체가 바로 공입니다. 바로 지금 여기 이 순간 눈앞의 현실이 공의 현현(顯現)입니다. 모든 대상이 곧 공이고, 공이 바로 모든 대상입니다. 대상과 공은 둘이 아닙니다.

이러한 사실에 대한 분명한 깨달음은 어떤 특정 대상에 대해 집착하거나 거부하는 마음의 분별에서 벗어날 수 있는 자유를 줍니다. 모든 대상이 평등한 이 하나의 공, 의식, 자각의 성품 아닌 것이 없습니다. 나아가 집착하거나 거부하는 사람은 물론 그 집착과 거부마저도 공일 뿐입니다.

모든 행위가 공에서 일어나서 공으로 돌아갑니다. 많은 일이 일어났지만 어떤 일도 일어나지 않는 것과 같습니다. 지각되고 인식되는 대상들에 대한 집착과 거부에서 벗어나, 집착할 수도 없고 거부할 수도 없는 지각과 인식의 본바탕, 참나, 순수한 의식 또는 텅 빈 자각의 성품, 공을 깨달으십시오.

14.
"모든 세속적인 욕망을 포기하고 상대성을 초월하여 어떤 것에도 집착하지 않고 살아가는 이는 시간의 흐름 속에서 어떤 사건들이 지나가더라도 기뻐하지도 않고 괴로워하지도 않는다."

모든 현상이 다만 의식의 표면 위에 나타났다 사라지는 그림자와 같다는 사실을 뚜렷이 확인했다면, 실제로 존재하는 것은 오직 의식 자체, 텅 빈 자각의 성품뿐임을 확실히 보았다면, 세속적인 모든 욕망은 저절로 사라지고 상대성을 초월하여 어떤 것에도 집착하지 않게 됩니다.

참나는 끝없는 현상들의 흐름 속에 있으면서도 그 현상들과 함께 휩쓸려 가지 않는 영원한 목격자, 언제나 변함없이 현상들의 출몰을 비추고 있는 광활한 배경, 텅 빈 의식의 공간입니다. 사실 다양한 현상들 하나하나의 본질이 바로 이 의식, 이 자각의 성품입니다.

　꿈속의 모든 현상이 결국 꿈일 뿐이듯, 이 의식 공간, 텅 빈 자각의 장(場) 안에 나타나는 모든 현상이 바로 의식, 자각 자체입니다. 꿈속의 황금과 꿈속의 똥이 동일한 꿈이듯, 현상적으로 드러난 행복과 현상적으로 드러난 불행은 결국 아무런 차이가 없는 의식의 다른 모습일 뿐입니다.

　일체가 평등하여 다른 일이 없음에 사무칠 때, 모든 갈등은 사라지고 안심과 평화가, 기쁨도 없고 슬픔도 없는 지복이 그 텅 빈 공간을 가득 채웁니다. 그것이 지극한 선정이요, 밝은 지혜입니다. 어디에도 제한되지 않는 의식의 빛, 자각의 성품이 스스로 찬란히 빛날 뿐입니다.

4장
깨달음의 영광

지고의 참나에 안주하고 있는 사람은
선과 악에 영향 받지 않습니다.
마치 하늘이 연기에 의해
물들지 않는 것과 같습니다.
비록 우리 눈에는 그렇게 보일지라도.

1.

자나카 왕이 말했다.

"예. 그렇습니다. 참나 안에 굳건히 자리 잡은 사람은 단지 삶이라는 놀이를 순수한 즐거움으로 즐길 뿐입니다. 그는 짐수레를 끌고 있는 짐승처럼 세상 속에서 갈팡질팡하는 사람과는 같지 않습니다."

참나, 순수한 의식, 텅 빈 자각의 성품이 자기 자신의 진실한 모습임을 깨달은 이에게 삶은 하나의 꿈이나 환상, 놀이처럼 느껴집니다. 나와 세계, 주관과 객관이라는 상대성, 이원성이 사라지면서 그 사이에서 벌어지는 모든 세속적인 문제들이 갑자기 그 힘을 잃어버리게 됩니다.

마치 모든 것을 수용하되 결코 집착하지 않는 창고의 빈 공간처럼, 그 안에 들어오는 어떤 것도 거부하지 않고, 그 밖으로 나가는 어떤 것에도 집착하지 않게 됩니다. 어떤 대상도 창고의 빈 공간에 영향을 줄 수 없습니다. 대상은 끝없이 오고 가지만 빈 공간은 아무 변함없이 그 자리에 없는 듯 있습니다.

이 사실을 제대로 보지 못한 사람들은 마치 연자방아에 묶여 끝없이 맴을 도는 짐승처럼 상대적 세상의 문제에서 헤어나지 못합니다. 느낌과 감정, 관념과 생각이 빚어낸 번뇌, 심리적 고통의 굴레에서 빠져나오지 못합니다. 본질을 깨닫지 못하고 허망한 대상에 구속되어 자유를 잃어버렸습니다.

자기 자신이 아무 실체가 없는 순수한 의식 자체이며, 몸과 마음뿐만 아니라 이 세상 전체로 드러나고 있는 텅 빈 자각의 성품임을 철저히 깨달아야 합니다. 이원성이 그대로 단일성이고, 상대성이 그대로 절대성임을 똑똑히 보아야 합니다. 모든 갈등과 추구가 고요와 평화 속으로 사라져야 합니다.

그대, 곧 참나는 분명히 있지만 없고, 없지만 있는 것입니다.

2.
"인드라와 같은 천상의 신들도 이 지고의 체험을 갈망하지만, 일단 그곳에 도달한 위대한 요기(yogi)는 그 상태에 머문다 할지라도 들뜨지 않습니다."

천신들조차 갈망하는 지고의 체험은 모든 현상의 근원인 순수한 의식, 텅 빈 자각의 성품과의 합일입니다. 분리, 이원성은 쾌락의 뿌리이자 고통의 뿌리이기 때문입니다. 모든 상대성을 초월한 지고의 상태는 어떤 상태조차 아닌 상태, 굳이 표현하자면 자연스럽게 존재함(being) 자체입니다.

이 지고의 체험, 지고의 상태는 잘못된 자기 동일시에서 벗어날 때 도달함 없이 도달하게 됩니다. 나 자신이 하나의 몸과 마음이 아니고, 나 바깥의 세계가 나와 동떨어진 대상이 아님을 깨닫는 순간, 실재하는 것은 본래순수한 의식, 텅 빈 자각의 성품뿐임을 보게 됩니다.

이것이 진리와의 상응, 합일인 요가(yoga)의 성취입니다. 이 지고의 상태에 도달함 없이 도달한 위대한 요기는 결코 의기양양해하지 않습니다. 진실로 이 지고의 체험, 지고의 상태 가운데는 그 체험을 한 자(그 상태에 머무는 자)도, 그 체험(상태)도 없기 때문입니다.

오직 본래 있는 순수한 의식, 텅 빈 자각의 성품, 자연스러운 존재함만이 있을 뿐입니다. 그것은 있지만 없는 것이며, 없지만 분명히 있는 것입니다. 그것이 이 꿈처럼 환상처럼 나타난 현상의 근원입니다. 현상은 무상하지만 그 무상한 현상이 나타남은 영원합니다.

어느 위대한 성자는 이렇게 말했습니다.
"세상은 환영이다. 브라만(brahman)[5] 홀로 실재한다. 브라만은 세상이다."

3.

"지고의 참나에 안주하고 있는 사람은 선과 악에 영향 받지 않습니다. 마치 하늘이 연기에 의해 물들지 않는 것과 같습니다. 비록 우리 눈에는 그렇게 보일지라도."

모든 가치는 상대적이면서 자기중심적입니다. 절대적인 선과 악이 객관적으로 있는 것이 아니라 각자의 자기 입장에 따라 상대적으로 존재할 뿐입니다. 쉽게 말해서, 누군가에게는 선인 것이 다른 사람에게는 악일 수도 있는 것입니다. 따라서 상대적이고 자기중심적인 입장에서는 서로 다른 가치의 충돌로 인한 갈등과 투쟁을 피할 수 없습니다.

오직 절대적인 입장, 근본적인 관점에서만 모든 상대적 가치에 영향 받지 않고 올바른 판단, 올바른 행위를 할 수 있습니다. 동일한 에너지가 냉방기를 작동시키고, 난방기를 작동시킵니다. 발현된 결과를 따지면 하나는 차갑고 다른 하나는 뜨겁지만, 그 근본은 모두 동일한 하나의 에너지였습니다. 인간의 모든 행위, 느낌, 감정, 생각도 모두 동일한 하나의 근원에서 비롯되었습니다.

모든 것은 이 동일한 하나의 근원, 바로 이 순수한 의식, 텅 빈 자각의 성품이 다양한 모습으로 발현된 것일 뿐입니다. 모든 것은 이 하나의 바탕 위에 그려진 그림들에 불과합니다. 어떤 그림도 그 바탕을 벗어나 있지 않

---

5 우주의 근본적 실재 또는 원리. 의식, 자각의 성품, 참나.

습니다. 그림과 바탕은 둘이면서 둘이 아닙니다. 그림은 끊임없이 지웠다 그릴 수 있지만 바탕은 변함없이 그 자리에 있습니다.

연기를 피워도 하늘을 물들일 수 없는 것과 같습니다. 폭우가 쏟아져도 하늘을 적실 수 없는 것과 같습니다. 사나운 천둥번개로도 하늘을 태울 수 없는 것과 같습니다. 안개와 구름으로 하늘을 메울 수 없는 것과 같습니다. 하늘, 저 텅 빈 허공은 있지만 없고, 없지만 있기 때문입니다. 하늘을 바라보는 자가 아닌, 하늘 자체가 되십시오.

모든 모양을 있는 그대로 비추지만 그 흔적을 남기지 않는 거울처럼 사십시오.

4.
"온 세상이 참나임을 알고 있는 위대한 영혼이 있는 그대로 삶을 살아가는 것을 누가 방해할 수 있겠습니까?"

바로 지금 여기 이 순간 실재하는 것, 진실로 존재하는 것은 무엇일까요? 억지로 분별하여 말하자면, 순수한 의식, 텅 빈 자각의 성품, 있는 그대로의 존재성 자체뿐입니다. 내가 지금 존재하고 있다는 단순한 느낌, 느낌이라 표현할 수조차 없는 너무나 직접적인 체험입니다. 이 순수한 의식, 텅 빈 자각의 성품, 있는 그대로의 존재성, 내가 있다는 느낌이 나를 포함한 이 현상 세계의 본질입니다.

즉, 온 세상은 바로 그것(참나, 의식, 자각, 존재, 나 있음)입니다.

이 사실을 깨달은 사람에게 삶이란 파도가 바다에서 일어나서 다시 바다로 사라지는 것과 같습니다. 자신을 포함한 모든 것이 동일한 바다에서 일어난 파도일 뿐입니다. 밀물과 썰물이 바다가 가진 힘의 서로 다른 발현에 불과하듯, 삶 가운데 행복과 불행 역시 그와 같습니다. 파도가 바다이고, 바다가 파도입니다. 파도가 없는 바다는 없고, 바다를 떠난 파도 역시 없습니다.

쉼 없이 파도가 밀려왔다 밀려갈 때, 거기 바다가 있습니다.

온갖 현상이 나타나고 사라질 때, 바로 그것이 이것(참나, 의식, 자각, 존재, 나 있음)입니다. 그대가 삶을 살아가는 게 아니라, 그대 자신이 이 삶이고, 이 세상 자체입니다. 이 순수한 의식, 이 텅 빈 자각의 성품, 이 있는 그대로의 존재성이 이 삶이고, 이 세상이며, 그대 자신입니다. 다른 모든 것은 이 참나의 바다에서 물결치는 파도에 불과합니다.

다시 말하지만, 파도가 그대로 바다입니다.

5.
"브라만에서 풀잎에 이르기까지 네 종류의 존재[6] 가운데 오직 자기 자신이 모든 사물과 존재의 참나임을 깨달은 자만이 욕망과 혐오에서 자유로울 수 있습니다."

이 세상에 존재하는 모든 것은 우리 의식에 의해 지각되고 인식되어야만 존재할 수 있습니다. 다시 말해, 어떤 사물의 존재는 곧 우리 의식에 의한 지각과 인식 자체입니다. 모든 객관 대상의 인식 주체인 것 같은 주관

---

6 사생(四生). 생물이 생기는 네 가지 방식. ①태생(胎生)—모태에서 태어나는 것. ②난생(卵生)—알에서 깨어나는 것. ③습생(濕生)—습한 곳에서 생기는 것. ④화생(化生)—어느 것에 의존하지 않고 스스로의 업력(業力)으로 태어나는 것. 어떤 것에 의존하지 않고 저절로 태어나는 것.

역시 의식에 의해 지각되거나 인식되지 않는다면 존재하지 않습니다. 따라서 모든 것, 모든 존재는 의식입니다.

하나의 동일한 의식이 다양한 모습으로 드러난 것이 이 세상입니다. 마치 꿈의 세계와 같이 하나의 의식 안에 주관과 객관, 그리고 그 둘 사이의 경험 작용이 펼쳐지고 있습니다. 많은 일이 벌어지고 경험되지만, 그 어떤 것도 실체가 없으므로 일시적이고 덧없습니다. 다만 순수한 의식, 텅 빈 자각의 성품, 이와 같이 존재함만이 영원합니다.

자기를 포함한 모든 것이 동일한 이 의식, 이 자각, 이 존재임을 바르게 깨달은 이는 좋아하는 것을 욕망하고 싫어하는 것을 혐오하는 습관의 굴레에서 자유로울 수 있습니다. 자아 중심적인 취사선택이 모든 고통의 뿌리임을 꿰뚫어 볼 수 있기 때문에 욕망하는 것에 대한 집착과 혐오하는 것에 대한 거부, 그 인력과 척력에서 벗어날 수 있습니다.

욕망도 없고 혐오도 없는 곳, 거기에 평화가 있습니다.

6.
"자기 자신이 둘 없는 하나, 세상의 주인이라는 사실을 아는 사람은 드뭅니다. 이것을 아는 사람은 어떤 것도 두려워하지 않습니다."

결코 부정할 수 없는 사실, 절대적 진실은 바로 지금 여기 이 순간 그대가 존재하고 있다는 것입니다. 이것을 보통 사람들은 한정된 몸과 마음을 가진 하나의 개체로서의 '나'가 존재한다고 봅니다.

그러나 사실은, 어떤 개체가 아닌 둘 없는 하나, 결코 나눌 수 없는 전체로서의 존재성(Beingness)-의식-자각의 성품만이 있습니다. 그 존재성-의식-자각의 성품으로 인해 개체로서의 '나'라는 느낌, 생각 역시 존재할 따름입니다.

개체로서의 '나'가 이 세상 가운데 존재하는 것이 아니라, 이 존재성-의식-자각의 성품 가운데 그러한 느낌과 생각이 일시적으로 나타났다가 사라질 뿐입니다. 나와 세계는 이 존재성-의식-자각의 성품, 곧 참나가 꾸는 꿈입니다.

이 존재성-의식-자각의 성품-참나가 실재, 창조의 주(主), 세상의 주인입니다. 그대가 그것입니다. 전체로서 존재하고 있고, 전체로서 의식하고 있고, 전체로서 자각하고 있습니다. 이 존재성-의식-자각의 성품이 전체입니다.

모든 분리와 분열, 대립과 차별은 이 존재성-의식-자각의 성품 안에서, 이 존재성-의식-자각의 성품이 벌이는 숨바꼭질 놀이입니다. 둘이 없는 하나가 전체인 여럿으로 자신을 현현하여 펼치는 환상입니다.

이 사실을 아는 사람은 결코 어떤 것도 두려워할 것이 없습니다. 모든 것이 그것, 이 존재성-의식-자각의 성품이기 때문입니다. 그러므로 모든 것을 있는 그대로 받아들일 수 있습니다. 온 우주를 감싸고 있는 저 허공과 같이.

5장
자아 소멸의 네 가지 길

이 세상은 그대에게서 일어난다.
마치 바다에서 물거품이 일어나듯이.
그러므로 그 모든 것이 단지 그대 자신임을 알고
참나와 하나가 되라.

1.

아쉬타바크라가 말했다.

"그대는 어떤 것에도 구속되어 있지 않다. 그대는 순수하다. 거기에 포기해야 할 무엇이 있는가? 그러므로 이 거짓된 연관성을 해소하고 참나와 하나가 되라."

있는 그대로의 그대 자신을 살펴보십시오. 주변 환경과 분리되어 있음을 느낍니까? 외적 사건이나 내적 사건에 구속되어 있음을 느낍니까? 감각이나 감정, 생각에 얽매이고 있음을 느낍니까?

깨어나십시오!

그대 자신이 그대 자신에게 지각되거나 인식되는 하나의 사물에 불과하단 말입니까? 진정한 그대 자신은 허망한 개체로서의 그대 자신은 물론, 주변 환경과 외적 · 내적 사건, 감각과 감정, 생각 모두를 알아차리고 있는 그것입니다.

그대는 어디에도 묶여 있지 않습니다!

오직 그대의 생각, 알아차려지는 특정 느낌이나 감각, 감정에 대한 잘못된 해석을 내리는 생각만이 스스로 묶여 있다고, 자유롭지 못하다고 그대를 속이고 있을 뿐입니다. 어떤 것도 진정한 그대 자신에게 영향을 끼칠 수 없습니다.

그대는 결코 물들지 않는 순수입니다!

분리감을 극복하고 합일감 속에 녹아들려고 하지 마십시오. 분리감이 하나의 감각에 대한 생각의 해석이듯, 합일감 역시 또 다른 감각에 대한 생각의 해석에 불과합니다. 그 감각과 생각의 근원으로 돌아가십시오.

그대는 그대 자신과 분리되어 있지도, 합일되어 있지도 않습니다!

그대는 둘 없는 하나, 하나임(Oneness), 전체인 존재, 단일한 의식, 텅 빈 허공 같은 자각의 성품, 찬란한 의식의 빛, 영원한 생명, 깨어 있는 성품, 참나입니다. 그대는 이미 그것입니다. 그대가 바로 이 세상입니다.

마음은, 생각은 복잡합니다. 내려놓으십시오. 바로 이 아무것도 특별한 것은 없지만, 결코 허무하지만은 않은, 절대적인 무(無)는 아닌, 여기 이 순간에 머무르십시오. 멈추십시오. 다만 존재만 하십시오.

바로 그것입니다!

2.

"이 세상은 그대에게서 일어난다. 마치 바다에서 물거품이 일어나듯이. 그러므로 그 모든 것이 단지 그대 자신임을 알고 참나와 하나가 되라."

그대가 있는 곳에 세상이 있습니다. 세상이 있는 곳에 그대가 있습니다. 그대 없이 세상 홀로 있을 수 없고, 세상 없이 그대 홀로 있을 수 없습니다. 그대와 세상은 하나입니다. 그대가 세상이고, 세상이 그대입니다. 분리는 환상입니다. 분열은 착각입니다.

그대와 세상은 바로 지금 여기 이렇게 있습니다. 이것이 참나입니다. 언제나 바로 지금 여기 이렇게 있음! 이것을 현존, 순수하고 투명한 의식, 텅 빈 자각의 공간, 광활한 존재의 장(場)이라고 표현할 수도 있습니다. 현상적으로는 다양하게 드러나 있으나 그 바탕은 둘 없는 하나입니다.

온 우주가 이 하나의 마음입니다. 모든 시간과 공간, 그리고 그 안의 모든 대상이 곧 그대의 참나입니다. 이 둘 아닌 참나가 주관과 객관으로 나뉘어 스스로가 스스로를 경험하는 꿈을 꾸고 있는 것입니다. 온갖 경험을 드러내고 있지만, 스스로는 결코 드러나지 않는 텅 빈 바탕이 진정한 그대 자신입니다.

이 사실을 명확히 깨닫는 순간, 그대는 이미 참나와 하나, 아니 오직 참나일 뿐입니다.

3.

"이 세상이 그대 눈앞에 보일지라도 그 모든 것은 실체가 없는 것이다. 그대는 티 하나 없이 깨끗하며, 이 세상은 새끼줄이 뱀으로 보이는 것과 같은 환영이다. 이것을 알고 참나와 하나가 되라."

보이는 대상은 보는 자를 떠나 독립적으로 존재하지 않습니다. 보는 자 역시 보이는 대상 없이 홀로 존재할 수 없습니다. 보는 자와 보이는 대상이 모두 실체가 없는 것이라면 그 둘 사이에서 일어나는 보는 작용 역시 환상에 불과합니다.

그러나 바로 지금 이렇게 보고 있습니다. 바로 지금 이렇게 보고 있지만 사실은 보는 자도 없고, 보이는 대상도 없으며, 보는 일마저 없는 것입니다. 순간순간 경험은 일어나지만 경험하는 자도, 경험하는 대상도, 경험 그 자체도 없는 것입니다.

오직 티 하나 없는 순수한 의식, 영원한 생명, 텅 빈 자각의 성품, 참나만이 존재합니다. 모든 것이 그것입니다. 어떤 것도 집착할 것이 없고, 어떤 것도 거부할 것이 없습니다. 아무리 집착해도 그것이고, 아무리 거부해도 또한 그것입니다.

그대가 그것입니다.

4.
"그대 자신이 괴로움과 즐거움, 희망과 절망, 삶과 죽음에서 있는 그대로 완전하며 변함없음을 알고 참나와 하나가 되라."

그대라는 개체가 존재해서 몸과 마음, 감각과 감정, 생각, 이 세상의 잡다한 사건들이 있는 것일까요? 그대라는 개체의 확실성, 이 세계의 부정할 수 없는 현실성은 어디에서 비롯되는 것일까요?

혹시 너무나 평범하고, 너무나 단순하고, 너무나 당연한 바로 지금 이 순간의 살아 있음, 깨어 있음, 의식 있음, 이 의식, 이 자각, 이 생명, 이것이 그 모든 것의 근거가 아닐까요?

어떤 '것'은 아니지만 모든 '것들'로 드러나고 있는 것. 어떤 '대상'은 아니지만 모든 '대상들'로 지각되고 있는 것. '누구'는 아니지만 '모두'로 나타나고 있는 것. 결코 '부분'이 아닌 '전체'로 현시되는 것.

모양 없는 모양, 소리 없는 소리, 냄새 없는 냄새, 맛 없는 맛, 느낌 없는 느낌, 앎 없는 앎. 이 투명하고 텅 빈 의식, 내용 없는 자각, 영원한 생명으로서의 존재성(Beingness). 바로 이것!

이것이야말로 모든 상대적 분별을 초월한, 바로 그 모든 상대적 분별의 본질입니다. 그것이 진정한 그대 자신, 참나입니다. 현상은 밀물과 썰물처럼 오가지만, 현상의 목격자, 현상의 참된 근원은 언제나 바로 지금 여기 있습니다.

바로 지금 여기 이렇게 있음, 그것이 그대 자신입니다.

6장
지고의 앎

나는 모든 존재 안에 있고,
모든 존재는 내 안에 있습니다.
이것이 앎입니다.
그러므로 그것을 포기할 필요도 없고,
수용할 필요도 없고, 파괴할 필요도 없습니다.

1.

자나카 왕이 말했다.

"나는 허공처럼 무한하고, 이 세상은 하나의 주전자와 같습니다. 이것이 앎입니다. 그러므로 이 세상을 포기할 필요도 없고, 수용할 필요도 없고, 파괴할 필요도 없습니다."

허공처럼 무한한 내가 바로 세상입니다. 이것이 진정한 앎, 깨달음입니다. 둘이 없으므로 하나마저 없습니다. 하나마저 없는 가운데 온갖 것이 있습니다. 순간순간, 찰나찰나가 신비입니다.

눈앞에 펼쳐진 이 세상과 그것을 바라보고 있는 나는 둘이 아닙니다. 그 것들은 모두 단일하고 순수한 의식, 텅 빈 자각의 성품, 바로 지금 이렇게 있음입니다. 그렇다고 그것들이 모두 하나라는 것 역시 맞지 않습니다.

어쩔 수 없어서 둘이 아니다, 하나다, 의식이다, 자각이다, 존재다 말하지만 그 역시 상대성 가운데에서 일으킨 개념의 언어적 표현에 불과합니다. 실재, 곧 진실은 말과 생각이 가 닿을 수 없습니다.

포기할 것도, 수용할 것도, 파괴할 것도 없습니다. 포기하고, 수용하고, 파괴하려 하는 한, 여전히 무언가가 실제로 있다는 착각에 사로잡혀 있는 것입니다. 모든 것이 언제나 있는 그대로 완전합니다.

모든 것을 경험하지만, 경험하는 자도, 경험하는 대상도 실재하지 않습니다. 경험하는 자도, 경험하는 대상도 실재하지 않았다면, 경험 역시 실재하지 않습니다. 경험했지만 경험한 바 없습니다.

이 세상의 처음부터 끝까지 많은 일이 일어났지만, 본래는 아무 일도 일어나지 않았습니다.

2.

"나는 가없는 바다와 같고 현상적인 세상은 그것의 물결과 같습니다. 이것이 앎입니다. 그러므로 그것을 포기할 필요도 없고, 수용할 필요도 없고, 파괴할 필요도 없습니다."

나와 세상은 항상 바로 지금 여기, 같은 시간 같은 장소에 함께 존재합니다. 그 동시성은 곧 동일성입니다. 오직 분별 속에서만, 생각 속에서만 나와 세상이 분리될 뿐, 사실은 내가 바로 세상이고, 세상이 바로 나입니다.

나는 세상 속에 있고, 세상은 내 가운데 있습니다. 나 없이 세상 홀로 있을 수 없고, 세상 없이 나 홀로 있을 수 없습니다. 세상을 경험하는 나는 일종의 꿈이나 환상과 같습니다. 나에 의해 경험되는 세상 역시 마찬가지입니다.

꿈이나 환상은 경험은 되지만 아무런 실체가 없습니다. 실체가 없는 경험이란 그 역시 또 다른 꿈이나 환상에 지나지 않습니다. 현상적으로 드러난 나와 세상은 실재가 아니지만, 그러한 나와 세계의 드러남이 멈추지 않습니다.

《성서》의 〈전도서〉 가운데 다음과 같은 말씀이 있습니다.

전도자가 이르되 헛되고 헛되며 헛되고 헛되니 모든 것이 헛되도다.
해 아래에서 수고하는 모든 수고가 사람에게 무엇이 유익한가.

한 세대는 가고 한 세대는 오되 땅은 영원히 있도다.
해는 뜨고 해는 지되 그 떴던 곳으로 빨리 돌아가고
바람은 남으로 불다가 북으로 돌아가며
이리 돌며 저리 돌아 바람은 그 불던 곳으로 돌아가고
모든 강물은 다 바다로 흐르되 바다를 채우지 못하며
강물은 어느 곳으로 흐르든지 그리로 연하여 흐르느니라.
모든 만물이 피곤하다는 것을 사람이 말로 다 말할 수는 없나니
눈은 보아도 족함이 없고 귀는 들어도 가득 차지 아니하도다.
이미 있던 것이 후에 다시 있겠고 이미 한 일을 후에 다시 할지라.
해 아래에는 새 것이 없나니
무엇을 가리켜 이르기를 보라 이것이 새 것이라 할 것이 있으랴.
우리가 있기 오래 전 세대들에도 이미 있었느니라.
이전 세대들이 기억됨이 없으니
장래 세대도 그 후 세대들과 함께 기억됨이 없으리라.

늘 있었던 것만이 바로 지금 여기 있을 뿐입니다.

3.

"나는 진주 조가비와 같고 이 세상은 그 안에서 나타난 허상의 은빛과 같습니다. 이 것이 앎입니다. 그러므로 그것을 포기할 필요도 없고, 수용할 필요도 없고, 파괴할 필요도 없습니다."

조개껍데기는 여러 가지 영롱한 빛깔을 띱니다. 그 영롱한 빛깔은 마치 햇빛에 반사된 무지개와 같이 조개껍데기에 반사된 빛에 불과합니다.

감각적으로 지각되는 경험의 출처, 뿌리를 알아차려야 합니다. 모든 경

험은 일시적이며 무상하지만, 결코 그 경험이 단절되는 일은 없습니다.

모든 경험을 지각하지만 제 스스로는 절대로 지각되지 않는 경험의 원점에 순수한 의식, 텅 빈 자각의 성품, 참나가 있습니다.

결국 모든 경험의 본질이 바로 순수한 의식, 텅 빈 자각의 성품, 참나입니다. 바로 지금 현상 전체로 드러나 있는 이것입니다.

이것은 태어난 적이 없습니다. 단 한 번도 이것 아닌 적이 없습니다. 이것이 아무 변화가 없기 때문에 모든 현상의 변화가 상대적으로 나타날 수 있습니다.

이것은 모든 지각과 인식의 근원이지만 이것 자체를 상대적으로 지각하거나 인식할 수는 없습니다. 눈이 눈 자신을 볼 수는 없듯이.

이것에 조금도 더 가까이 갈 수 없고, 이것에서 조금도 더 멀리 떨어질 수 없습니다. 언제나 딱 이대로일 뿐입니다.

이것을 새롭게 얻을 수도 없을뿐더러, 다시 잃어버릴 수도 없습니다. 이것이 영원한 자기 동일성, 진정한 정체성, 참나입니다.

4.
"나는 모든 존재 안에 있고, 모든 존재는 내 안에 있습니다. 이것이 앎입니다. 그러므로 그것을 포기할 필요도 없고, 수용할 필요도 없고, 파괴할 필요도 없습니다."

나는 무엇입니까?

116

나는 무엇일 수 없습니다. 바로 지금 '나는 무엇입니까?'라는 의문이 일어난 그 자리가 바로 나이기 때문입니다. '나는 무엇이다'라는 답변이 주어진다 하더라도 진실한 나는 그 답변마저 사라진 그 자리이기 때문입니다.

의문이 일어나기 전, 의문이 일어날 때, 그리고 답변이 주어질 때, 답변이 사라진 후, 진실로 그 자리에 있는 것은 무엇입니까? 만약 그 자리에 아무것도 없다면, 아무것도 없다는 것을 아는 '그것'은 또 무엇입니까?

모든 현상, 모든 존재는 바로 '그것'입니다. '그것'이 바로 모든 현상, 모든 존재의 본질입니다. 내가 바로 모든 현상, 모든 존재이며, 모든 현상, 모든 존재가 바로 나입니다.

사실은 나도 없고, 모든 현상, 모든 존재도 없습니다. 아무것도 없는 가운데 나도 있고, 모든 현상, 모든 존재가 있습니다. 이 없이 있는 것이 진정한 나입니다. 진정한 나는 없지만 이렇게 있는 것입니다.

바로 지금 여기 눈앞이 바로 나입니다. 언제나 바로 이것, 이 자리입니다. 눈앞의 현상 전체, 모든 존재가 바로 그것입니다. 이 일시적이고 무상한 현상 전체가 바로 영원한 나입니다. 나는 늘 현재인 존재성 자체입니다.

알 것도 없고 모를 것도 없습니다. 가질 것도 없고 버릴 것도 없습니다. 해야 할 것도 없고 하지 말아야 할 것도 없습니다. 그런 가운데 알기도 하고 모르기도 하며, 가지기도 하고 버리기도 하며, 하기도 하고 하지 않기도 합니다.

이것이 무엇입니까?

7장

깨달음의 본질

나 자신이라는 무한한 바다 가운데
이 세상은 꿈처럼 나타납니다.
하지만 나는 지극히 고요하며
아무런 형상도 없이 남아 있습니다.

1.

자나카 왕이 말했다.

"나 자신이라는 무한한 바다 가운데 이 세상이라는 배가 제멋대로 부는 바람에 이끌려 이리저리 떠다닙니다. 하지만 그것이 내 안에 혼란을 일으키지는 않습니다."

마치 텅 빈 허공에서 바람이 일어나듯, 거대한 바다에서 끊임없이 물결이 출렁이듯, 감각과 감정, 생각은 한시도 쉼 없이 일어났다 사라집니다. 바람과 물결은 덧없고 무상하지만 허공과 바다는 변함없고 영원하듯, 감각과 감정, 생각은 덧없고 무상하지만 그것들이 일어났다 사라지는 바탕은 변함없고 영원합니다.

감각과 감정, 생각을 일으키게 만드는 객관 대상과 그 감각과 감정, 생각의 소유자인 주관이 서로 독립적으로 있다고 여기게 되면, 덧없고 무상한 감각과 감정, 생각을 실재로 착각하게 됩니다. 그 순간 바람에 흩날리는 낙엽처럼, 물결 따라 떠도는 배처럼, 주관은 객관을 따라, 객관은 주관을 따라 이리저리 흔들리며 끌려 다닐 수밖에 없습니다.

허공에서 일어난 바람이 허공 자체에 영향을 줄 수 없듯, 바다에서 생겨난 물결이 바다 자체를 어찌할 수 없듯, 감각과 감정, 생각 역시 그것이 일어난 바탕 자체(순수한 의식, 텅 빈 자각, 영원한 생명, 바로 지금 여기 있음)에 어떤 영향도 끼칠 수 없습니다. 오직 온전한 자기 자신을 주관과 객관으로 나눌 때만 그 사이에서 일어난 마음의 움직임에 영향을 받게 됩니다.

있는 그대로의 자기 자신, 참나를 바로 보십시오. 지금 이 순간 하나의 감각, 하나의 감정, 하나의 생각이 일어나기 이전부터 있었던 것이 바로 그대의 참나입니다. 하나의 감각, 하나의 감정, 하나의 생각이 일어나고 있을 때도 바로 그대의 참나입니다. 그리고 그 감각과 감정, 생각이 사라지고 난 뒤에도 여전히 그대의 참나는 변함없이 그 자리에 남아 있습니다.

언제나 변함없는 것, 그것은 감각과 감정, 생각의 대상이 결코 아닙니다. 느낄 수도, 알 수도 없습니다. 그러나 느끼지 않을 수도, 알지 못할 수도 없습니다. 바로 그 감각과 감정, 생각의 근원, 바탕이 그것이기 때문입니다. 있다고 할 수도 없고, 없다고 할 수도 없습니다. 모든 존재와 비존재의 원천, 배경이 그것이기 때문입니다.

바로 지금 여기 이것이 그것입니다.

2.
"나 자신이라는 무한한 바다 가운데 이 세상은 물결처럼 제멋대로 일어났다 사라집니다. 하지만 그것이 나를 더 늘어나게 하거나 줄어들게 하지는 않습니다."

인생이란 끝없는 경험의 흐름이라고 할 수 있을 것입니다. 지금 이 순간에도 경험은 끊임없이 일어났다 사라지고, 다시 일어났다 사라지고 있습니다. 마치 밀물과 썰물처럼 경험의 물결은 밀려 왔다가 다시 밀려 나가고, 또 밀려 왔다가 밀려 나가기를 영원히 반복하고 있습니다.

그러나 새로운 경험이 일어날 때도 새롭게 생겨나지 않고, 그 경험이 사라질 때도 그것을 따라서 사라지지도 않는 무엇이 바로 지금 여기 있습니다. 요지부동의 존재 자체, '내가 있다'라는 근원적인 존재감은 경험의 출몰과 상관없이 언제나 그 자리에 있습니다.

그 맑고 텅 빈 존재의 느낌, 순수한 의식, 깨어 있음, 살아 있음, 내용 없는 자각, 의식의 광명, 존재 자체는 경험의 바탕이지만 제 스스로는 새롭게 경험되지도 않습니다. 그렇다고 해서 그것을 경험하지 않고 있는 것도 아닙니다. 경험이 있으면 있는 줄 알고, 경험이 없으면 없는 줄 잘 알고 있습니다.

이것이 바로 그것, 참나입니다.

모든 내용의 부재로서 현존하고 있는 것이 그것입니다. '나'조차도 아닌 것, 어떤 '것'도 아닌 것이 바로 '이것'입니다. '이것'은 아무것도 지시하지 않음으로써 '그것'을 지시하고 있습니다. '이것'이라는 말과 생각이 일어났다가 사라지는 그 자리, 바로 지금 여기가 '이것'입니다.

허공이 살아서 춤을 추고 있는 것입니다.

3.

"나 자신이라는 무한한 바다 가운데 이 세상은 꿈처럼 나타납니다. 하지만 나는 지극히 고요하며 아무런 형상도 없이 남아 있습니다."

경험은 언제나 과거입니다. '지금'은 결코 경험될 수 없습니다. 경험되지 않는 '지금'에서 과거가 드러납니다. 과거는 객관적으로 고정된 특정 시점이 아닙니다. 과거는 경험되지 않는 '지금'에서 일어난 바로 이 순간의 경험입니다. 과거라는 이미지로 살아 있는 '지금'의 그림자입니다. 미래 또한 마찬가지입니다. 시간 없는 곳에서 시간이 나타납니다.

인생 전체가 언제나 바로 지금 여기 이 순간입니다.

여기, 저기, 거기의 공간적 분별 역시 마찬가지입니다. 여기도 '여기'이고, 저기도 '여기'이고, 거기도 결국 '여기'입니다. 어떤 공간도 '여기'를 벗어나 독립적으로 존재할 수 없습니다. 꿈과 상상의 공간 역시 '여기'입니다. 시공간을 초월한 깊은 선정의 상태 또한 '여기'입니다. '여기'를 벗어난 다른 공간은 없습니다. 모든 공간이 '여기'입니다.

인생 전체가 바로 지금 여기 이 자리입니다.

현존(現存)은 명사나 동사가 아니라 존재사입니다. 바로 지금 여기 이렇게 있음입니다. 현존을 대상화하지 마십시오. 모든 대상이 드러나는 텅 빈 바탕이 바로 지금 여기 이렇게 있음입니다. 이것이 언제나 변함없는 참나입니다. 진정한 나 자신의 본래모습이자 이 세상의 본질입니다. 언제나 바로 지금 여기 이렇게 있(었)습니다.

모든 인생의 경험들이 바로 지금 여기 이렇게 있음 안에서 꿈결처럼 벌어졌다 사라졌습니다. 그러나 바로 지금 여기 이렇게 있음은 예나 이제나 한결같이 바로 지금 이렇게 있(었)습니다. 모든 소란스러운 사건들의 고요한 배경, 모든 복잡한 형상들이 드러나는 형상 없는 공간이 바로 지금 여기 이렇게 있음입니다. 의식 자체, 자각 자체, 존재 자체가 그것입니다.

인생 전체가 바로 그것입니다.

4.
"내 진정한 본질은 대상들 가운데 있지 않을 뿐만 아니라, 어떤 대상도 내 진정한 본질 가운데 있지 않습니다. 그것은 무한하고 오염되지 않았으며, 욕망과 집착에서 벗어나 평화롭습니다. 이와 같이 나는 존재합니다."

124

바로 지금 이 시공간, 이 현실, 이 눈앞의 시야, 나와 세상으로 드러나 있는 이것이 무엇입니까?

이것을 사유할 수 있습니까?

사유가 바로 지금 이 시공간, 이 현실, 이 눈앞의 시야, 나와 세상으로 드러나 있는 이것에서 비롯되지만, 이것 자체를 사유할 수는 없습니다.

이것이 내 진정한 본질입니다.

아무것도 없는 이것이 이렇게 있습니다. 없는 것이 있는 것이고, 있는 것이 없는 것입니다. 어떤 대상이 아닌 이것이 모든 대상으로 드러나 있습니다.

이것이 한계가 있습니까?

스스로 제한되어 있다는 생각이 없다면 한계는 없습니다. 제한되어 있다는 생각마저도 이 한계 없는 것에서 드러나고 있을 뿐입니다.

이것이 오염된 적이 있습니까?

이것 안에서 수많은 사건이 출몰하지만 이것 자체는 언제나 변함없이 바로 지금 여기에 있습니다. 늘 똑같이 새로운 지금입니다.

이것에게 필요한 것, 욕망할 것이 있습니까?

이것은 완전한 침묵, 모든 욕망이 사라진 적멸, 영원한 평화입니다. 이것이 내 진정한 본질, 참나, 나의 본래모습입니다.

이와 같이 나는 존재합니다. 존재가 바로 참나입니다.

5.
"나는 순수한 의식이며 이 세상은 마치 마술사가 벌이는 쇼와 같습니다. 그러므로 어찌 어떤 것을 받아들인다거나 거부한다는 생각이 일어날 수 있겠습니까?"

내가 알 수 있고, 느낄 수 있으며, 경험할 수 있는 것은 내가 아닙니다. 그것은 앎의 대상, 느낌의 대상, 경험의 대상이지, 아는 자, 느끼는 자, 경험하는 자일 수 없습니다. 아는 자는 알 수 없고, 느끼는 자는 느낄 수 없으며, 경험하는 자는 경험할 수 없습니다. 아는 자는 아는 대상과 따로 있지 않고, 느끼는 자는 느끼는 대상과 떨어져 있지 않으며, 경험하는 자는 경험하는 대상과 둘이 아닙니다.

아는 자와 아는 대상, 그리고 그 사이에서 일어나는 아는 작용이 바로 참나입니다. 느끼는 자와 느끼는 대상, 그리고 그 사이에서 일어나는 느낌이 모두 참나입니다. 경험하는 자와 경험하는 대상, 그리고 그 사이에서 일어나는 경험 전체가 참나입니다. 참나가 알고 느끼고 경험하지만, 사실은 아무것도 알고 느끼고 경험한 것이 없습니다. 참나는 언제 어디서나 참나로서 있을 뿐입니다. 참나는 아무 내용이 없는 순수한 의식입니다.

드러나는 모든 것은 바로 이 순수한 의식, 참나입니다. 어떤 모양, 어떤 소리, 어떤 냄새, 어떤 맛, 어떤 느낌, 어떤 의식 내용일지라도 단지 이 순수한 의식, 참나일 뿐입니다. 다양한 모든 현상이 동일한 참나, 이 순수한 의식일 뿐입니다. 그러므로 어떤 것에 대한 집착, 거부는 모두 부질없는 행위에 불과합니다. 집착하는 자와 거부하는 자도, 집착하는 대상과 거부하는 대상도 모두 참나, 이 순수한 의식이기 때문입니다.

모든 마음의 움직임이 멈춘 그 자리에 이 순수한 의식, 참나가 언제나 이렇게 있습니다. 참나는 나라는 '것' 없이 이렇게 있는 것입니다.

8장

속박과 해탈

마음이 어떠한 감각적 경험에 얽매일 때,
바로 거기 속박이 있다.
마음이 어떠한 감각적 경험에도 얽매이지 않을 때,
바로 거기 해탈이 있다.

1.

아쉬타바크라가 말했다.

"마음이 어떤 것을 욕망하고 어떤 것은 슬퍼하는 한, 어떤 것은 거부하고 어떤 것은 집착하는 한, 어떤 것은 기뻐하고 어떤 것은 불쾌해하는 한, 거기 속박이 있다."

마음이 있습니까?

지금 '마음이 있습니까?'라는 문장이 보이고, 그것을 말없이 읽고 있는 현상은 있습니다. 그러나 그 문장을 보고 읽는 마음이라는 '것'이 있습니까?

욕망은 있습니다. 그러나 욕망을 하는 '마음'은 없습니다. 슬픔은 있습니다. 그러나 슬퍼하는 '마음'은 없습니다.

'마음'이라는 말을 '나'라는 말로 대신해도 좋습니다. 거부는 있습니다. 그러나 거부하는 '나'는 없습니다. 집착은 있습니다. 그러나 집착하는 '나'는 없습니다.

기쁨은 있지만 기뻐하는 '나'는 없고, 불쾌는 있지만 불쾌해하는 '나'는 없습니다. '마음'이 있는 한, '나'가 있는 한, 거기 부자유, 속박이 있습니다.

'마음'은 없습니다. '나'는 없습니다. 그러나 없다는 그 사실은 있습니다. 부재(不在)가 현존(現存)합니다. 부재가 현존입니다.

2.

"마음이 어떤 것도 욕망하거나 슬퍼하지 않고, 어떤 것도 거부하거나 집착하지 않고, 어떤 것도 기뻐하거나 불쾌해하지 않을 때, 거기 해탈이 있다."

해탈, 무집착과 자유는 우리 자신의 본래 상태입니다.

그러므로 해탈을 하나의 목표, 추구의 대상으로 삼아서는 안 됩니다. 그것이 바로 속박입니다. 속박은 있는 그대로의 사실을 있는 그대로 보지 못하는 어리석음에서 비롯됩니다.

누구도, 어떤 대상도 우리를 속박하지 않건만 스스로 어리석어 허망한 대상에 얽매여 자유를 잃어버립니다. 지각되고 인식되는 어떤 것도 실체가 아닙니다. 일시적이고 무상한 감각 지각과 분별 인식이 빚어낸 환영에 불과합니다.

아무리 욕망해도 그 욕망에 대한 만족은 없습니다. 아무리 슬퍼해도 그 슬픔이 다하는 일은 없습니다. 거부해도 거부가 끝나는 일은 없습니다. 아무리 집착해도 또한 그러합니다. 즐거움과 불쾌함도 마찬가지입니다.

바로 지금 여기 이 순간 이 자리에는 아무것도 없지만, 모든 일이 그곳에서 일어납니다. 모든 일이 그곳에서 일어났지만, 그곳은 머물러 있지 않습니다. 언제나 바로 지금 여기 이 순간 이 자리, 아무것도 없습니다.

바로 지금 여기 이 순간 이 자리가 해탈입니다. 도달할 수도, 머물 수도 없는 순간 아닌 순간, 자리 아닌 자리, 이것마저 아닌 이것입니다. 어찌해 보려는 마음의 움직임이 저절로 멈추어야 비로소 이것이 참나임을 깨닫습니다.

이미 나 자신인데 다시 그러한 내가 될 수는 없습니다. 이미 도달한 자리에 다시 다다를 수는 없습니다. 이미 머물러 있는 곳에 다시 자리 잡을 수는 없습니다. 이미 그러한 것을 어찌하려는 모든 노력은 망상입니다.

헛된 망상에서 벗어나는 것, 그것이 깨달음, 곧 해탈입니다.

3.

"마음이 어떠한 감각적 경험에 얽매일 때, 바로 거기 속박이 있다. 마음이 어떠한 감각적 경험에도 얽매이지 않을 때, 바로 거기 해탈이 있다."

마음은, 곧 경험의 주체로서 개별적 자아인 '나'는 반드시 그와 상대되는 감각적 경험과 짝을 이루어 존재합니다. 감각적 경험이 일어나면 반드시 그것을 지각하는 '나', 마음이 있는 것 같습니다. 실제로는 그 마음, '나'라는 것도 또 다른 경험일 뿐인데, 그것을 자기 자신으로 동일시하고 집착하게 됩니다.

감각적 경험이라는 것은 본래 일시적이고 무상한 것입니다. 따라서 그 것과 상호의존해서 존재하는 마음, '나' 역시 일정하지 않고 감각적 경험의 변화에 따라 반응하며 일희일비하게 됩니다. 다시 말해, '나' 곧 마음이 감각적 경험에 얽매여 있는 한 그것에 종속되어 진정한 안식을 얻을 수는 없습니다.

마음 곧 '나'가 스스로 그저 하나의 경험, 지각과 인식의 대상에 불과하다는 사실을 자각할 때, 그리고 감각적 경험이란 실체가 없는 의식의 작용이라는 사실을 통찰할 때, 비로소 서로 의존하고 있음으로써 겨우 존재하는 것 같았던 마음과 경험의 꿈, 주관-'나'와 객관-대상이라는 환상에서 깨어나게 됩니다.

해탈이란 그러한 망상에서 벗어난 상태, 있는 그대로의 진실을 있는 그대로 직시하는 것일 뿐입니다. 본래 속박된 바가 없었기 때문에 달리 해탈한 바도 없습니다. 착각에서 깨어났을 뿐 새롭게 얻은 의식의 상태나 경지, 별다른 능력이 생긴 것이 아닙니다. 그것들은 결국 감각적 경험일 뿐이기 때문입니다.

본래 있는(있었던) 것이 지금 있는 이것입니다. 참나는 언제나 변함없이 있는(있었던) 이것입니다. 마음도 아니고 감각적 경험도 아니지만, 마음으로 그리고 온갖 감각적 경험으로 드러나는 것이 그것입니다. 오래된 현재, 늘 반복하는 새로움, 영원한 처음, 단 한 순간도 분리된 적 없는 지금 여기 이것입니다.

4.
"'나'라는 느낌이 있을 때, 거기 속박이 있다. '나'라는 느낌이 없을 때, 거기 해탈이 있다. 이를 알아 어떤 것도 집착하거나 거부하지 마라."

'나'는 하나의 느낌, 하나의 생각입니다. '나'는 본래 있는 것이 아니라 반드시 다른 대상과 짝을 이루어 존재하는 것처럼 느껴지고 생각되는 것입니다.

어떤 대상이 지각되고 인식될 때, '나' 역시 지각되고 인식됩니다. '나'가 지각되고 인식될 때, 대상 또한 지각되고 인식됩니다.

'나'라는 느낌 또는 생각은 언제나 일정하게 지속되지 않습니다. 어떤 때는 강하게 드러났다가 어떤 때는 전혀 지각되거나 인식되지 않습니다.

'나'가 강하게 드러나는 때는 바로 어떤 대상에 대한 집착이나 거부가 일어날 때입니다. 대상이 강하게 드러나므로 '나' 역시 강하게 드러납니다.

따라서 어떤 대상에 대한 집착과 거부가 '나'라는 느낌 또는 생각을 불러 일으킵니다. 그리고 그러한 '나'라는 느낌은 자연스러운 경험의 흐름을 방해합니다.

자연스러운 경험의 흐름, 의식의 흐름이 방해 받을 정도로 지나치게 '나'라는 느낌 또는 생각이 의식되는 것, 그것이 속박, 번뇌와 얽매임입니다.

그것은 '나'가 집착하거나 거부하는 대상이 꿈이나 환영, 신기루처럼 실체가 없이 허망한 것이라는 사실을 깨닫지 못함으로 인해 비롯된 것입니다.

그리고 어떤 대상에 대한 집착과 거부를 통해 만족을 얻으려는 '나'조차 실체가 없는 허망한 느낌이나 생각이라는 사실을 통찰하지 못함으로써 강화됩니다.

'나'와 대상은 분리되지 않은 채 분리되어 있는 것처럼 지각되고 인식됩니다. 그러나 지각과 인식의 근원은 결코 지각되거나 인식되지 않습니다.

그 지각과 인식의 근원에는 무엇이 있을까요? 거기엔 느낌도 없고 생각도 없습니다. 그것은 '나'도 아니고 대상도 아닙니다.

느낌도 없고 생각도 없는 그곳, '나'도 아니고 대상도 아닌 그것이 해탈입니다. 언제나 바로 지금 여기 이렇게 있는 이것입니다.

9장

무심(無心), 무욕(無慾)

사람들에게 이원성의 양극단들이
없었던 시절이 언제 있었던가?
상반되는 것들을 뒤로하고 떠나라.
충만함 속에 머물면서 다가오는 모든 것에
스스로 만족하는 사람은 완전함을 얻는다.

1.

아쉬타바크라가 말했다.

"성취된 것과 아직 성취되지 않은 것은 누구에게 속하는 것인가? 이렇게 대립되는 것들은 언제쯤 완전히 해소되는가? 그리고 그것들은 어디에 머무는가? 이를 알아 아무런 욕망 없이 모든 것을 놓아 버리고 무심한 눈으로 세상을 대하라."

나와 세상, 주관과 객관, 이것과 저것의 이원적 대립은 허상입니다. 서로 다른 둘처럼 드러나지만 그 실상을 보면 모두가 동일한 의식, 자각의 성품, 텅 빈 존재의 현현(顯現)이었을 뿐입니다.

많은 운동과 변화가 있는 듯 보였지만, 그 운동 변화의 주체도 없고 그 운동 변화의 객체도 없었습니다. 주체도 없고 객체도 없으니 그 운동 변화 자체도 없었습니다. 많은 일들이 벌어졌지만 아무 일도 남아 있지 않습니다.

언제나 늘 이와 같고, 이와 같고, 이와 같을 뿐입니다.

이것을 분명히 깨달아야만 욕망에서 자유로울 수 있습니다. 욕망이란 부질없는 마음의 움직임임을 똑바로 보아야만 합니다. 욕망하는 자도 환영에 불과하고, 욕망하는 대상은 물론 그 욕망마저도 꿈과 같습니다.

환영에서 정신을 차리고 꿈에서 깨어나면, 환영과 꿈속에 등장했던 모든 것은 아무런 흔적도 남기지 않고 사라집니다. 본래 없었기 때문에 사라졌다는 것도 우스운 이야기입니다.

언제나 늘 이와 같고, 이와 같고, 이와 같았을 뿐입니다.

2.

"오, 나의 아들아! 세상의 모습을 관찰함으로써 삶에 대한 갈망, 즐거움에 대한 갈망, 앎에 대한 갈망을 소멸한 사람은 진실로 드물고 축복받은 자이다."

깨달음은 곧 해탈입니다. 나와 세상의 실상을 진실로 보았다면, 나와 세상이 있는 이대로 없는 것과 같다는 사실을 통찰했다면, 모든 갈망과 추구는 저절로 사라집니다. 갈망과 추구가 남아 있다면 깨달음이 아닙니다.

갈망하는 자, 추구하는 자는 없습니다. 갈망할 것, 추구할 것은 없습니다. 그러므로 갈망과 추구 자체도 없습니다. 꿈이나 환영, 신기루처럼 서로가 서로에 의지해 마치 있는 것처럼 보일 뿐입니다.

이 미혹에서 벗어나는 것, 이 꿈과 환영에서 깨어나는 것이 곧 깨달음이자 해탈입니다. 이 미혹의 신비감, 이 꿈과 환영의 현실감을 호기심 가득한 경이로움으로 지켜볼 뿐입니다. 자기가 자기를 맛보는 것입니다.

삶은 지속되지만 삶을 살아가는 자는 없습니다. 매 순간 경험은 일어나지만 어떤 흔적도 남지 않습니다. 언제나 신선한 바로 지금, 항상 변함없는 바로 여기, 늘 한결같은 나 없는 나입니다.

모든 의문은 해소되었습니다.

3.

"모든 현상은 무상하고 세 종류(자아, 대상, 자연재해)의 고통에 둘러싸여 있다. 그것은 어떤 실체도 없고 일시적이며 하찮은 것이므로 포기되어야 한다. 그것을 확고히 결심한 뒤에야 평화를 얻는다."

이 세상의 모든 현상은 무상합니다. 영원히 지속되는 것은 먼지 티끌 하나도 없습니다. 어떤 것도 고정불변의 본질, 실체를 가지고 있지 않습니다. 모든 것은 일시적이고 하찮은 것에 불과하며, 따라서 어떤 것도 집착할 필요가 없습니다.

우리가 자아에 집착할 때, 육체적 고통과 정신적 고통을 피할 수 없습니다. 육체는 생로병사의 과정을 피할 수 없습니다. 우리의 느낌, 감정, 생각은 어디에도 머물지 않고 끊임없이 흘러갑니다. 무상한 몸과 마음에 집착할 때 고통이 비롯됩니다.

대상에 대한 집착도 고통을 유발합니다. 가족을 비롯한 다른 사람들, 살아 있는 존재나 물질적 대상 역시 일시적이며 고정불변의 실체를 가지고 있지 않습니다. 인간관계에서 비롯된 애증, 물질적 대상의 소유와 상실에 대한 집착은 필연적으로 고통으로 이어집니다.

그리고 우리의 지각과 이해를 넘어선 자연재해나 전염병 등에서 비롯된 고통도 있습니다. 이상기후, 지진, 고병원성 바이러스의 창궐 등으로 인한 고통은 우리 주위에서 쉽게 발견할 수 있습니다. 이 고통들은 모두 우리가 집착하는 현상적인 것들의 무상함을 깨닫게 만듭니다.

어떤 것도 집착할 것은 없습니다. 모든 것을 내려놓으십시오. 바로 그 순간, 하나의 대상이 아닌 것, 가까이 다가설 수도 없고 멀리 떨어질 수도 없는 것에 대한 직관적 이해, 직접적인 체감이 일어날 수 있습니다. 무상과 영원, 무아와 진아가 동전의 양면일 뿐임을 알 것입니다.

그때 비로소 언제나 항상 그 자리에 있었던, 고요, 침묵, 평화를 발견할 것입니다.

4.

"사람들에게 이원성의 양극단들이 없었던 시절이 언제 있었던가? 상반되는 것들을 뒤로하고 떠나라. 충만함 속에 머물면서 다가오는 모든 것에 스스로 만족하는 사람은 완전함을 얻는다."

어둠이 없이 밝음이 있습니까? 악(惡)이 없이 선(善) 홀로 존재할 수 있습니까? 아래가 없이 위만, 오른쪽이 없이 왼쪽만 있을 수 있습니까?

나와 세상 역시 상대적 대립, 이원적 분별에 의해 존재합니다. 따라서 우리는 단 한 순간도 그러한 상대성과 이원성을 벗어날 수 없습니다.

이것이 속박, 부자유, 불완전함입니다.

그러나 이것으로 인해 저것이 있고 저것으로 인해 이것이 있는 것이라면, 상대적 대립물인 이것과 저것은 고정불변의 독립적 실체가 아닌 허상입니다.

내 존재의 확실성이 세상으로 인해 주어지고, 세상의 현실성은 나로 인해 드러난다면 나와 세상은 본질적으로 헛것이며 결코 둘일 수 없습니다.

상대적 대립과 이원적 분별을 넘어설 때, 더 이상 지각과 인식이 불가능한 그 자리에 침묵과 고요, 충만함과 만족이 있습니다.

그것이 바로 해탈, 자유, 완전함—있는 그대로의 나 자신입니다.

5.

"위대한 현인, 성자, 구도자들 사이에도 서로 의견이 다르다. 이를 본 사람이라면 누군들 지식에 대해 무심해지고 고요해지지 않을 수 있겠는가?"

많은 이들이 진리에 대해 이야기합니다. 그러나 분명히 깨달아야 할 것은 '진리에 대한 이야기'가 곧 진리 자체는 아니라는 사실입니다. 마치 사과를 그린 그림이 사과 자체가 아닌 것과 같이.

따라서 진실로 진리를 깨닫고자 하는 이라면 진리에 대해 말하고 듣고 읽고 쓰고 이해하기보다는 진리 그 자체를 맛보고자 할 것입니다. 마치 사과를 먹고 싶은 사람이 사과 그림이 아닌 진짜 사과를 맛보듯이.

모든 이야기는 소설(小說) 곧 허구입니다. 그저 그런 뻔한 이야기들이 지루하게 반복되고 반복되는 것이 인생입니다. 그러나 말과 말, 글과 글, 생각과 생각 사이, 그 텅 빈 자리엔 말도, 글도, 생각도 없습니다.

사실 모든 이야기는 그 텅 빈 바탕 위에서 드러나고 있습니다. 구도자가 진실로 이 텅 빈 바탕에 머무르면, 이 텅 빈 바탕 속으로 들어가면, 이 텅 빈 바탕과 하나가 되면, 모든 이야기는 침묵 속으로 사라집니다.

그때 놀라운 신비, 고요, 평화가 찾아옵니다. 우리 존재의 본질이 바로 이 신비, 이 고요, 이 평화라는 사실을 자각하게 됩니다. 이야기 때문에 가려져 있던 침묵, 텅 빈 공간이 비로소 드러나게 됩니다.

하지만 이 이야기에도 속지 마십시오.

6.

"세속적인 것에 무심하고 평온하며, 그 자신의 진정한 본질–의식의 본질에 대한 완전한 앎을 성취하여, 다른 사람들을 생사윤회에서 벗어나게 만드는 사람이야말로 진정한 스승이 아니겠는가?"

진정한 스승은 그대 자신의 존재 그 자체입니다. 그대 바깥에 그대와 구별되는 육신으로 나타난 스승은 진정한 스승인 그대 자신의 존재 자체, 참나의 투영입니다. 마치 꿈속의 구도자가 꿈속의 스승을 만난 것처럼 온전히 자기 자신의 꿈속에서 벌어지는 일일 뿐입니다.

진정한 스승이라면 그대로 하여금 온전히 그대 자신으로 돌아가도록 가르칩니다. 스승에게는 진리가 없습니다. 진리는 온전히 그대 자신입니다. 온 우주 삼라만상이 그대 자신입니다. 그러므로 온 우주 삼라만상, 모든 것이 진리입니다. 모든 것이 진정한 스승입니다.

그대 자신의 존재, 의식 자체는 본래 무심합니다. 다만 그대 자신의 잘못된 동일시 때문에, 하나의 몸과 마음을 자기 자신이라 착각하기 때문에 다른 대상들에 대한 집착과 저항을 일으킴으로써 본래 갖추고 있는 평온을 잃어버립니다. 그러나 그대 자신의 존재, 의식은 늘 고요합니다.

자기 자신이 존재 그 자체, 순수한 의식, 텅 빈 자각의 성품임을 본 사람은 생사윤회에서 벗어나게 됩니다. 존재, 의식, 자각은 태어난 바, 만들어진 것이 아니므로 죽음–파괴–소멸에서 자유롭습니다. 이 사실을 진실로 맛본 사람은 다른 사람들도 생사윤회에서 벗어날 수 있도록 도와줄 수 있습니다.

그에게는 다른 사람들이 자기 자신과 조금도 다른 바가 없기 때문입니다. 모두가 동일한 존재, 동일한 의식, 동일한 자각의 성품이기 때문입니다. 가르치지만 가르친 바가 없고, 배우지만 배운 것이 없습니다. 허공이 허공과 합쳐지고, 물이 물로 돌아간 것과 같습니다.

모든 것이 본래 그러했기 때문입니다.

7.

"우주 삼라만상의 무수한 변화가 단지 근원적인 요소의 다양한 변형일 뿐임을 본다면, 그대는 즉시 모든 속박에서 벗어나 그대 자신의 본성에 안주한다."

우주 삼라만상, 나와 세계의 본질은 무엇일까요? 지(地)·수(水)·화(火)·풍(風)·공(空) 따위의 근원적인 요소들일까요? 근대과학이 밝혀낸 원자(原子)나 원소(元素)가 그것일까요? 진실로 모든 존재의 근원적인 요소는 무엇일까요?

꿈속에서 경험한 모든 것의 본질은 무엇이었습니까? 꿈속에 등장한 '나'의 본질은 무엇이었습니까? 꿈속에서 만난 '다른 사람'의 본질은 무엇이었습니까? 꿈속에서 보고 듣고 느끼고 안 모든 경험 대상의 본질은 무엇이었습니까?

꿈속에서 경험한 모든 것의 본질은 모두 꿈, 다시 말하면 의식일 뿐이지 않았습니까? 꿈속의 유형무형의 온갖 대상 경계들이 그저 저 스스로는 아무 형태, 느낌, 내용이 없는 순수한 의식에 지나지 않았습니까?

바로 지금 눈앞에 존재하는 나와 세상의 본질은 다를까요? 이렇게 감각되고 경험되는 주관과 객관의 물질적·정신적 세계 역시 순수한 의식의 다양한 변형에 불과하지 않을까요? 한번 진지하게 성찰해 보십시오.

지각과 인식의 주체인 '나'가 존재하는지를 어떻게 알 수 있나요? '나'의 눈앞에 있는 이 '책'이 존재하는지를 어떻게 알 수 있나요? 보고 듣고 냄새 맡고 맛보고 느끼고 아는 작용을 떠나서 존재를 확인할 다른 방법이 있나요?

바로 지금 눈앞의 현실이 꿈속의 세상과 다를 바가 있습니까? 모든 것이 자기 마음, 의식을 벗어나 있는 것이 하나라도 있습니까? 존재란 결국 지각과 인식의 작용, 곧 의식일 뿐 아닌가요?

결국 모든 것은 순수한 의식의 다양한 변형에 불과하며, 따라서 모든 것은 단일하고 동일한 의식일 뿐입니다. 마치 경험은 되지만 아무런 실체가 없는 꿈과 같이, 현실 역시 경험은 되지만 실체가 없습니다.

이 사실을 분명하게 본다면, 그대의 삶, 그대의 세계는 있는 이대로 조금도 변한 바 없이 완전히 변하게 됩니다. '나' 없는 '나'가 보는 바 없이 보고, 듣는 바 없이 듣고, 느끼는 바 없이 느끼고, 아는 바 없이 알 뿐입니다.

많은 일들이 있는 듯하지만, 사실은 아무 일도 없습니다. 아무 일도 없지만, 그럼에도 불구하고 많은 일들이 일어나고 있습니다. 늘 있었던 일이 계속 반복될 뿐입니다. 날마다 똑같은 일이지만 언제나 신선하고 새롭습니다.

언제나 바로 지금 여기 있는 이대로 이것일 뿐입니다.

8.

"욕망이 세상을 창조한다. 이를 알아 그것을 포기하라. 욕망을 버리는 것은 세상을 버리는 것이다. 이와 같이 집착하지 않음으로써 그대는 있는 그대로 남아 있을 것이다."

나와 세상의 분리는 분별에 의한 착각에서 비롯되었습니다. 그리고 그 착각에 대한 집착과 욕망이 그것을 더욱 강화합니다. 나와 세상에 대한 불만족과 고통은 그 착각의 깊이, 집착과 욕망의 크기에 비례합니다.

나와 세상의 실상, 있는 그대로의 진실을 통찰할 때 착각은 사라지고, 집착과 욕망에서 벗어날 수 있습니다. 그에 따라 불만족과 고통 역시 소멸하게 됩니다. 결국 있는 그대로의 진실을 보아야만 합니다.

그대와 이 세상의 본질은 순수한 의식입니다. 그대와 이 세상은 단일하고 동일한 순수 의식이 꾸는 꿈속의 인물, 그리고 그 인물이 활동하는 꿈속의 배경입니다. 그대와 이 세상, 꿈속의 인물과 배경은 결코 둘이 아닙니다.

의식하는 자가 의식을 벗어나서 따로 없고, 경험하는 자가 경험을 벗어나 따로 없습니다. 모든 것이 의식이고, 모든 것이 경험입니다. 따라서 어떤 지각과 인식의 내용물도 순수한 의식, 순수한 경험에 지나지 않습니다.

아무리 많은 것을 보고 듣고 느끼고 알아도 언제나 순수한 의식 그 자체, 텅 빈 경험의 바탕 그대로입니다. 그대와 이 세상의 본질, 실상이 바로 그것입니다. 어떤 것도 집착할 것이 없고, 어떤 것도 욕망할 것이 없습니다.

이 사실을 철저히 보았을 때, 몸과 마음을 비롯한 모든 대상에 대한 집착과 욕망이 사라집니다. 대상에 대한 집착과 욕망이 사라짐에 따라 그로 인해 야기된 불만족과 고통 또한 사라집니다.

그 자리에 언제나 변함없는 순수한 의식, 텅 빈 경험의 바탕, 그대의 참나만이 있는 그대로 있을 뿐입니다.

10장
고요함

그대는 얼마나 많은 생애 동안
몸과 마음과 말로 지은 행위들로 인해
고통을 겪어 왔는가? 이제는 멈출 때다.

1.

아쉬타바크라가 말했다.

"적(敵)인 감각적 욕망과 불운을 불러오는 세속적인 부, 그리고 그 둘의 원인이 되는 선업(善業)마저 포기하고 모든 것에 무심해져라."

선한 행위는 필연적으로 선한 결과, 좋은 과보를 낳습니다. 감각적 쾌락과 물질적인 부를 줄 수 있습니다. 우리의 덕행(德行), 윤리적 행위는 모두 이러한 "콩 심은 데 콩이 나고 팥 심은 데 팥이 난다."는 인과(因果) 법칙에 대한 믿음에서 비롯됩니다.

그러나 이 진실의 길을 걷는 자는 그러한 선업마저도 버려야만 합니다. 아무리 좋은 일도 아무 일 없는 것만 같지 않습니다. 선업의 결과로 주어지는 감각적 욕망의 만족과 물질적인 부는 결국 우리로 하여금 나와 세상이라는 환영에서 영원히 벗어나지 못하게 만듭니다.

모든 것에 무심하십시오. 모든 것에 집착하지 마십시오. 모든 것은 꿈, 환상, 물거품, 그림자와 같은 것입니다. 나와 다른 대상 모든 것은 있는 이대로 실제로는 존재하지 않는 것입니다. 그 모든 것의 본질은 실체 없이 텅 빈 의식, 생명력, 영원한 존재 자체입니다.

오는 것은 오도록 허용하고, 가는 것은 가도록 내버려 두십시오. 오는 것을 오지 못하도록 막고, 가는 것을 가지 못하도록 붙잡는 것이 불행의 근본입니다. 오고 가는 것에 집착하지 말고 무심하십시오. 다만 오고 가는 대상과 상관없이 결코 오지도 않고 가지도 않는 것에 마음을 두십시오.

감각은 왔다가 갑니다. 그러나 감각의 근원은 오지도 않고 가지도 않습니다. 언제나 있는 그대로 그 자리에 있습니다. 감정도 그러하고, 생각도 그러합니다. 무상하고 덧없는 모든 대상의 오고 감 가운데 조금도 변함없는 무엇이 배경처럼 있(었)습니다.

바로 지금 여기 이것이 바로 그것입니다.

2.
"천지와 땅, 재산과 집, 아내와 재능, 그리고 다른 모든 소유물을 3일이나 5일 정도 지속되는 꿈이나 마술사의 쇼처럼 보라."

바로 지금 이 순간 그대의 마음, 그대의 생각을 떠나서 존재하는 것이 우주 삼라만상 가운데 티끌 하나라도 있습니까?

모든 것은 그대의 시각, 청각, 후각, 미각, 촉각 등 다섯 가지 감각과 생각, 의식을 통해서 지각되고 인식됩니다.

나와 세계란 다섯 가지 감각과 생각, 의식을 통해 지각되고 인식된 것, 다시 말해 지각과 인식일 뿐입니다.

눈앞에 있는 머그잔은 나와 별개로 떨어져 있는 객관적 실체가 아니라 다섯 가지 감각과 생각에 의해 존재하는 지각과 인식일 뿐입니다.

머그잔을 사용하여 차를 마시는 나 역시 다섯 가지 감각과 생각을 통해 자기 자신과 차의 맛을 지각하고 인식하는 또 다른 지각과 인식일 뿐입니다.

모든 것은 지각과 인식일 뿐이고, 독립적이고 객관적인 실체는 없습니다. 그러므로 우주 삼라만상은 모두 꿈이나 환상과 같은 것입니다.

그러므로 어떤 것에도 집착할 필요가 없습니다. 모든 것이 마음(감각과 생각)이 만든 것이고, 마음은 언제나 끊임없이 변하는 것이 그 속성입니다.

마음이 창조하는 내용물은 끊임없이 변하지만, 항상 늘 새로운 마음, 순수한 지각과 인식, 순수한 의식, 시간과 공간을 초월한 무엇이 지금 여기 있습니다.

그것이 그대의 참나, 세상의 본질입니다.

3.

"집착이 있는 곳에 (윤회하는) 세상이 있다. 집착 없음에 확고하게 머물러라. 욕망에서 벗어나라. 그러면 행복을 얻을 것이다."

그대는 어디에서 왔습니까? 부모의 인연을 빌어 이 세상에 태어났습니까? 그것이 진실입니까? 누구에게 들은 말, 추론에 의한 생각 말고 그대 자신의 직접적인 경험을 묻고 있습니다. 그대는 어디에서 왔습니까?

그대는 언제나 늘 있(었)다는 이상한 느낌이 없(었)습니까? 육체의 노화나 감각, 감정, 생각의 변화와 상관없이 한결같은 동일성을 지니고 있는 '나'는 항상 있(었)다는 이상한 느낌이 없(었)습니까?

그대가 이러한 탐구에 관심을 갖게 만든 동인(動因)은 어쩌면 언제나 변함없이 존재하고 있는 '나'라는 느낌 때문일지도 모릅니다. 현상적으로 보이는 생로병사와 상관없이 항존하는 '나'에 대한 막연한 느낌말입니다.

부모가 나를 낳은 것이 아니라 내가 부모를 낳은 것은 아닐까요? 세상 가운데 내가 나타난 것이 아니라, 내 가운데 세상이 나타난 것이 아닐까요? 나 바깥의 삼라만상이란 어쩌면 끝없는 관계망으로서의 나 자신이 아닐까요?

내가 바로 세상, 세상이 바로 나 자신이 아닐까요? 꿈속 세상처럼 이 현실 세상 역시 단일하고 동일한 의식, 마음, 생명이 다양한 모습으로 드러난 것에 불과한 것이 아닐까요? 모든 모습이 단지 그것이 아닐까요?

나의 참모습은 특정한 모습이 아니면서 모든 모습으로 드러나는 순수하고 투명한 의식, 텅 빈 공(空), 영원한 생명이 아닐까요? 아니 그런 말과 개념을 걷어치우면 바로 지금 이 순간 이것, 이 아무것도 아닌 존재의 느낌 아닌가요?

이 느낌 없는 느낌, 모든 경험 대상을 드러나게 해 주지만 제 스스로는 드러나지 않는 경험의 배경, 존재하고 있음(be-ing), 이러함(如如, suchness), 나임 또는 나 있음(I-am), 이것이 진실이 아닌가요?

이 사실이 분명해질 때, 잡다한 현상은 단일하고 동일한 하나의 진실로 회귀하게 됩니다. 그 순간 모든 분열과 대립은 사라집니다. 이것이 무집착, 욕망 없음, 해방, 그리고 지복입니다. 그것이 바로 그대 자신의 참모습입니다.

4.
"속박의 본질은 다름 아닌 욕망이다. 그리고 그것의 소멸을 해탈이라 부른다. 세속적인(변화하는) 것에 집착하지 않아야 영원한 지복에 이를 수 있다."

꿈속에 등장하는 대상을 꿈에서 깨어난 뒤에도 집착하는 사람은 아직 꿈에서 깨어난 것이 아닙니다.

꿈속의 대상은 꿈의 일부였을 뿐입니다. 꿈속의 주인공이 꿈의 일부이듯이. 따라서 꿈속의 대상과 꿈속의 주인공은 둘이 아닙니다.

모두가 꿈입니다.

깨어 있는 상태에서 등장하는 대상과 깨어 있는 상태의 주인공(자아) 역시 모두 깨어 있는 의식의 일부일 뿐입니다.

모두가 의식입니다.

의식이란 의식할 수 있는 어떤 대상이 아닙니다. 의식이란 지금 이렇게 수많은 대상을 자연스럽게 의식하고 있음입니다.

의식이란 곧 존재입니다. 나와 세계를 이렇게 의식함이 곧 존재입니다. 존재는 사유의 대상이 아닙니다. 존재가 사유의 근원일 뿐입니다.

모두가 존재입니다.

모두가 단일하고 동일한 참나의 현현일 뿐입니다. 욕망하는 자도, 욕망하는 대상도, 그 욕망 자체도 모두 의식, 존재, 곧 참나입니다.

이 사실이 분명할 때, 욕망은 저절로 소멸합니다. 그것이 해탈, 곧 지복입니다. 아무것도 바라는 바 없는 자유입니다.

바로 지금 있는 이대로 이 자체입니다.

5.
"그대는 둘이 없는 하나의, 의식하고 있으며 순수한 자각 그 자체이다. 이 세상은 의식이 없을 뿐만 아니라 실재하지 않는다. 무지(無知)조차 있는 것이 아니다. 그렇다면 알아야 할 무엇이 더 남아 있는가?"

그대는 순수한 의식입니다. 그대는 순수한 생명입니다. 그대는 순수한 존재입니다.

순수란 생각을 통한 이해가 필요 없다는 의미입니다. 생각할 필요 없이 자명한 것이 순수한 의식, 생명, 존재입니다.

이 세상은 이 순수한 의식, 생명, 존재의 그림자입니다. 이 순수한 의식, 생명, 존재가 꾸는 꿈입니다.

실재하는 것은 오직 이 순수한 의식, 생명, 존재입니다. 따라서 천차만별로 존재하는 것 같은 모든 대상 역시 그것입니다.

시야(視野) 또는 시각(視覺) 안에 들어오는 모든 사물은 그 시야 또는 시각과 분리되어 있지 않습니다. 보는 눈 또한 그것을 떠나 있지 않습니다.

결국 모든 것은 하나의 눈 안의 세계입니다. 보는 자와 보이는 대상, 보이는 일이 모두 하나의 눈, 하나의 시야, 하나의 시각일 뿐입니다.

마찬가지로, 나와 세계, 그리고 그 사이에서 지각되고 인식되는 모든 일이 이 하나의 의식, 생명, 존재를 떠나 있지 않습니다.

의식의 내용물 말고 의식 자체로 머물러 있으십시오. 경험의 배경에 항존하는 생명을 느껴 보십시오. 헤아림 없이 그저 존재를 허용하십시오.

그것이 그것입니다. 순수하고 청정하며 고요합니다. 그와 동시에 살아 있고, 끊임없이 작용하고 있으며, 깨어서 알아차리고 있습니다.

그대가 무지에서 벗어나는 순간, 그대는 익숙하면서도 당연한 이 사실을 비로소 처음 깨달을 것입니다. 무지의 근원이 바로 이 진실이었을 뿐입니다.

그대가 바로 그것입니다.

6.

"그대의 집착에도 불구하고, 그대는 그대의 왕국, 자녀, 아내, 육체, 즐거움을 세세생생 잃어버렸다."

고통의 뿌리는 자기 자신에 대한 잘못된 동일시에 있습니다.

자기 자신을 하나의 육체, 그리고 그것이 느끼는 감각이나 감정, 그것이 일으키는 생각과 동일시하면 필연적으로 고통이 따를 수밖에 없습니다.

끊임없이 변하는 것이 속성인 것을 자기 자신과 동일시하여 그것을 자아, 행위의 원인과 결과의 주체로 삼았기 때문에 고통을 피할 수 없습니다.

불안정한 자아는 기대고 의지할 만한 대상을 원하게 됩니다. 그래서 자아는 자신의 소유물을 통해 거짓 안정감을 유지하려는 노력을 멈출 수 없습니다.

그러나 자아가 집착하고 의지하는 대상(건강, 배우자, 자녀, 지위, 재산, 명예, 국가 등등) 역시 잠시도 머물지 않고 변하기 마련입니다.

변하는 것에 대한 집착은 불만족과 불안을 유발하고, 그 불만족과 불안 때문에 더 많은, 더 강한 집착이 일어나는 악순환을 피할 수 없습니다.

자아와 자아의 소유물에 대한 집착의 정도만큼 고통의 크기도 비례합니다.

진정한 자기 자신, 참나는 육체, 감각, 감정, 생각이 아닙니다. 육체를 살아 움직이게 하고, 감각과 감정을 느끼고, 생각을 일으키는 무엇입니다.

참나는 순수한 의식, 생명, 존재입니다. 그것은 어떤 '것'이 아닙니다. 그것은 의식하고 있음, 살아 움직임, 존재하고 있음일 뿐입니다.

참나는 어떤 실체도 가지고 있지 않지만 분명히 작용하고 있습니다. 그것이 실재하는 전부이기 때문에 참나는 아무런 소유가 없습니다.

어떤 것도 소유하고 있지 않기 때문에 아무런 집착이 없습니다. 집착이 없기 때문에 고통 또한 없습니다. 본래 자유롭고 본래 해탈해 있습니다.

이 사실을 바로 보십시오.

7.

"부와 쾌락, 덕행이 충분할지라도, 음울한 이 세상의 숲 가운데 있는 마음은 결코 그 안에서 휴식을 얻지 못하리라."

만족에 대한 갈망이 불만족의 유일한 근원입니다. 바로 지금 이 순간 여기 존재하지 않는 헛된 것에 대한 욕망이 바로 지금 이 순간 여기 실제로 존재하는 것에 만족하지 못하게 만듭니다.

다른 때, 다른 장소에 만족을 줄 대상이 있을 것만 같은 기대가 바로 지금 이 순간 여기, 이 영원한 곳을 벗어나 끝없는 생사윤회 가운데 헤매게 만듭니다. 잠시 발길을 멈추고 만족을 구하고 있는 자기 자신을 바로 보십시오.

그대는 누구, 무엇입니까? 그대는 지금 어디에 있습니까? 이 근원적인 질문을 스스로 진지하게 던져 보십시오. 관념적이고 추상적인 질문일 뿐이라고, 답이 없는 공허한 질문일 뿐이라고 여기지 말고 진실로 진지하게 물어보십시오.

그대는 누구, 무엇입니까? 그대는 지금 어디에 있습니까?

이 질문에 대한 어떠한 반응도 정확한 답은 아닙니다. 그런데 이 질문 자체가 드러내고 있는 사실은 무엇입니까? '나는 누구, 무엇인가?'라는 질문 그대로가 나의 존재요, '나는 지금 어디에 있는가?'가 나의 좌표 아닌가요?

'나는 누구, 무엇인가?'는 나타났다 사라지는 허망한 생각에 불과합니다. 그런데 그 허망한 생각이 바로 지금 이 순간 여기 나타났다 사라졌습니다. '나는 누구, 무엇인가?', 또 나타났다 사라집니다.

그런데 그 허망한 생각이 나타났다 사라지는 그 자리, 그것은 무엇인가요?

'나는 지금 어디에 있는가?', 또 한 생각이 일어났습니다. 나라고 하는 것이 있다면 바로 지금 한 생각이 일어나는 이 자리를 벗어나 따로 있을 수 있을까요? '나는 지금 어디에 있는가?', 바로 지금 이 순간 여기 있습니다.

바로 지금 이 순간 여기는 고정된 시공간이 아닙니다. 그것은 살아서 작용하고 있는 의식 그 자체, 생명 그 자체, 존재 그 자체입니다. 바로 지금 이 순간 여기, 나와 세계 전체로 드러나고 있는 현상 그 자체입니다.

그 모든 것이 나이기에 나라는 개별적인 자아는 허구에 불과합니다. 그렇다고 나는 없다고 할 수도 없습니다. 바로 지금 이 순간 여기 이렇게 보고 듣고 느끼고 알고 있기 때문입니다.

절대적인 참나 가운데 상대적인 나와 세계가 벌어지고, 절대적인 참나는 스스로를 상대적인 나와 세계의 모습으로 현시(顯示)하고 있습니다. 참된 비이원성은 이원(二元)에도 머물지 않고 일원(一元)에도 머물지 않습니다.

말과 개념이 일어나는 자리이지만 말과 개념으로 그릴 수 없는 자리가 그대의 참나입니다. 문득 말과 개념에서 놓여나는 순간 이미 스스로가 그 자리, 그것인 줄 알게 됩니다. 그 순간 모든 기대와 바람, 추구는 사라집니다.

160

무수한 현상적 경험들은 예전처럼 그대로 오고 가지만, 이제 진정한 그대 자신은 그 경험들을 따라 오지도 가지도 않습니다. 언제나 영원한 시간, 지금, 항상 같은 자리, 여기에 있습니다.

그대는 지금 어디에 있습니까?

8.

"그대는 얼마나 많은 생애 동안 몸과 마음과 말로 지은 행위들로 인해 고통을 겪어 왔는가? 이제는 멈출 때다."

업(業)이란 몸과 마음과 입으로 지은 일체의 행위와 그것이 가져오는 과보를 말합니다. 흔히 자업자득(自業自得)이라고 해서, 자기가 지은 업은 자기가 받는다고 말합니다. 인과응보(因果應報)라는 말처럼 사람이 살아서 활동을 하는 한 몸과 마음과 입으로 짓는 업과 그 과보를 피할 수는 없어 보입니다.

어떻게 해야 이 업의 수레바퀴, 생사윤회의 굴레에서 벗어날 수 있을까요?

먼저 삶의 모든 행위 가운데 그러한 행위를 일으킨 자가 진실로 존재하는지 살펴보아야 합니다. 행위자가 있어야 그 행위자가 지은 행위가 있고, 행위의 결과로 인한 과보를 받을 자도 있기 때문입니다. 우리는 보통은 '나'라는 특정한 몸과 마음을 삶의 모든 행위의 주체라 여기고 있습니다.

그러나 고정 불변하는 굳건한 실체로서의 '나'라는 것은 환상에 불과합니다.

객체를 지각하고 인식하는 주체와 주체에 의해 지각되고 인식되는 객체는 모두 단일하고 동일한 순수한 의식, 텅 빈 자각의 성품입니다. 꿈속에서 꿈의 주체와 꿈의 객체로 분열되어 한 편의 꿈을 꾸듯이, 현실의 삶 속에서도 삶을 살아가는 주체로서의 '나'와 경험되는 객체로서의 '세상'이 분리된 듯 보입니다.

그러나 사실 분리와 분열은 착각에 불과합니다.

'나'가 '세계' 속에서 몸과 마음과 말을 가지고 행위 하는 것이 아니라, 이 순수한 의식, 텅 빈 자각의 성품, 영원한 생명이 끊임없이 작용하고 있을 뿐입니다. 분명히 움직이고 가만히 있고, 좋아하고 싫어하고, 말하고 침묵하고 있지만 실제로는 조금도 그러한 바가 없습니다.

이 사실을 꿰뚫어 보면 업의 수레바퀴, 생사윤회의 굴레에서 벗어날 수 있습니다. 행위자가 본래 없다면 행위 또한 없고, 행위가 없다면 그 행위로 인한 과보 역시 없기 때문입니다. 마치 대나무 그림자가 마당을 쓸어도 먼지가 일어나지 않고, 달그림자가 연못에 떨어져도 물결이 일어나지 않는 것과 같습니다.

이러할 때 업의 수레바퀴가 멈추고 생사윤회의 굴레에서 벗어납니다.

11장
지혜

괴로움이 다름 아닌 생각에서 비롯될
뿐이라는 사실을 분명히 깨달은 사람은
모든 걱정에서 벗어난다.
그는 어디서나 평화롭고 아무것도
바라는 바 없이 만족하게 된다.

1.

아쉬타바크라가 말했다.

"존재에서 비존재로 형태가 변화하는 것은 사물의 본성에 속한다. 이것을 깨달은 자에게는 흔들림 없음과 고요함, 지복이 자연스럽게 따른다."

의지할 수 있고 소유할 수 있는 객관적이고 독립적인 대상 사물이 이 몸 바깥에 있다고 여기는 것은 착각입니다. 그리고 이 몸 안에 바깥의 대상 사물을 지각하고 인식하는 고정 불변의 자아가 있다고 여기는 것은 더 큰 착각입니다.

만물은 끊임없이 변하는 것이 그 본성입니다. 생겨났다 잠시 머무르다 달라지고 마침내 사라집니다. 어떤 것도, 나도, 세계도, 결코 변하지 않는 요소, 실체가 없습니다. 모든 것은 무상하고 의지할 바가 되지 못합니다.

이 사실을 명확히 깨달은 자는 나와 세계에 대한 집착에서 자유로워집니다. 착각에서 비롯된 집착에서 자유로워져야 비로소 있는 그대로의 진실을 발견합니다. 끝없는 변화 속에 감춰져 있던 변함없는 것을 발견하게 됩니다.

나와 세계의 모양으로 드러난 모양 없는 순수한 의식, 텅 빈 자각의 성품을 비로소 깨닫게 됩니다. 더욱 놀라운 것은 이 비이원의 진실을 완전하게 깨닫는 순간, 그것을 깨달은 자도, 그의 깨달음마저도 사라진다는 사실입니다.

이원의 상대 세계가 그대로 비이원의 절대 세계입니다. 나와 세계로 분리되어 있는 현상 이대로가 나도 없고 세계도 없는 공(空)의 본질입니다. 시공간 속에서 시공간을 초월하고 생로병사 한가운데서 생로병사를 벗어납니다.

이 놀라운 발견 속으로 깊이 들어갈수록 표면적인 말과 생각 아래 있던 원초적인 침묵, 고요가 드러납니다. 변화하는 대상들을 따라 흔들리던 마음은 문득 한 덩이 허공처럼 요지부동이 됩니다. 바랄 것 없는 지복이 찾아옵니다.

더욱 믿기 어려운 것은 이것이 본래 그러했다는 느낌이 든다는 사실입니다.

2.
"여기 이 세상의 모든 것이 참나의 창조물이며 오직 참나만이 존재한다는 사실을 확실히 깨달은 사람은 평화 속에 녹아들어 더 이상 어떤 것에도 집착하지 않게 된다."

참나는 무엇입니까? 참나는 지금 어디에 있습니까?

'참나'라는 말에 속지 마십시오. '참나'는 지금 이렇게 존재하는 실재를 가리키는 말에 지나지 않습니다. 말을 이해할 것이 아니라 그 말이 가리키는 실재를 직접 보고 느끼고 그것 자체로 머물러야 합니다.

이 말에 또 속아 뭔가 색다른 것을 보고 느끼거나 어딘가에 머무르려는 생각을 일으키지 마십시오. 오직 참나만이 존재한다는 것을 명심하십시오. 무엇이 보이고 느껴지든, 어디에 머물러 있든 다른 것이 아닙니다.

그렇다면 바로 지금 이것이 무엇입니까?

너무나 분명하기 때문에 오히려 애매해 보이는 것이 이것입니다. 너무나 확실하게 드러나 있기 때문에 마치 감춰진 듯 보이는 것이 이것입니다. 너무나 잘 알고 있기 때문에 도리어 알지 못하는 것처럼 보이는 것이 이것입니다.

이것은 안도 없고 밖도 없습니다. 이것은 있지도 않고 없지도 않습니다. 이것은 이것이라 할 것도 없고 이것이 아닌 것이라 할 것도 없습니다. 어디로 갈지 몰라 헤매던 마음이 멈추는 순간 이미 도달해 있는 곳입니다.

문득 스스로가 오고 가는 바람이 아니라 텅 비어 없는 채로 있는 허공임을 깨닫는 것과 비슷한 기분입니다. 여전히 바람이 오고 또 갈지라도 진정한 자기 존재는 아무런 흔들림이 없이 고요합니다.

깊은 침묵이 비로소 깨어나는 것입니다.

3.

"행복과 불행이 이전 행위의 결과로 인해 오고 간다는 사실을 분명히 깨달은 사람은 만족하게 된다. 그는 바랄 것도 없고 실망할 것도 없다."

바로 지금 이 순간 여기의 자기 존재를 벗어난 행복, 자기 존재와 분리되어 독립적으로 있는 불행 따위는 없습니다. 자기 존재를 지배하는 운명 따위는 없습니다. 자기 존재가 곧 행복이자 불행, 운명이자 모든 것입니다.

자기가 존재하는 것이 아니라, 존재가 바로 자기입니다. 모든 개별적 존재자들의 존재성이 존재이며 그것이 바로 자기입니다. 따라서 현상적으로 행복과 불행으로 보이고, 오고 가는 것으로 보이는 모든 것이 자기인 존재입니다.

모든 일, 모든 존재자들이 있는 그대로 아무 일도 없고, 아무것도 없는 것입니다. 그렇지만 동시에 모든 일, 모든 존재자들이 다 있는 것입니다. 마치 꿈속의 인물과 사건이 있으면서 없고, 없으면서 있는 것과 같습니다.

이 사실을 분명히 깨닫게 된다면 만족도 없고 불만족도 없습니다. 소망도 없고 실망도 없습니다. 지극히 고요하지만 활짝 깨어 있고, 활짝 깨어 있지만 지극히 고요합니다. 생생한 존재로 충만할 뿐입니다.

바로 지금 여기 이 순간처럼 말입니다.

4.
"쾌락과 고통, 삶과 죽음이 이전 행위의 결과로 인해 오고 간다는 사실을 분명히 깨달은 사람은 아무것도 성취할 것이 없다. 그는 행위 없음에 머물며, 행위 할 때조차 집착 없음에 머문다."

모든 이원적 대립, 상대적 차별은 허상입니다. 울고 웃고 죽고 사는 일이 모두 꿈에 불과합니다. 시간은 흐르지 않고 공간은 변한 바 없습니다. 나도 없고 세상도 없습니다.

비록 그러하더라도 그것에 집착하지는 마십시오.

모든 이원적 대립, 상대적 차별이 진실입니다. 울고 웃고 죽고 사는 일을 벗어나 진실이 있지 않습니다. 시간은 끊임없이 흐르고 공간은 한없이 변합니다. 나도 있고 세상도 있습니다.

비록 그러하더라도 그것에 머물러 있지는 마십시오.

모든 것을 보지만 아무것도 보지 않습니다. 모든 소리를 듣지만 아무 소리도 듣지 않습니다. 모든 느낌을 느끼지만 아무 느낌도 없습니다. 모든 것을 다 알지만 아무것도 아는 것이 없습니다.

비록 그러하더라도 그것이 전부는 아닙니다.

아무것도 보지 않지만 모든 것을 봅니다. 어떤 소리도 듣지 않지만 모든 소리를 듣습니다. 아무 느낌도 없지만 모든 느낌을 느낍니다. 아무것도 아는 것이 없지만 모든 것을 다 압니다.

비록 그러하더라도 그것이 끝은 아닙니다.

입을 여는 순간 이미 너무 늦었고, 생각을 일으킨 순간 이미 멀리 벗어났습니다. 입을 열기 이전에 이미 너무나 분명하고, 생각을 일으키기 이전에 이미 너무나 확실합니다.

이것을 어찌 표현할 수 있겠습니까? 아아, 그러나 이것을 어찌 표현하지 않을 수 있겠습니까? 언어는 이것을 드러내기에 너무나 부족한 동시에 너무나 지나칩니다. 단지 이것일 뿐입니다.

아아!

5.
"괴로움이 다름 아닌 생각에서 비롯될 뿐이라는 사실을 분명히 깨달은 사람은 모든 걱정에서 벗어난다. 그는 어디서나 평화롭고 아무것도 바라는 바 없이 만족하게 된다."

생각은 무엇입니까? 생각을 '생각이라는 어떤 대상'으로 만드는 것이 바로 생각입니다. 이 말을 잘 음미해 보시기 바랍니다.

생각은 어디에서 일어났을까요? 앞생각은 이미 사라졌고 뒷생각이 아직 일어나기 이전, 그 생각과 생각 사이에는 무엇이 있을까요?

하나의 생각이 지각될 때, 그 생각을 지각하고 인식하는 또 다른 생각 말고, 진실로 그 모든 생각을 드러내고 있는 배경, 바탕은 무엇일까요?

생각을 대상화하고 있는 또 다른 생각, 즉 객관으로서의 생각을 판단하고 분별하는 주관으로서의 생각 사이의 관계 속에서는 자유가 없습니다.

생각의 실체가 명확히 드러날 때 괴로움의 실체도 분명히 드러납니다. 실체라고 할 수조차 없는 실체, 존재라고 할 수조차 없는 존재가 있습니다.

이해가 아닌 직접적인 경험, 온 존재로의 체득, 도무지 회피할 수 없는 진실과의 충돌을 겪어 봐야 합니다. 망상이 문득 사라지는 체험을 해야 합니다.

그때 비로소, 있었지만 그 존재를 알아차리지 못했던 것, 늘 경험했지만 그 느낌을 확인하지 못했던 것을 깨닫고 안도하게 됩니다.

바로 지금 여기 이렇게 늘 있었거늘!

6.

"나는 이 몸이 아니고, 이 몸도 나의 것이 아니다. 나는 순수한 자각이다. 이것을 분명히 깨달은 사람은 이 생(生)에 해탈을 얻어 과거의 행위를 기억하거나 미래를 걱정하지 않는다. 거기엔 절대만이 있다."

참나는 모든 지각과 인식 이전입니다. 모든 지각과 인식의 원점입니다. 모든 지각과 인식 그 자체입니다. 그러므로 그것에는 어떠한 분리감, 주관과 객관의 분열이 없습니다. 그것은 둘이 아니며 하나조차 아닙니다. 그것은 완전한 멈춤이며 침묵입니다.

몸과 마음은 순수한 자각에 의해 지각되고 인식되는 대상일 뿐입니다. 순수한 자각은 한계가 없습니다. 순수한 자각은 이것이 그것이라고 할 어떤 대상이 아닙니다. 그것은 절대 주체입니다. 모든 현상을 바라보는 유일한 눈이자 모든 현상 그 자체입니다.

참나, 순수한 자각은 스스로 밝아 있습니다. 투명한 자기 인식, 대상이 없는 앎의 성품입니다. 너무나 분명하기 때문에 오히려 보지를 못하고, 너무나 확실하기 때문에 도리어 깨닫지를 못합니다. 두 눈을 버젓이 뜨고서 다시 자기 눈을 대상으로 보려는 어리석음이 안타까울 뿐입니다.

참나, 순수한 자각은 시간적 격차, 공간적 거리가 조금도 없습니다. 굳이 말하자면 바로 지금 여기의 이것입니다. 그러나 이런 말과 그것이 불러일으키는 생각에 집착한다면 하늘과 땅 사이처럼 벌어집니다. 생각하지 말고 그저 존재하십시오. 이미 이렇게 존재하고 있습니다.

이것이 바로 그것입니다.

7.

"풀잎 한 포기에서 지고의 신(神) 브라만에 이르기까지 나만 홀로 존재할 뿐 다른 것
은 없다. 이것을 분명히 깨달은 사람은 욕망에서 벗어나 순수하고 평화로워지므로
과거에 소유했거나 아직 소유하지 않은 것들에 무심해진다."

모든 모양이 모양이 아니라는 사실을 바로 보아야 합니다.

아무것도 아닌 이것이 모든 것입니다. 아무런 실체가 없는 의식이 모든
현상으로 드러나고 있을 뿐입니다. 꿈속의 인물, 배경, 사건이 모두 꿈 자
체였듯이, 이 현실의 모든 것이 단일하고 동일한 의식, 자각의 성품, 생명
일 뿐입니다.

이 사실을 바로 보고, 바로 체험하고, 바로 깨달아야 합니다. 스스로를
머뭇거리게 만들고, 의심하게 만들고, 혼란 속에 빠지게 만드는 생각에 속
지 말아야 합니다. 그 생각 역시 다른 것이 아닙니다.

이 사실에 사무치는 순간, 모든 구도의 행위는 끝이 납니다. 모든 상대
적 분별, 시간과 공간, 나와 세계, 사건과 상황은 백일몽이나 환상 같은 것
이었습니다. 모든 변화와 작용이 아무 변화와 작용이 없는 곳에서 이루어
졌습니다.

태어났지만 태어나지 않았고, 죽지만 죽지 않았습니다. 얻었지만 얻지
않았고, 잃어버렸지만 잃어버리지 않았습니다. 가지만 가지 않았고, 오지
만 오지 않았습니다. 늘 새롭지만 언제나 이대로일 뿐입니다.

이 모양 아닌 모양을 바로 보아야 합니다.

172

8.

"이 다양하고 놀라운 세상은 실제로 존재하지는 않는다. 이것을 분명하게 깨달은 사람은 순수한 자각으로 아무것도 없음의 고요함 속에 머문다."

내가 존재하는 것처럼 느껴지기 때문에 세상이 존재하는 것처럼 느껴집니다. 아니, 세상이 존재하는 것처럼 느껴지기 때문에 내가 존재하는 것처럼 느껴집니다. 나와 세계는 둘로 나뉘어 있는 것 같지만 실제로는 결코 시간적 선후나 공간적 원근 없이 바로 지금 여기 함께 존재하고 있습니다.

그러나 그것이 엄밀한 사실, 진실일까요?

내가 있다는 느낌을 느껴 보십시오. 어떤 느낌이 있습니까? 결국 내가 있다는 것은 느낌에 불과하지 않은가요? 세상이 있다는 느낌도 느껴 보십시오. 어떤 느낌이 있습니까? 내가 있다는 느낌이나 세상이 있다는 느낌이나 결국 같은 느낌 아닌가요? 나와 세계의 분리는 허망한 생각이 아닌가요?

실제로 확인해 보십시오.

내가 있다는 느낌은 특별한 느낌이 없습니다. 세상이 있다는 느낌 역시 마찬가지입니다. 분명히 육체적 감각, 감정이나 생각의 변화, 사물의 감각적 표상에 대한 지각과 인식이 있습니다. 그러나 그것들은 아무 특별한 느낌조차 없는 순수한 자각 위에 일시적으로 드러난 상대적이고 차별적인 느낌일 뿐입니다.

그렇다면 실제로 존재하는 것은 무엇인가요?

아시겠습니까? 바로 거기에 그것으로 머무십시오.

12장

참나에 머물기

거부할 것도 없고, 집착할 것도 없습니다.
기쁨도 없고, 슬픔도 없습니다.
오, 신이시여!
나는 지금 여기 있습니다.

1.

자나카 왕이 말했다.

"제일 먼저 나는 육체적 행위에 무심해졌습니다. 그런 다음 쓸데없는 말에 무심해졌으며, 마침내 생각 그 자체에 무심해졌습니다. 이제 나는 진정 있는 그대로의 나 자신으로 머물러 있습니다."

깨달음이란 잠시 다른 생각, 다른 대상에 빠져서 자기 자신의 존재를 잠시 망각하고 있다가 문득 그 사실을 자각하는 것에 빗댈 수 있습니다.

없었던 사물이나 능력, 상태를 어떤 수행이나 노력을 통해 만들어 내거나 새롭게 얻는 것이 결코 아닙니다. 늘 있었던 것에 대한 자각, 늘 있었던 자리로 회귀하는 것일 뿐입니다.

그러나 늘 있었던 것이었기에 새삼 자각했다 하더라도 새로운 것은 아니며, 늘 있었던 자리였기에 회귀하였다 한들 오고 간 바가 전혀 없습니다. 언제나 변함없는 상태였기에 특별한 사건도 아닙니다.

육체적 행위와 언어, 생각이 빚어내는 환상에 속지 않는다면 그대는 언제나 정확히 이것, 이 자리, 이 상태에 머물러 있습니다. 아니, 더욱 엄밀히 말한다면 그대 자신이 바로 이것, 이 자리, 이 상태입니다.

그대는 단 한 순간도 그대 자신이 아닌 다른 것이 될 수 없습니다. 백만 년 동안 수행한다 하더라도 그대는 정확히 있는 그대로의 자기 자신밖에 될 수 없습니다. 그대 자신은 결코 변할 수 있는 성질의 대상이 아니기 때문입니다.

그대가 바로 세상입니다. 그대가 바로 자각입니다. 그대가 바로 존재입니다. 그대가 바로 신입니다. 그대가 바로 의식입니다. 시간과 공간, 그 사이에서 벌어지는 온갖 사건 모두가 그대 자신입니다.

그대가 바로 그것입니다.

2.

"소리나 다른 감각 지각들이 나의 주의를 끌지 못할 뿐만 아니라, 참나는 감각의 대상이 아니라는 사실을 앎으로써 이제 나의 마음은 자유롭고, 산란하지 않으며, 하나에 집중되어 여기 이 자리에 있습니다."

주변에서 들리는 아무 소리에나 주의를 기울여 보십시오.

어떤 소리가 들립니다. 그 소리는 잠시 일어났다가 곧 사라집니다. 그 소리는 어디에서 일어났다가 어디로 사라진 것일까요?

소리라는 감각 대상은 일어났다 사라지지만, 그 감각 대상이 나타나고 사라지는 배경은 일어난 적도 없고 사라진 적도 없지 않습니까?

소리뿐만 아니라 모든 감각 지각을 드러내고 있는 이 배경, 이 의식, 이 자각, 이 생명, 이것은 언제나 바로 지금 여기 있지 않습니까?

모든 감각 대상을 알아차리고 있지만, 제 스스로는 특별히 분별되지 않는 의식 그 자체, 자각 그 자체, 생명 그 자체!

이것이야말로 진정한 나 자신, 참나, 참 존재가 아닌가요?

어떤 감각의 대상도 이것을 가로막을 수 없습니다. 이것은 언제나 고요하고 흔들림이 없습니다. 이것은 활짝 깨어 모든 감각을 지각하고 있습니다.

주변에서 들리는 아무 소리나 들어보십시오. 주변에 있는 아무 대상이나 바라보십시오. 주변에 있는 아무 대상이나 만져 보십시오.

다양한 감각 지각들의 변화 가운데 변함없이 존재하는 이 배경, 이 의식, 이 자각, 이 생명, 이것을 맛보십시오.

바로 지금 한 생각을 일으켜 보십시오!

어디에서 그 생각이 일어났습니까? 그리고 방금 전 그 생각은 어디로 사라졌습니까? 생각의 출몰과 상관없는 무엇이 바로 지금 여기 있지 않습니까?

그것이 무엇입니까?

3.

"노력은 여러 가지 환상들로 중첩된 산란한 마음을 집중시키려 할 때만 요구된다는 사실을 보았기에, 나는 있는 그대로의 나 자신으로 머물러 있습니다."

마음은 어째서 산란할까요?

마음의 요동은 여러 가지 잘못된 생각, 환상들에 의해 야기됩니다. 예를 들어 자기 자신이 하나의 개체인 몸과 마음이라는 생각, 자기 자신이 세계와 분리되어 있다는 생각, 자기 자신이 태어났다가 죽는 존재라는 생각과 같이 여러 가지로 중첩된 환상들로 인해 마음은 고요하고 평화로울 수 없습니다.

산란한 마음을 다스리기 위해, 마음을 고요하게 만들기 위해, 마음을 평화롭게 만들기 위해 사람들은 어떤 노력, 수행을 합니다. 식단을 바꾸고, 계율을 지키고, 일정한 행위를 반복적으로 함으로써 고요와 평화를 얻으려 합니다. 조금만 더 노력한다면 분명 소기의 목적을 달성할 것만 같습니다.

그러나 그러한 모든 노력은 꿈속의 병을 치유하기 위해 꿈속의 약을 먹는 것과 같습니다. 꿈속의 병도 꿈이었지만, 꿈속의 약은 물론 꿈속의 치유마저도 꿈일 뿐입니다. 불현듯 꿈에서 깨어나면 병도 없고, 약도 없고, 치유마저 없다는 사실이 확연할 것입니다.

꿈은 경험되지만 실재하지 않습니다. 마찬가지로 자아와 세계, 그리고 그 자아의 경험과 세계 속에서 벌어지는 사건들은 분명 경험되지만 실재하지는 않습니다. 이 사실을 분명히 보는 것을 깨달음이라 일컫습니다. 경험되는 것에 속지 않고 실재를 있는 그대로 보는 것이 깨달음입니다.

잘못된 지각과 환상이 일어나려면 그 지각과 환상의 바탕이 선행하여 있어야 합니다. 그것은 결코 경험의 대상이 될 수 없습니다. 경험되는 것은 실재가 아닙니다. 그러나 경험되지 않는 것은 지각할 수 없습니다. 꿈속에서는 꿈에서 깨어난 상태를 알 수 없는 것과 흡사합니다.

알 수 없는 곳, 더 이상 나아갈 수 없는 자리에서 문득 깨어나야 합니다. 자기도 모르게 꿈에서 깨어나듯, 전혀 기대하지 못했던 전환이 일어나야 합니다. 노력은 알 수 없는 곳, 더 이상 나아갈 수 없는 자리까지만 데려다 줄 수 있습니다. 그 다음은 누구도 어찌할 수 없는 신비의 몫입니다.

바로 지금 여기 무엇이 실재하고 있습니까?

4.

"거부할 것도 없고, 집착할 것도 없습니다. 기쁨도 없고, 슬픔도 없습니다. 오, 신이 시여! 나는 지금 여기 있습니다."

너무나 분명한 것은 오히려 모호해 보입니다. 너무나 확연한 것은 도리어 숨겨진 것 같습니다. 너무나 당연한 것은 그렇기 때문에 불가사의해 보입니다.

이것은 기막힌 역설입니다. 이미 전체로 드러나 있기 때문에 찾고자 하면 오히려 헤매게 됩니다. 알고자 하면 도리어 알 수 없습니다.

생각의 맹점을 꿰뚫어 보십시오. 모든 행위는 생각으로 인한 분별 때문에 일어납니다. 행위 이전, 생각 이전의 존재를 생각과 행위로 알 수는 없습니다.

문득, 갑자기, 돌연 스스로 깨달아야 합니다. 바로 지금 여기 언제나 내가 있었음을! 늘 항상 이렇게 존재했음을! 오직 이것만이 있었음을!

잡을 것도, 버릴 것도, 좋아할 것도, 싫어할 것도, 알 것도, 모를 것도 없습니다. 그 모든 것이 그저 이것일 뿐이기 때문입니다.

너무나 자연스러운 의식의 상태, 아무 내용이 없는 자각 자체, 순수한 존재이자 생명 그 자체, 있는 그대로의 나 자신!

어떤 것도 아니지만 모든 것인 이것, 언제나 경험하고 있지만 어떤 경험의 내용이 없는 이것일 뿐입니다.

오, 신이시여!

5.

"다양한 단계들이 있는 삶과 아무 단계가 없는 삶, 마음의 대상에 대한 명상과 포기, 이것들이 단지 마음을 산란하게 할 뿐이라는 사실을 발견하였기에, 나는 지금 있는 그대로의 나 자신으로 여기 있습니다."

인생의 목적이나 의미가 있다 한들 또는 없다 한들, 운명은 미리 결정되어 있다 한들 또는 그렇지 않다 한들, 수행을 해야 한다 한들 또는 하지 않아야 한다 한들, 그 모든 것은 겉보기에만 서로 다를 뿐 모두 똑같은 에너지, 똑같은 움직임, 똑같은 환영일 뿐입니다.

모든 상대적인 것들은 제 스스로는 독자적인 실체, 존재, 자아를 가지고 있지 않습니다. 자신의 실체, 존재, 자아가 타자에 의해 결정된다는 의미에서 모든 것은 있지만 있지 아니한 것, 꿈이나 그림자와 같은 것에 불과합니다. 모든 것은 존재하는 동시에 존재하지 않는 것입니다.

이 모든 것이 거대한 꿈임을, 자기 자신이라는 존재가 이 거대한 꿈의 일부이자 전부라는 사실을 깨달을 때, 삶은 완전히 정지한 채로 끊임없이 움직입니다. 삶의 모든 경험은 오지만 결코 온 적이 없고, 가지만 절대 간적이 없게 됩니다. 살지만 살지 않고, 죽지만 죽지 않습니다.

언제나 항상 늘 변함없이 바로 지금 여기 이렇게 있습니다. 이 순수한
침묵, 이 완전한 고요, 이 영원한 생명, 이 한없는 의식, 이것이 모든 것,
이것이 전부, 이것이 전체입니다. 안도 없고 바깥도 없으며, 나도 없고 나
아닌 것도 없습니다. 다만 제 스스로 있는 것만이 있을 뿐입니다.

여기 이것!

6.

"행위 하는 것과 행위 하지 않는 것 모두가 무지(無知)에서 비롯되었다는 사실을 알
기에, 이제 나는 있는 그대로의 나 자신으로 여기 있습니다."

행위 하는 것과 행위 하지 않는 것은 모두 행위의 주체, 곧 자아를 상정
하고 있는 무지에서 비롯된 것입니다. 행위의 주체, 곧 자아를 상정하는
무지는 다시 행위가 벌어지는 세계, 객관 대상의 분리를 야기합니다. 무지
가 또 다른 무지를 낳게 되는 것입니다.

그러나 행위와 비(非)-행위의 상대적 대립을 넘어선 존재 자체가 바로 지
금 여기 있습니다. 존재, 바로 지금 여기 이렇게 있음은 행위도 아니고, 행
위 아님도 아닙니다. 스스로는 행위 하지 않지만 모든 행위를 포용하고 있
으며, 일체의 행위가 벌어지고 있지만 어떤 행위에도 영향 받지 않습니다.

바로 지금 여기 이렇게 있음, 이렇게 살아 있음, 이렇게 의식하고 있음,
이렇게 비어 있음, 이렇게 깨어 있음, 이렇게 비추고 있음은 행위도 아니
고, 행위 아닌 것도 아닙니다. 아무것도 아니고, 어떤 것도 아닌 것입니다.

하지만 모든 것이 이것이고, 어떤 것이든 이것입니다.

참나는 존재와 부재, 행위와 비-행위를 넘어서 언제나 지금 여기 이렇게 있습니다.

7.
"생각할 수 없는 하나에 대해 생각하는 것은 여전히 생각에 의지해 있는 것입니다. 그 생각을 포기함으로써 나는 있는 그대로의 나 자신으로 지금 여기 있습니다."

생각이 없다는 것 역시 또 하나의 생각일 뿐입니다.

지각되는 생각의 내용은 허망한 인연에 의해 나타났다 사라지는 환영과 같습니다. 생각이 지각된다는 것은 불가피하게 생각을 지각하는 자(주관)와 지각되는 생각의 내용이라는 대상(객관)으로 나뉠 수밖에 없습니다. 그러나 자세히 살펴보면 생각을 지각하는 자 역시 또 다른 생각의 내용, 지각의 대상에 불과합니다.

지각과 인식의 절대 주체는 결코 이분법적인 형태로 드러나지 않습니다. 그것은 오히려 지각과 인식에 대한 노력의 자연스러운 포기, 내버려둠, 일시적인 정지를 통해 깨달을 수 있습니다. 그 깨달음은 주객으로 나뉜 이분법적 경험이 아니기 때문에 그 순간 놀람, 경이로움, 황홀함을 느낄 수도 있지만, 그것 자체는 결코 형용할 수 없습니다.

그것은 있음과 없음, 앎과 모름, 좋음과 싫음 따위의 상대적 차별을 초월해 있습니다. 언제나 존재하고 있지만 결코 존재하지 않는 것, 모든 것을 다 알고 있지만 아무것도 아는 것이 없는 것, 좋은 것도 아니지만 싫은 것도 아닌 것입니다. 더 이상 가까이 다가갈 수 없으며 조금이라도 떨어지려야 떨어질 수 없는 것입니다.

이 묘한 존재의 느낌, 아무런 느낌조차 없는 느낌 자체입니다. 앎의 내용이 전혀 없는 순수한 앎, 의식입니다. 삶과 죽음을 초월해 있는 영원한 생명입니다. 아무 실체가 없이 텅 빈 존재이지만 매 순간 아무 의도 없이 모든 것을 알아차리고 있는 자각의 성품입니다. 언제나 바로 지금 여기 이렇게 있는 나입니다.

바로 이것입니다.

8.

"이것을 성취한 사람은 인생의 목적을 성취한 것입니다. 본성이 이러한 사람은 해야 할 일을 한 사람입니다."

이것은 성취할 수 없는 것입니다. 이것을 성취할 수 있는 사람은 없습니다. 이것은 성취가 아닙니다.

이 사실을 분명히 깨닫는 것이 이것을 성취한 것입니다. 이 사실을 분명히 깨닫는 사람이 이것을 성취한 사람입니다. 이것이 바로 성취입니다.

이미 소유하고 있는 것을 다시 얻을 수는 없습니다. 이미 자기 자신인데 새롭게 자기 자신이 될 수는 없습니다.

다만 이것을 얻어야 한다는 망상, 다른 엉뚱한 존재가 되려는 착각에서 벗어나면 이미 도달해 있고, 이미 성취해 있는 것입니다.

이것이 스스로의 본성임을 자각한 사람은 인생의 목적, 해야 할 일을 다 마친 사람입니다. 또 다른 목적, 더 해야 할 일은 없습니다.

이것은 시작도 하기 전에 이미 끝마친 일, 찾기도 전에 이미 손아귀 속에 쥐여져 있는 것입니다. 구할 자도, 구할 것도 없는 일입니다.

언제나 눈앞의 바로 이 일일 뿐입니다.

13장
행복

즐거움과 괴로움은 계속해서 오고 간다는
사실을 경험을 통해 이해함으로써,
나는 모든 상황에서
좋다는 느낌도, 싫다는 느낌도 없이
있는 그대로 존재합니다.

1.

자나카 왕이 말했다.

"아무것도 가지지 않은 타고난 본성, 내면의 자유는 샅 가리개만 소유하고 있는 자들도 얻기 어려운 것입니다. 그래서 나는 획득과 포기를 둘 다 버림으로써 기쁨 속에 있습니다."

우리의 타고난 본성이란 새롭게 얻을 수 있는 것도 아니고, 다시 버릴 수 있는 것도 아닙니다. 억지로 말하자면 바로 지금 여기 있는 그대로의 자기 자신, 바로 이것일 뿐입니다.

본래 아무것도 가진 것이 없지만 어떤 것도 이것을 벗어나 따로 있지 않습니다. 모든 대상의 근원이 이것이지만 이것은 결코 어떤 대상이 아닙니다. 그것이 내면의 자유입니다.

어떤 감각, 어떤 의식의 상태, 어떤 능력의 획득을 통해서 이것을 깨닫는 것이 아닙니다. 어떤 감정, 어떤 생각, 어떤 습관의 포기를 통해서 이것을 깨닫는 것도 아닙니다.

그러한 것이 바로 이것의 깨달음을 가로막는 망상입니다. 이것은 본래 있는 것, 그리하여 항상 지금 언제나 여기 있는 것입니다. 시간적으로, 공간적으로 조금도 떨어져 있는 것이 아닙니다.

그렇기 때문에 이것은 있다고 할 수 없지만, 없다고 할 수도 없습니다. 알 수도 없지만, 모를 수도 없습니다. 경험할 수도 없지만, 경험하지 않을 수도 없습니다. 다만 이것일 뿐입니다.

2.

"몸은 온갖 수행들로 지쳤고, 입은 온갖 경전들로 신물이 나고, 마음은 온갖 명상들로 무감각해졌습니다. 이 모든 것에서 벗어나, 나는 있는 그대로의 나 자신으로 살고 있습니다."

진리가 지금 있는 그대로의 나 자신을 떠나 따로 존재한다면 당연히 그것을 구하기 위해, 그것을 얻기 위해 노력해야 합니다. 그것에 가까이 도달하기 위해 애써야 하고, 그것을 감당할 수 있을 만큼의 능력을 길러야 합니다. 그러나 나와 별개로 존재하는 진리가 정녕 완전한 진리라 할 수 있을까요?

진리가 지금 있는 그대로의 나 자신을 떠나 심오한 경전 속에 존재하는 것이라면 당연히 그것을 알기 위해 노력해야 합니다. 그것을 이해하기 위해 사전을 뒤져 용어를 익히고 개념을 정리해야 합니다. 그러나 생각을 통해 이해하고 체계화하는 진리가 정녕 완전한 진리라 할 수 있을까요?

진리가 지금 있는 그대로의 나 자신을 떠나 비범한 의식 상태 가운데 경험되는 것이라면 당연히 그것을 경험하기 위해 노력해야 합니다. 현실 생활에서 물러나 마음을 한군데로 집중시켜 고요히 앉아 있어야 합니다. 그러나 삼매 속에서만 경험되는 진리가 정녕 완전한 진리라 할 수 있을까요?

오히려 그러한 조건이나 요구, 한계가 진리와 나 사이에 존재하지 않는 간격을 만드는 것은 아닐까요? 어쩌면 진리란 그러한 조건이나 요구, 한계와 상관없이 있는 그대로 존재하는 자기 자신, 바로 지금 여기 이것이 아닐까요? 어떤 상황에서도 변함없는 존재 자체이자 의식 자체인 이것이 아닐까요?

190

이것을 따로 찾으면 이것이라 할 게 없지만, 따로 찾지 않는다면 있는 이대로 전체가 이것이 아닐까요? 아무 특별한 느낌, 감정, 생각이 없는 텅 빈 존재, 순수한 의식이 이 모든 특별한 느낌, 감정, 생각들을 지각하고(이 모든 특별한 느낌, 감정, 생각들로 지각되고) 있는 것이 아닐까요?

그저 자기 자신이 자기 자신으로 존재하고, 자기 자신이 자기 자신을 의식하고 있을 뿐이 아닌가요?

3.

"어떤 행위도 실제로는 이뤄진 적이 없다는 것을 깨달았기에, 나는 모든 상황 가운데 그저 할 일을 하면서 존재할 뿐입니다."

눈앞에 종이컵을 하나 놓고 팔을 들어 그것을 우그러뜨리는 상황을 살펴봅시다. 먼저 눈앞의 종이컵을 봅니다. 그리고 그것을 우그러뜨리고 싶다는 충동이 일어납니다. 팔을 뻗습니다. 종이컵을 우그러뜨립니다. 우그러뜨린 종이컵을 집어 쓰레기통에 넣습니다. 이제 눈앞의 종이컵은 사라졌습니다.

일정한 행위자가, 일정한 시공간의 흐름에 따라, 일정한 행위를 연쇄적으로 일으킨 것 같습니다. 그것이 사실, 진실일까요?

바로 지금 이 순간 눈앞에 실재하는 것은 무엇인가요? 그것을 억지로 '눈앞에 종이컵이 없음'이라고 합시다. 그 '눈앞에 종이컵이 없음'을 조금 전 '눈앞에 종이컵이 있음'과 대비해 보십시오. 두 가지 차별되는 장면들 사이에 동일한 것은 무엇입니까? 그러한 사실에 대한 자각, 의식이 있음 아닌가요?

눈앞의 텅 빈 자각, 순수한 의식의 배경 위에 '눈앞에 종이컵이 있음'이 나타났다가, '그것을 우그러뜨리고 싶음'이 나타나고, 다시 '팔을 뻗어 종이컵을 우그러뜨림'이 나타나고, '종이컵을 쓰레기통에 버림' 다음에 마침내 '눈앞에 종이컵이 없음'이 나타났습니다.

그러나 그 모든 연쇄적인 것처럼 보이는 행위는 텅 빈 자각, 순수한 의식이라는 배경을 떠나 독립적으로 있지 않습니다. 연쇄적 행위의 행위자인 것 같은 분리된 자아 역시 동일한 텅 빈 자각, 순수한 의식을 배경으로 드러납니다. 결국 실재하는 것은 바로 이 텅 빈 자각, 순수한 의식입니다.

바로 지금 이 순간 그것은 '눈앞에 이 글이 나타남'이라는 모양으로 드러나 있습니다.

행위자와 그가 행한 행위는 둘이 아닙니다. 행위자와 그가 행한 행위 전체가 바로 이 텅 빈 자각, 순수한 의식입니다. 서로 다른 것처럼 지각되는 행위 역시 이 동일한 텅 빈 자각, 순수한 의식이 만들어 낸 경험에 불과합니다. 다양한 경험의 유일무이한 질료가 바로 이 텅 빈 자각, 순수한 의식입니다.

이 텅 빈 자각, 순수한 의식이 없다면 행위자도, 그가 행한 행위도, 그 어떤 경험도 존재할 수 없습니다. 따라서 어떤 행위도 일찍이 이루어진 적이 없습니다. 그렇다고 해서 행위 하지 않음이라는 또 다른 행위 가운데 떨어지지도 않습니다. 그저 바로 지금 이 순간 해야 할 일을 묵묵히 할 뿐입니다.

아무리 행위 하더라도 실제로는 어떤 행위도 이뤄지지 않습니다.

4.

"자신의 육체에 집착하는 수행자들은 특정한 행위를 하거나 하지 않는 입장에서 생각하는 까닭에 속박을 일으킵니다. 그러나 나는 어떤 것도 집착하거나 거부하지 않음으로써 있는 그대로의 나 자신으로 있습니다."

자신을 하나의 육체, 하나의 정신과 동일시하는 입장에 서 있는 수행자들은 어떤 특정한 행위는 하고, 어떤 특정한 행위는 하지 않는 것으로써 자신이 상정한 목표(깨달음, 해탈, 열반 따위)를 성취할 수 있다는 고정관념을 가지고 있는 경우가 많습니다.

그러나 그러한 고정관념은 모두가 말과 개념을 배운 이후에 형성된 생각에 지나지 않습니다. 자신이 하나의 개별적 주체라는 것도 생각이요, 그 주체가 성취하려는 목표도 생각이요, 그 목표에 도달하기 위해 하거나 하지 말아야 할 수행 역시 생각일 뿐입니다.

생각에서 비롯된 모든 것은 결국 생각으로 귀결될 뿐입니다. 애초부터 이원적인 생각(나와 목표, 수행 방편과 그 성취 등)에 기초한 것이기 때문에 비이원적이고, 생각을 넘어선 무엇을 직접적으로 깨닫는 일과는 하늘과 땅만큼 거리가 벌어집니다.

그들의 수행이 얼마나 초인간적이며, 그 수행의 과보로 얻은 육체적·정신적 경지가 얼마나 신비한 것인지는 그다지 중요한 것이 아닙니다. 그것은 세속적인 부(富)만큼이나 얻기는 어렵지만 다시 잃어버리기는 쉬울 뿐더러 예상과 달리 완전한 만족과 충만감을 주지 못합니다.

우리가 자유를 얻기 위해 매달렸던 세속적인 부에 도리어 구속되듯이, 영적인 자유, 해탈을 위해 매달렸던 자신의 수행이 오히려 또 다른 속박이 아닌지 냉정하게 되돌아봐야 합니다. 자아 중심의 고정관념에서 벗어나 전혀 다른 길이 있을 가능성에 귀를 기울일 수 있어야 합니다.

어떤 고정관념, 생각의 패턴 속에 빠져들기 이전의 상태, 이원적인 생각이 일어나는 원점, 생각 이전의 자리에 곧장 계합할 가능성에 대해 호기심을 열어 놓아야 합니다. 모든 것을 일단 둘로 나누고 시작하는, 사소하지만 가장 근본적인 실수, 치명적인 착각의 가능성을 허용할 수 있어야 합니다.

개별적인 육체와 정신으로서의 나를 지각하는 이것은 무엇입니까?

개체적인 자아를 지각하는 이것을 다시 지각할 수는 없습니다. 지각하는 자를 다시 지각할 수는 없습니다. 눈이 제 스스로를 볼 수 없는 것과 마찬가지입니다. 사실은 지각하는 자가(눈이) 따로 있는 것이 아니라 지각되는 것(보이는 것) 모두가 그것입니다. 따라서 지각하는 자가 별개로 있지 않습니다.

이것은 있다고 할 수도 없고, 없다고 할 수도 없습니다. 얻을 수도 없고, 잃을 수도 없습니다. 알 수도 없고 모를 수도 없습니다. 옳다고 할 수도 없고, 그르다고 할 수도 없습니다. 이것이라 할 수도 없고, 이것이 아니라 할 수도 없습니다. 어떤 이원적, 상대적 분별도 용납이 되지 않습니다.

그러나 그러한 이원적, 상대적 분별을 멈추게 되는 순간, 저절로 분명하게 됩니다. 왜 그렇게 되었는지 이유를 알 수 없는 갑작스러운 이해와 함께 마음이 차츰 고요해집니다. 바깥을 향한 추구가 쉬어짐에 따라 바로 지금 여기 있는 그대로의 사실에 대한 자각이 뚜렷해지기 시작합니다.

너무나 당연하고 자연스러운 사실이었으나 이전에는 미처 알아보지 못했던 진실을 마주하게 됩니다. 언제나 늘 지금 여기 있었지만 깨닫지 못했던 자각의 성품을, 순수한 의식인 존재, 순수한 존재인 의식 자체를 감지하게 됩니다. 진정한 나 자신은 개별적인 육체와 정신에 갇혀 있지 않습니다.

나는 분리된 채로 합일되어 있고, 합일된 채로 분리되어 있습니다. 분리감과 합일감은 동일한 실체 위에 나타난 이원적이고 상대적인 속성일 뿐입니다. 진정한 나 자신은 분리도 없고 합일도 없습니다. 언제나 있는 이대로, 바로 지금 여기 이렇게 존재할 뿐입니다.

5.

"앉든 서든, 움직이든 가만히 서 있든, 잠을 자든 꿈을 꾸든, 나에게는 아무런 이득도 없고 손해도 없습니다. 따라서 나는 모든 상황 가운데 있는 그대로의 나 자신으로 존재합니다."

눈앞에 종이컵 하나를 두면 종이컵이 '있다'라는 느낌, 분별, 생각, 의식이 있습니다. 눈앞에 있는 종이컵을 치우면 종이컵이 '없다'라는 느낌, 분별, 생각, 의식이 있습니다.

느낌, 분별, 생각, 의식의 대상인 종이컵은 있을 수도 있고, 없을 수도 있지만, 그 대상에 대한 지각 자체는 동일합니다. 그런데 그 느낌, 분별, 생각, 의식조차 깨어 있을 때는 있지만, 잠이 들면 사라집니다.

즉, 지각 역시 미묘한 의식의 대상, 자각되는 대상에 불과합니다. 그러나 깨어 있을 때 분별되는 지각이 있는 줄 아는 것과 잠이 들면 분별되는 지각이 없는 줄 아는 것은 동일한 의식, 동일한 자각입니다.

이 순수한 의식, 이 텅 빈 자각 자체는 어떠한 분별적 지각에 의해서도 포착되지 않습니다. 마치 다양한 영상을 드러내고 있는 스크린을 특정한 영상으로서 드러낼 수 없는 것과 마찬가지입니다.

진정한 절대 주체, 참나, 순수한 의식이자 텅 빈 자각의 성품은 어떠한 상대적 분별에도 영향 받지 않습니다. 그 모든 분별을 허용하지만 어떤 것도 집착하거나 거부하지 않습니다.

언제 어느 곳, 어떤 무엇이든 결코 이것을 벗어나 따로 있지 않습니다. 이것은 어떤 것도 아니지만, 어떤 것도 이것 아닌 것은 없습니다. 이것은 결코 상대적인 분별을 통해 알 수 없습니다.

오히려 상대적 분별이 혼돈과 혼란, 애매함과 모호함 속에서 힘을 잃을 때 이것이 일순간 스스로를 드러낼 수 있습니다. 멈춤, 고요함, 침묵과 함께 살아 있음, 생생함, 명징함이 찾아오게 됩니다.

그것은 새롭지만 낯익은 존재의 성품, 진정한 나 자신입니다.

6.
"잠을 잔다고 해서 어떤 것을 잃지도 않으며, 노력한다고 해서 어떤 것을 얻지도 않습니다. 그러므로 나는 모든 상황에서 얻음과 잃음이라는 관점에서 벗어나 있는 그대로 존재합니다."

진리는 깨어 있는 의식 상태, 곧 상대적 분별 의식 상태에서만 파악되는 대상이 아닙니다. 진리는 앎의 대상, 경험의 대상, 자각의 대상이 아닙니다. 오히려 진리야말로 진정한 앎 자체, 경험 자체, 자각 자체입니다.

진리는 진리인 것과 진리 아닌 것으로 나뉠 수 없는 단일한 것, 전체성, 온전함입니다. 그러나 이러한 진술조차 이원적이고 부분적이고 불완전한 묘사에 불과합니다. 진리는 어떤 형식으로든 결코 형상화될 수 없습니다.

대상이 아닌 진리는 어떤 상황에서든 잃어버릴 수 없습니다. 망상, 꿈, 잠, 혼수상태, 심지어 육체적 죽음의 상황에서도 진리는 훼손되지 않습니다. 또한 어떤 수행, 노력을 통해서 더 얻을 수 있는 것도 아닙니다.

분별의식, 생각, 곧 자아의식만이 그것의 획득과 상실이라는 불가능한 상상에 골몰합니다. 개념적 표상에 불과한 얻음과 잃음이라는 이원성 사이에서 스스로 미혹하여 오락가락할 뿐입니다.

진리는 얻을 수도 없지만, 잃어버릴 수도 없습니다. 그것을 향해 한 걸음 더 다가갈 수도 없고, 한 걸음 더 물러날 수도 없습니다. 그것을 경험할 수도 없지만, 경험하지 않을 수도 없습니다.

그래서 억지로 이렇게 있는 그대로 존재하는 나 자신이라 합니다.

7.
"즐거움과 괴로움은 계속해서 오고 간다는 사실을 경험을 통해 이해함으로써, 나는 모든 상황에서 좋다는 느낌도, 싫다는 느낌도 없이 있는 그대로 존재합니다."

모든 상대적 경험의 저변에 끊어짐 없이 항존하는 존재의 느낌, 경험의 내용물이 없는 경험, 대상이 없는 의식 자체를 자각하십시오. 언제나 자각하고 있음을 자각하십시오.

그것은 좋은 것도 아니고, 싫은 것도 아닙니다. 그것은 중립적인 느낌마저 아닙니다. 모든 상대성의 근원이지만 그 모든 상대성을 초월해 있습니다. 모든 현상의 배후이며 모든 현상의 본질 그 자체입니다.

오고 가는 경험의 물결을 따라 오지도 않고 가지고 않습니다. 상대적 분별의 입장에서는 텅 비어 아무것도 없는 것 같지만, 자세히 살펴보면 빈틈 없이 꽉 들어차 충만합니다.

주어진 인연 따라 온갖 작용을 일으키지만 어디에도 그 흔적을 남기지 않습니다. 무상하기 때문에 영원하고, 나라고 할 만한 것이 없기에 온통 나 하나뿐입니다. 존재인 의식이고, 의식인 존재입니다.

알 것도 없고, 모를 것도 없는 분명한 사실, 너무나 당연한 이치입니다. 모든 이해의 노력을 쉬는 순간, 언제나 바로 지금 여기 눈앞에 있던 이 사실을 새삼스럽게 확인하게 될 뿐입니다.

다만 이것뿐입니다.

14장

평정심

지고의 참나, 목격자, 하나를 깨달았기에,
나는 속박과 자유에 무심합니다.
나는 해탈을 구하지 않습니다.

1.

자나카 왕이 말했다.

"비록 겉으로 보기엔 다른 사람들처럼 잠들어 있는 것처럼 보일지라도, 세상에 대한 관심이 완전히 사라지고, 마음이 본래부터 텅 비어 오로지 무심한 가운데 생각할 뿐인 사람은 진실로 깨어 있습니다."

실재에 깨어 있으십시오. 실재가 깨어 있음입니다. 바로 지금 여기 실제로 있는 것이 깨어 있는 것입니다.

생각 속에 빠져들면, 생각이 창조하는 낡은 패턴 속에 빠져들면, 나와 세계, 나의 삶, 나의 성공과 실패라는 뻔한 이야기의 틀에 사로잡히게 됩니다.

바로 지금 여기 실제로 있는 것에 깨어 있으십시오. 바로 지금 여기의 실제로 있는 것이 깨어 있는 것입니다.

텅 비어 있으나 무한한 가능성, 잠재력으로 가득 차 있는 것이 실재, 바로 지금 여기 이것입니다. 이것은 생생하게 살아 있으면서 활짝 깨어 있습니다.

한 순간, 한 생각에 사로잡힐 때, 실재는 끝없이 지루하게 재방송되는 지나간 드라마와 같은 이야기 속 하나의 인물로 축소됩니다.

삶의 자연스러운 흐름이 한 개체와, 자신을 둘러싼 상황에 대한 개체의 호오(好惡), 시비(是非), 이해(利害) 등에 가로막히고 구속됩니다.

분리와 분열에 떨어져 집착과 거부의 움직임 속에서 삶의 온전한 에너지를 낭비하게 됩니다. 다람쥐 쳇바퀴와 같은 일상의 반복에 지쳐 버리게 됩니다.

다시 꿈속과 같은 모호한 의식 상태로 끌려들어 가지 마십시오. 압도적인 현실의 도전에 제정신을 잃지 말고 깨어 있으십시오.

몸과 마음을 이완하고 그 두려움, 그 불안을 허용하십시오. 회피하거나 저항하지 말고 그 중심으로 들어가 그것과 하나가 되십시오.

고통과 괴로움, 그것이 진리로 들어가는 문입니다.

2.
"내 욕망이 모두 녹아 사라지고 나면, 어디에 나의 부(富)와 친구들, 감각 대상에 대한 유혹이 있을 수 있겠습니까? 경전과 지식이 무슨 소용이 있겠습니까?"

욕망은 주관과 객관의 이원성에서 비롯된 집착과 저항의 움직임입니다.

욕망은 유일하고 단일하며 동일한 실재의 변형일 뿐입니다. 주관 역시 그러하고, 객관 또한 그러합니다. 그리고 그 사이에서 벌어지는 집착과 저항의 움직임 역시 다른 것이 아닙니다.

욕망을 대상으로 삼아 그것을 억제하거나 제거하는 것이 마음공부는 아닙니다. 욕망의 본질, 곧 욕망하는 자와 욕망하는 대상의 본질이 서로 다른 것이 아님을 깨우쳐 욕망의 구속감에서 자유로워지는 것이 마음공부입니다.

바로 지금 여기 유일하고 단일하며 동일한 실재를 깨달으십시오. 모든 차별 현상의 본질은 순수한 존재이자 유일무이한 의식인 나-있음의 감각입니다. 나-있음의 감각은 모든 지각의 밑바탕에 있는 자각의 성품입니다.

그것은 어떤 대상도 집착하지 않을 뿐만 아니라, 어떤 대상도 거부하지 않습니다. 그것은 곧 자유이자 평등입니다. 그것은 그것과 그것 아닌 것으로 나뉘지 않는 전체로서, 나와 세계가 결코 둘이 아닌 참나입니다.

이것은 감각이나 생각을 통해 상대적으로 파악할 수 없습니다. 경전과 지식을 통해 배우거나 알 수 있는 간접적인 대상이 아닙니다. 그러나 이것은 언제나 항상 경험되고 있습니다. 모든 경험이 사실은 이것입니다.

3.

"지고의 참나, 목격자, 하나를 깨달았기에, 나는 속박과 자유에 무심합니다. 나는 해탈을 구하지 않습니다."

지금 하나의 감각, 하나의 느낌을 느껴 보십시오. 예를 들어 피부에 와 닿는 서늘한 바람을 느껴 보십시오. 잠시 후 다른 감각, 다른 느낌을 느껴 보십시오. 예를 들어 따뜻한 차가 담긴 머그잔을 만져 보십시오.

앞의 경험을 '경험 A'라고 하고, 뒤의 경험을 '경험 B'라고 합시다. 경험 A와 경험 B는 분명하게 구별됩니다. 경험의 내용만 보면 경험 A와 경험 B는 서로 다릅니다. 그러나 경험 A와 경험 B의 순간에 동일한 것은 무엇입니까?

A라는 경험이 왔다가 가고, B라는 경험 역시 나타났다가 사라집니다.

C, D, E…… 끝없는 경험의 내용들이 등장했다가 퇴장할 것입니다. 그 모든 순간에 동일하게 있는 것, 바로 지금 이 경험의 순간에도 있는 것은 무엇입니까?

모든 경험의 내용들은 동일한 경험의 바탕, 배경 위(안)에서 지각됩니다. 그러나 그 동일한 경험의 바탕, 배경은 결코 지각되지 않습니다. 또 다른 경험의 내용이 되지 않습니다. 그것은 경험 자체, 지각 자체입니다.

이것을 텅 빈 의식, 대상이 없는 자각의 성품, 아는 자, 목격자, 지고의 참나, 신, 절대자 등등 온갖 이름으로 부릅니다. 그러나 그 이름을 알고 개념적으로 이해하는 것은 아무 도움이 되지 않습니다. 곧장 그것 자체여야 합니다.

그것을 또한 깨달음이라 부르기도 하지만, 그 또한 이름, 개념에 불과합니다. 진실로 상대성, 이원성을 벗어났다면 모든 헤아림, 분별이 쉬어집니다. 단 한 순간도 벗어난 적이 없는 지금 여기 이 순간의 나 자신으로 돌아옵니다.

자연스러운 삶의 펼쳐짐, 생명의 흐름이 있을 뿐입니다. 분별로 주의가 기울어지는 순간, 속박과 자유라는 상대성의 게임이 시작됩니다. 해탈을 구하는 그 마음이 존재한 적 없는 구속과 그로 인한 괴로움을 만들어 냅니다.

스스로 존재하는 존재 자체, 순수한 의식인 의식 자체가 지고의 참나, 목격자, 둘 없는 하나입니다. 그것을 알 자도 없고, 그것은 알 것도 없습니다. 그러나 언제나 맑고 깨끗하게 깨어 있는 의식, 생명이 있습니다.

바로 이것이 그것입니다.

4.

"온갖 상태 속에 있어도 내면에 의문이 사라진 사람, 겉으로 보기엔 바보나 광인처럼 환상의 산물 사이를 움직이는 사람은 오직 그와 같은 사람만이 알아볼 수 있습니다."

오직 절대적인 자각만 있습니다. 절대적인 자각이 유일한 존재입니다. 이 절대적인 자각이 모든 지각, 모든 인식, 모든 경험의 배경이자 바탕이며 그 본질입니다. 따라서 이 절대적인 자각을 상대적으로 알 수 있는 다른 주체는 없습니다.

이 절대적인 자각은 앎과 모름이라는 이원성을 벗어나 있습니다. 투명한 앎, 내용이 없는 의식, 대상이 없는 자각이 그것입니다. 어떤 지각, 어떤 인식, 어떤 경험이 일어나기 위해서 선험적으로 존재하는 것, 태초 이전, 생각 이전의 것이 그것입니다.

이것을 알 자도 없고, 알 수도 없습니다. 그래서 이 절대적인 자각은 무지와 흡사합니다. 마치 존재하지 않는 것 같습니다. 그러나 무지라는 것역시 또 다른 앎의 형태이고, 비존재 역시 또 다른 존재의 양식입니다. 그러한 분별이 일어난 바탕은 있습니다.

사실 모든 현상은 이 절대적인 자각의 변형입니다. 꿈이나 환상처럼 바로 지금 여기 이 순간 존재하지만 존재하지 않고, 존재하지 않지만 엄밀히 존재합니다. 이 사실에 대한 분명한 자각이 깨달음이며, 그 깨달음이 철저할 때 그마저 이 절대적 자각 속으로 사라집니다.

이것이 궁극적인 신비, 알 수 없음, 인간의 의식으로 가 닿을 수 없는 신성(神性)입니다. 영원, 자유, 평화, 해탈 등 온갖 표현이 있을 수 있으나 그 어떤 표현도 이것 앞에서는 부족합니다. 그래서 이것과 하나가 된 자는 말을 잊고 침묵할 뿐입니다.

침묵함으로써 말할 뿐입니다.

15장
참나 깨달음

모든 존재는 그대 가운데 있고,
그대는 모든 존재 가운데 있음을 알라.
개체적 정체성과 '내 것' 이라는 느낌에서
벗어나 지복 속에 머물러라.

1.

아쉬타바크라가 말했다.

"순수한 마음을 가진 사람은 평범한 가르침에도 깨달을 수 있다. 그렇지 않다면 평생 동안 지식을 추구할지라도 여전히 갈피를 잡지 못한 채로 남게 된다."

깨달음이란 언제나 변함없는 자기 자신에 대한 자각입니다. 스스로를 자각의 대상인 몸과 마음으로 착각하고 있던 상태에서 진정한 자기 자신은 순수한 자각 자체, 존재 자체라는 사실에 대한 급진적인 인식의 전환이 깨달음입니다.

자각의 내용, 의식되는 것들은 끝없이 변화합니다. 바로 지금 이 순간에도 서로 다른 경험의 물결이 끊임없이 지나고 있습니다. 그러나 단 한 순간도 자각 자체, 의식 자체가 없었던 적은 없습니다.

경험의 내용, 물결은 다양하지만 그 경험 내용, 물결의 본질인 경험 자체, 물 자체는 언제나 변함없이 존재합니다. 대상화하여 상대적으로 알 수 없는 텅 빈 의식, 순수한 자각 자체, 존재의 근원, 영원불멸의 생명이 있습니다.

이것은 한 번의 돌이킴, 바깥 대상을 향하던 의식이 의식하고 있는 자기 자신을 맞닥뜨리는 순간 일어날 수 있습니다. 어찌 보면 너무나 어이없게 단순한 일입니다. 언제나 있었던 것에 대한 당연한 확인일 뿐입니다.

생각을 통해 이해할 것도 없고, 수행을 통해 얻어야 할 상태나 경지도 없고, 어떤 특별한 느낌을 항상 느끼고 있어야 하는 것도 아닙니다. 그러한 특별한 것에 대한 기대가 남아 있다면, 그로 인해 이 평범한 진실을 볼 수 없습니다.

마지막 희망과 기대마저 내려놓았음에도 그 자리에 남아 있는 것, 그것이야말로 영원한 진리일 것입니다. 끝없는 경험 내용의 변화 가운데도 변함없이 남아 있는 것, 그것이야말로 진정한 나 자신일 것입니다.

바로 지금, 바로 여기, 바로 이것입니다.

2.

"감각의 대상들에 무심한 것이 해탈이고, 감각의 대상들에 끌리는 것이 구속이다. 이것이 진실이다. 이제 그대 좋을 대로 하라."

바로 지금, 바로 여기, 바로 이것입니다.

(침묵)

모든 경험, 모든 감각의 대상이 바로 지금, 바로 여기, 바로 이것 안에서 나타났다가 사라집니다. 그 대상들에 대한 끌림과 밀침 역시 바로 지금, 바로 여기, 바로 이것 안에서 일어났다가 스러집니다.

그러나 바로 지금, 바로 여기, 바로 이것은 나타나거나 사라지지도 않으며, 일어났다가 스러지지도 않습니다. 모든 현상의 기반, 모든 경험의 배경, 모든 감각의 바탕이 바로 지금, 바로 여기, 바로 이것입니다.

이것은 알 수도 없고, 경험할 수도 없고, 소유할 수도 없습니다. 이것이 모든 것을 알고, 모든 것을 경험하고, 모든 것을 소유할 뿐입니다. 그러나 이것에는 어떤 앎의 흔적, 어떤 경험의 자취, 어떤 소유의 내용이 없습니다.

모든 것을 있는 그대로 내버려 두십시오. 모든 일은 바로 지금, 바로 여기, 바로 이것으로 돌아옵니다. 자아의 의도, 기대, 희망, 바람에 기대지 마십시오. 이 영원한 흐름에 온 존재를 맡기십시오.

언제나 바로 지금, 바로 여기, 바로 이것일 뿐입니다.

(침묵)

3.
"이전에는 말 잘하고 똑똑하며 활동적인 사람이었더라도, 이 진실을 자각한 이후에는 말이 없고 멍청하며 게으르게 변한 것 같다. 그러므로 세속적인 것에 집착하는 사람들은 그것을 피하려 한다."

이것은 말할 것이 없습니다. 모든 말이 일어나기 이전의 침묵, 모든 말이 일어나는 바탕, 모든 말의 본질 그 자체, 모든 말이 사라진 뒤에 남는 고요가 바로 이것이기 때문입니다.

이것은 알 것이 없습니다. 알아야 할 아무 내용이 없습니다. 텅 빈 앎의 성품 자체, 대상이 없는 자각, 앎과 모름이라는 상대적 분별이 일어나기 이전의 순수한 의식 바탕이 바로 이것이기 때문입니다.

이것은 행위 할 것이 없습니다. 모든 변화가 일어나는 공간, 모든 운동이 벌어지는 장(場), 모든 작용 그 자체가 스스로는 움직인 바 없는 이것이기 때문입니다. 이것은 이것조차 아니기 때문입니다.

(침묵)

그저 다만 이것일 뿐입니다.

4.
"그대는 이 몸이 아니고, 이 몸 또한 그대의 것이 아니다. 그대는 행위자도 아니고, 그 행위의 결과를 받는 자도 아니다. 그대는 오직 순수한 의식, 자각, 아무것도 필요치 않은 영원한 목격자일 뿐이다. 그러므로 그대는 자유롭고 행복하다."

'몸이 있다'라는 느낌, 생각은 어디에서 일어납니까? 실제로 몸이 있어서 '몸이 있다'는 느낌, 생각이 있는 것입니까? '몸이 있다'는 느낌, 생각이 있기 때문에 몸이 있는 것입니까? 잠이 들었을 때 '몸이 있다'는 느낌, 생각은 어디로 사라졌습니까? 잠이 깨면 '몸이 있다'는 느낌, 생각은 어디에서 나타납니까?

'몸이 있다'는 느낌, 생각과 몸이라는 대상은 결코 둘이 아닙니다. 몸의 실재 여부는 신체 감각의 유무에 달려 있습니다. 결국 몸은 객관적이고 독립적인 실체가 아니라 감각의 대상, 의식의 대상, 자각의 대상, 목격의 대상으로서 변화무쌍한 현상일 뿐 고정불변한 실재가 아닙니다.

행위와 그 행위자, 그리고 행위의 결과를 받는 자 역시 마찬가지입니다. 그것들 역시 감각의 대상, 의식의 대상, 자각의 대상, 목격의 대상이 되지 않는다면 존재할 수 없습니다. 분명 지각되지만 객관적이고 독립적으로 실재하는 것은 아닙니다. 있지만 있지 않고, 없지만 없지 않습니다.

진정한 실재, 참된 존재는 오직 순수한 의식, 자각, 아무것도 필요치 않은 영원한 목격자, 바로 지금 이것일 뿐입니다. 어떤 판단도, 해석도 필요 없는 바로 지금 여기 이 순간의 사실, 이것이 진실, 진리입니다. 있다/없다, 안다/모른다, 맞다/틀리다가 불가능한 바로 이것일 뿐입니다.

있는 그대로, 아무 조작할 것 없는 이것! 있는 것도 아니고 없는 것도 아닙니다. 아는 것도 아니고 모르는 것도 아닙니다. 가질 수도 없지만 버릴 수도 없습니다. 가까이 갈 수도 없고 멀리 떨어질 수도 없습니다. '나'라고 할 수도 없지만 '나'가 아니라고 할 수도 없습니다.

어쩔 수 없어 그저 이것이라 가리킬 뿐입니다.

5.

"집착과 혐오는 마음의 속성들이다. 그대는 마음이 아니다. 그대는 의식 그 자체이다. 변하지 않고, 나뉘지 않으며, 흠 하나 없는 무분별의 자각 그 자체이다. 그러므로 그대는 자유롭고 행복하다."

마음의 내용물과 스스로를 동일시하지 마십시오. 기쁨, 슬픔, 행복, 불행, 우울, 짜증, 불만, 권태, 분노, 좌절, 실망, 애착, 혐오 등등의 정서와 그와 관련된 생각을 자기 자신이라 여기지 마십시오. 잘못된 자기 동일시가 바로 미혹, 미망, 망상이며 그것이 인간 고통의 근원이기 때문입니다.

그대는 무분별의, 선택 없는 자각 그 자체입니다. 마음의 내용물을 지각하고 인식하는 절대적인 주체이지, 지각되고 인식되는 객관적 대상이 결코 아닙니다. 그대가 잘못된 자기 동일시에 떨어지면 그대는 마음의 내용물과 하나가 되어 그것을 자각하고 있다는 사실조차 자각하지 못하게 됩니다.

마음의 내용물을 자신이 자각하고 있다는 그 사실이 마음의 내용물과 그대 자신 사이에 공간을 만들어 줍니다. 그대는 마음의 내용물이 출몰하는 바로 그 자각의 공간(자각=공간) 자체입니다. 분별없고 선택 없는 자각 그 자체입니다. 마음의 내용물의 역시 바로 그 자각의 변형일 뿐 다른 것이 아닙니다.

오직 순수한 의식, 텅 빈 자각의 성품만이 실재입니다. 마음의 내용물은 그 바탕 위(안)에서 나타났다 사라지는 뜬구름과 같습니다. 언제 어디서 그 무엇이 나타나든 그것은 모두 의식, 자각일 뿐입니다. 의식이 의식 자체를 의식하고, 자각이 자각 자체를 자각하고 있을 뿐입니다.

일체의 모든 마음의 내용물과 그에 따른 분별과 판단이 결국 의식 자체, 자각 자체일 뿐이라는 사실을 깨달아야 합니다. 그러할 때 스스로가 몸과 마음이라는 작은 고치 속에 갇혀 있는 개체가 아니라 무한한 의식, 영원한 자각임을 확인할 수 있습니다. 그것이 진정한 자유, 해방, 해탈입니다.

6.
"모든 존재는 그대 가운데 있고, 그대는 모든 존재 가운데 있음을 알라. 개체적 정체성과 '내 것'이라는 느낌에서 벗어나 지복 속에 머물러라."

모든 존재가 바로 지금 바로 여기의 동일한 의식, 동일한 자각의 성품 가운데 드러나 있습니다. 아니, 모든 존재가 바로 지금 바로 여기의 동일한 의식, 동일한 자각의 성품 자체입니다.

그대는 바로 지금 바로 여기의 편만한 의식, 온 존재입니다. 그러한 그대가 특정한 몸과 마음을 그대의 정체성으로 삼을 때, 그대와 세계 사이가 분리될 때, 인간적 한계와 괴로움이 발생합니다.

214

바로 지금 바로 여기 존재하고 있음, 의식하고 있음, 살아 있음이 진정한 그대 자신입니다. 이것은 몸과 마음처럼 그대가 소유하고 있는 '것'이 아닙니다. 진정한 자기 자신은 존재할 뿐 소유할 수는 없습니다.

생각에서 비롯된 모든 제약에서 벗어나 텅 빈 채로 열려 있는 이 존재하고 있음, 모든 대상을 의식하고 있으나 자기 자신은 결코 의식되지 않는 의식 자체, 생생한 살아 있음의 느낌 속에 머무십시오.

그것이 바로 자유, 평화, 지복입니다.

7.
"바다에서 물결이 일어나듯, 이 세상은 그대 안에서 창조된다. 의심할 여지 없이, 그대는 의식 그 자체이다. 그러므로 걱정할 필요가 없다."

진정한 그대 자신은 그대 자신의 의식의 대상일 수 없습니다. 모든 것을 보는 눈이 오로지 보고 있는 자기 자신만은 결코 하나의 대상으로서 볼 수 없는 것과 같습니다.

그대는 그대가 아닌 모든 대상을 지각하고 인식합니다. 그러나 그렇게 지각하고 인식하고 있는 그대 자신, 의식 자체는 결코 하나의 대상으로 다시 지각하거나 인식할 수 없습니다.

의식 자체는 지각과 인식의 대상은 아니지만, 부재하지는 않습니다. 현존하지만 대상으로서 의식되지 않을 뿐입니다. 자기 눈을 자기가 볼 수 없지만 그렇다고 눈이 없다고 할 수 없는 것과 마찬가지입니다.

바다에서 물결이 일어나듯, 의식에서 현상들이 출현합니다. 물결을 떠나 따로 바다가 없듯, 현상들을 떠나 달리 의식이 존재하지는 않습니다. 모든 물결이 곧 한 바다의 변형이듯, 모든 현상 역시 단일한 의식의 변형입니다.

물결이 바다에서 일어나 바다로 가라앉듯, 현상들도 의식에서 일어나 의식으로 사라집니다. 겉으로 보기에는 온갖 물결들의 출렁임이 있(었)지만, 사실 오직 하나의 바다만 있(었)습니다. 마찬가지로 온갖 현상들이 있(었)지만, 결국 오직 의식만 있(었)을 뿐입니다.

8.

"믿음을 가져라. 나의 아들아! 그대의 경험을 믿어라. 이 경험을 의심하지 마라. 그대는 자각, 참나, 유일자이다. 그대는 자연의 인과법칙 너머에 있다."

믿음을 가지십시오. 이미 그대는 완전합니다. 이미 그대는 완성되어 있습니다. 이미 그대는 완벽하게 깨달아 있습니다.

바로 지금, 바로 여기, 바로 이렇게 그대가 있다는 이 사실, 이 경험을 믿으십시오. 이 당연한 존재의 감각, 아무것도 걷어잡을 것 없는 이 텅 빈 자각 자체가 바로 진정한 그대 자신의 모습입니다. 이것을 믿으십시오.

이 자연스럽고 당연한 경험은 너무나 미약해 보입니다. 너무나 불완전해 보입니다. 너무나 하찮아 보입니다. 반면 온갖 현상의 실재감은 너무나 강력하고, 너무나 압도적이고, 너무나 견고합니다.

그러나 조금만 정신을 차리고 살펴보십시오. 모든 것은 시작과 끝이 있

216

습니다. 모든 대상은 나타났다가 사라집니다. 하지만 모든 현상이 출몰하는 그 바탕은 일찍이 나타난 적도 없고 결코 사라지지도 않습니다.

그것이 바로 진정한 그대 자신, 참나, 순수한 의식, 자각의 성품입니다. '내가 있다'는 한없는 존재의 느낌, 그것을 믿고 의지하십시오.

9.
"물질적 요소로 구성된 이 육신은 나타나서, 잠시 머물러 있다가, 다시 사라진다. 참나는 오지도 않고 가지도 않으며, 심지어 머무르지도 않는다. 그런데 왜 육신을 신경 쓰겠는가?"

바로 지금, 바로 여기, 실제로 존재하는 것은 무엇입니까?

주관과 객관을 포함한 모든 존재자는 어떤 특정 시공간에 나타났다가, 잠시 유지되다가, 다시 사라집니다. 그러나 그러한 존재자들의 현존과 부재의 바탕, 배경에는 나타나지도, 유지되지도, 사라지지도 않는 무엇이 있습니다.

깊이 잠든 상태에서는 몸과 마음이 지각되지 않습니다. 우리가 인식 주관, 곧 '나'라고 동일시하는 몸과 마음은 숙면 상태에서는 사라집니다. 깨어 있는 의식 상태에서도 잠시 주의가 다른 곳에 가 있거나, 갑작스럽게 기절을 하는 경우에도 몸과 마음은 사라집니다.

그러나 다시 의식을 회복한 후, 자신이 잠들었다는 사실을, 의식을 잃었다는 사실을 자각하게 됩니다. 그때 몸과 마음이 부재했다는 것을 경험한 것은 무엇일까요? 몸과 마음, 의식이 사라졌다는 것을 알아차리는 그것은 무엇입니까? 그것은 몸도 아니고, 마음도 아니고, 의식도 아닙니다.

억지로 말로 표현하자면, 존재 자체, 자각 자체, 참나가 있습니다. 이 존재, 이 자각, 이 참나에 의해 주관과 객관, 모든 존재자가 현존하거나 부재하게 됩니다. 여러 존재자들이 객관적으로 존재하는 것이 아니라, 존재 자체, 자각 자체, 참나가 다양한 존재자들로 드러날 뿐입니다.

모든 존재자가 나타나고, 유지되고, 사라지지만, 어떤 존재자도 나타난 적 없고, 유지된 적 없고, 사라진 적 없습니다. 오직 존재만이, 자각만이, 참나만이 있을 뿐입니다. 그렇다면 존재도, 자각도, 참나도 없습니다. 언제나 바로 지금, 바로 여기, 바로 이와 같습니다.

10.
"이 육신이 세상의 종말까지 유지되든 오늘 당장 사라지든, 순수한 자각인 그대 자신에게 얻거나 잃을 것이 무엇이 있겠는가?"

진정한 그대 자신은 이 육신이 아닙니다. 그리고 그 육신에서 구현되는 특유의 정신적인 경향성, 개성 역시 진정한 그대 자신이 아닙니다. 진정한 그대 자신은 그 무엇이 아닙니다. 억지로 말하자면, 아무것도 아니면서 모든 것인 것이 그대 자신의 진면목, 본래 모습입니다.

어떤 말이 일어나기 이전, 어떤 생각이 싹을 틔우기 이전이 바로 그것입니다. 무수한 소리를 함축하고 있는 거대한 침묵, 끝없는 작용을 수용하고 있는 무한한 가능성의 공간, 텅 비었으되 오히려 가득 차 있는 순수한 의식의 장(場), 영원한 생명의 움직임이 그것입니다.

218

아무런 판단이 필요 없는 바로 지금, 바로 여기의 그대 존재 자체입니다. 판단할 수 없기 때문에 없는 것 같지만, 온갖 현상을 통해 자신의 존재를 드러냅니다. 지각되고 인식되는 작용들을 통해 무언가 있는 듯하지만, 막상 그 근원을 좇아가 보면 아무 흔적도 남아 있지 않습니다.

이것에서 시간이 비롯되었지만 정작 이것은 시간을 넘어서 있습니다. 모든 것은 생겨났다가 잠시 유지되다가 변하고 사라지지만, 이것은 생겨나지도, 유지되지도, 변하지도, 사라지지도 않습니다. 생겨난 것이 아니라 본래 있는 것이기에 더 얻을 수도 없고 다시 잃을 수도 없습니다.

이것을 바로 깨달으십시오!

11.

"이 세상은 대양의 물결처럼 그대 안에서 저절로 일어났다 사라질 뿐이다. 그대는 그로 인해 얻을 것도 없고 잃을 것도 없다. 그대는 바다이다."

이 세상과 그대 자신은 분리되어 있습니까? 그대 없이 이 세상만 존재하거나, 이 세상 없이 그대만 존재한 적이 단 한 번이라도 있습니까?

이 세상이 존재한다는 느낌과, 그대 자신이 존재한다는 느낌은 서로 다른 느낌인가요? 행여 스스로는 특별하게 지각되지 않는 단순한 현존의 느낌 위에, 세상과 그대 자신이 분리되어 있다는 느낌이 드러나고 있는 것은 아닌가요?

때로는 분리감이 사라지고 온통 한 덩어리인 합일감이 느껴지더라도 그 느낌 역시 동일한 현존의 느낌, 느낌 없는 느낌, 이 순수한 생명, 순수한 의식, 순수한 자각 위에서 바다의 물결처럼 일어났다가 사라지고 있지 않습니까?

제 스스로 없는 듯 있는 현존, 시간을 초월한 영원한 생명, 대상이 없는 텅 빈 의식, 언제나 밝게 깨어 있는 자각이 진정한 그대 자신의 본질입니다. 이 세상과 그 가운데 존재하는 듯한 개체로서의 그대는 그것이 꾸는 꿈입니다.

진정한 그대 자신은 이 세상의 드러남이나 사라짐과 상관이 없습니다. 이 세상의 끝없는 변화에도 진정한 그대 자신은 조금도 영향 받지 않습니다. 진정한 그대 자신은 이 세상에 속해 있지 않습니다. 이것이 자유, 해탈입니다.

12.
"나의 아들아, 그대는 오직 순수한 의식일 뿐이며 이 세상은 그대와 분리되어 있지 않다. 그대가 바로 이 세상이다. 그렇다면 누가, 그리고 어떻게, 왜 그것을 받아들이거나 거부하겠느냐?"

그대의 본질은 순수한 의식입니다. 이것이 단순한 이해가 아니라 실질적으로 자각되는 것을 일러 깨달음이라 합니다.

의식의 속성은 앎, 자각입니다. 어떤 대상에 대한 앎, 자각이 있으면 그곳에 의식이 있습니다. 무지(無知) 역시 또 다른 앎, 자각의 형태입니다. 지(知)는 없지만 그것의 부재에 대한 앎, 자각, 곧 의식은 있습니다.

마치 눈의 속성이 보는 것인데, 보일 때는 물론 보이지 않을 때도 눈의

220

존재는 변함없는 것과 같습니다. 눈을 떠나서는 보이는 일도, 보이지 않는 일도 존재할 수 없습니다. 보이는 것은 물론, 보이지 않는 것까지 모두 눈입니다.

모든 것을 보는 눈이 제 자신만은 볼 수 없듯, 모든 것을 아는 의식은 의식 자체만은 알 수 없습니다. 보이는 대상으로서의 눈과 알려지는 대상으로서의 의식은 결코 보는 눈과 아는 의식일 수 없습니다.

눈은 하나의 대상으로서 볼 수 없다는 사실을 통해 보이지 않는 눈의 존재를 깨달을 수 있습니다. 의식을 다시 알 수 없다는 사실을 통해 알 수 없는 의식의 존재를 깨달을 수 있습니다. 볼 수 없고 알 수 없지만 깨달을 수는 있습니다.

보이는 모든 것이 보는 눈이듯, 알려지는 모든 것이 아는 의식입니다. 보는 자와 보이는 대상, 아는 자와 알려지는 대상은 둘이 아닙니다. 모든 것이 하나의 눈이며, 모든 것이 하나의 의식입니다. 결국 눈도, 의식도 따로 없는 셈입니다.

그럼에도 불구하고 이렇게 보고, 이렇게 압니다. 이렇게!

13.

"변함없고 고요하며 청정하고 무한한 의식인 그대에게 어떻게 탄생과 업(業), 자아가 있을 수 있겠는가?"

하나의 느낌이 지각되기 이전에 거기 무엇이 있었을까요? '아무런 느낌이 없었다'는 것 역시 또 다른 느낌일 뿐입니다. 느낌이 지각된다는 것은 그 바탕에 느낌 아닌 것, 대상으로서의 느낌을 아는 '무엇'이 있다는 증거입니다. 어떤 느낌은 아니지만, 모든 느낌을 지각하는 '그것'은 무엇일까요?

마찬가지로 하나의 감정, 하나의 생각이 지각되기 이전에 거기 실제로 무엇이 있었을까요? 분명 감정 아닌 것, 생각 아닌 것이 있었고, 바로 지금도 있습니다. 지금 이 생각은 어디에서 왔을까요? 서로 다른 느낌, 감정, 생각들이 나타났다 사라집니다. 그것들은 어디에서 와서 어디로 가는 걸까요?

없는 것 같지만 오히려 분명히 있는 이것, 하나의 대상으로서는 결코 알 수 없지만 그렇다고 절대적인 무지조차 아닌 이것, 아무 내용이 없는 순수한 의식, 앎, 존재 자체인 이것이 진정한 그대 자신의 본질, 본래 모습입니다. 불멸의 자각, 언제나 바로 지금 여기 이렇게 있음, 현존이 그대입니다.

이것은 태어난 바가 없습니다. 이것 가운데 행위가 일어나지만 행위를 하는 자도, 그 행위의 결과를 받는 자도 결국엔 존재하지 않습니다. 타자와 분별되는 개체로서의 자아는 이 텅 빈 의식 공간 가운데 신기루처럼 나타난 관념과 기억의 집적일 뿐입니다. 오직 의식만이, 오직 존재만이 존재합니다.

그대가 바로 그것입니다.

14.
"그대가 무엇을 지각하든, 그것은 바로 그대이며 그대 자신일 뿐이다. 금반지, 금팔찌 그리고 금목걸이가 모두 금 하나로 만들어졌듯이."

궁극적인 실재, 유일한 실재는 바로 의식, 모든 것을 지각하는 자각의 성품입니다. 바로 지금 이 글을 지각하고 있는 그것이 바로 진정한 그대의 존재입니다. 나머지 모든 천차만별의 대상들은 바로 이 의식, 이 자각의 성품이 서로 다른 모양으로 변형된 것일 뿐입니다.

금반지, 금팔찌, 금목걸이, 금송아지, 금수저가 모두 금 하나로 만들어졌듯이, 지각되는 모든 모양, 소리, 냄새, 맛, 느낌, 생각은 모두 바로 지금 이 의식, 이 자각의 성품, 바로 진정한 그대 자신이 다양한 형상으로 투영된 것일 뿐입니다. 꿈속의 세계가 모두 한 바탕 의식의 작용인 것과 같습니다.

거미가 제 몸뚱이에서 거미줄을 뽑아내어 거미줄을 만들듯이, 유일무이한 의식, 대상이 없는 자각의 성품에서 다양한 이름, 형태, 속성들이 출현했을 뿐입니다. 모든 분별의 이면에는 결코 분별되지 않는 무엇이 있습니다. 그것은 바로 한 생각 일으킬 필요도 없이 자명한 그대 자신의 존재입니다.

모든 것은 그것이고, 그것이 모든 것입니다.

15.

"'이것이 나다.' 그리고 '저것은 내가 아니다.'와 같은 모든 분별을 버려라. 모든 것이 참나임을 알고 분별하지 않으면 행복해지리라."

자기를 의식해 보십시오. 자기가 의식됩니까? 그러나 의식되는 자기는 진정한 자기라 할 수 없습니다. 그것은 하나의 느낌, 하나의 의식 대상일 뿐입니다. 진정한 자기는 그 느낌, 그 의식 대상을 의식하고 있는 의식 자체입니다.

그것은 어떤 것을 의식하기 이전부터 의식으로 존재하고 있(었)습니다. 하나의 느낌, 하나의 감정, 하나의 생각이 일어나기 이전부터 존재하고 있(었)습니다. 언제 어디서나 변함없는 의식인 존재, 존재인 의식, 이 있음의 느낌입니다.

그러므로 모든 분별을 포기하십시오. 분별은 분별 없는 곳, 모든 분별의 바탕, 모든 지각과 인식의 배경으로서 이미 존재하는 이 의식에서 비롯됩니다. 모든 지각, 경험, 인식, 분별 역시 다름 아닌 이 의식입니다. 다른 것은 없습니다.

바로 그 자리가 모든 상대성을 넘어서 있는 곳, 지고의 참나입니다. 바로 지금, 바로 여기, 바로 이것입니다. 텅 비었으나 충만하고, 알 수 없지만 생생하게 살아 있습니다. 그대가 바로 그것입니다.

16.

"이 세상은 오로지 그대의 무지로 인해 실제인 것처럼 보이는 것이다. 실제로는 오직 그대만이 존재한다. 그대와 따로 떨어져 존재하는 세간이나 출세간은 없다."

꿈속의 그대는 꿈속의 세상을 경험했지만, 실제로는 꿈속의 그대는 물론 꿈속의 세상 역시 존재하지 않았습니다. 바다가 출렁이며 파도를 일으키듯, 허공에서 조각구름이 피어나듯, 의식이 스스로 움직여 꿈을 만들어 냈을 뿐입니다.

깨어 있는 의식 상태의 경험 또한 그와 다르지 않습니다. 경험의 주체로서 독립된 개체인 그대 자신이 존재하는 것 같고, 경험의 객체로서 바깥의 현상 세계가 그대와 별개로 떨어져 존재하는 것 같습니다.

그러나 꿈속의 주체와 객체, 그리고 그 사이의 다양한 경험의 실체가 그저 꿈, 의식의 움직임, 바로 의식 자체이듯이, 깨어 있는 의식 상태의 주체와 객체, 그리고 그 사이의 다양한 경험 역시 그 실체는 의식일 뿐입니다.

오직 의식만이 존재합니다. 존재가 바로 의식입니다. 그것이 바로 그대의 참나, 본래 모습, 본질입니다. 모든 것은 단일한 의식 안에, 동일한 의식으로서 존재합니다. 이 의식을 떠나 객관적이고 독립적으로 존재하는 것은 없습니다.

그렇다면 이 의식은 무엇일까요?

(잠시 침묵)

질문이 일어나는 그 자리에 답이 있습니다. 질문이 사라진 그 자리가 바로 답입니다. 찾으면 없지만 멈추면 바로 그것입니다. 너무나 당연하고 단순하고 자연스러운, 바로 지금 여기 이와 같이 있음, 이렇게 의식하고 있음뿐입니다.

17.

"이 세상은 꿈이나 환상처럼 실제가 아니며 존재하지 않는다는 사실을 분명히 알게 되면, 그는 욕망에서 벗어나 평화롭게 모든 것을 받아들인다."

그대는 존재합니까?

우스운 질문인 것 같지만 진지하게 탐구해 주시기 바랍니다. 그대는 자신의 존재를 어떻게 확신합니까? 시각과 청각 같은 감각 지각과 인식 작용을 떠나서 그대 자신의 존재를 확인할 수 있습니까?

보고 듣지 않고, 냄새 맡거나 맛보지 않고, 느낌과 생각 없이 그대 자신이 존재한다는 사실을 알 수 있습니까? 결국 그대 자신의 존재란 감각 지각과 인식 작용의 결과물이 아니겠습니까?

그대 바깥에 존재하는 것 같이 보이는 이 세상 역시 마찬가지입니다. 보고 듣고 냄새 맡고 맛보고 느끼고 아는 감각 지각과 인식 작용이 없다면 세상은 존재하지 않습니다.

그렇다면 감각 지각과 인식 작용은 어디에서 일어납니까? 지금 이 글을 보는 감각 지각, 그 의미를 이해하는 인식 작용은 어디에서 일어나고 있습니까? 그 감각 지각과 인식 작용의 본질은 무엇입니까?

(잠시 침묵)

바로 지금, 바로 여기, 바로 이것입니다. '나'라는 존재에 대한 자각이나 '나 바깥의 세계'에 대한 자각은 동일하고 단일한 자각, 대상이 없는 의식, 자명한 존재의 감각입니다. 단 한 번도 떠난 적 없는 바로 지금 이 자리입니다.

이 텅 빈 존재, 순수한 의식, 자각의 성품 가운데는 어떤 것도 남아 있지 않습니다. 아무것도 없지만 분명히 존재합니다. 분명히 존재하지만 아무것도 없습니다. 바로 여기에 무집착과 평화, 온전한 받아들임이 있습니다.

18.

"여기, 존재의 바다에는 오직 하나만이 있었고, 있으며, 있을 것이다. 그대에게는 구속도 없으며 또한 해탈도 없다. 그러므로 행복하고 충만하게 살아라."

언제나 변함없는 '나'가 있다는 이 자기 동일성의 느낌을 잘 살펴보십시오.

'나는 이렇다'거나 '나는 저렇다'라는 '나'에 대한 진술, 일시적으로 나타난 '나'의 속성 말고, 그 모든 진술과 속성, 그 분별의 배경에 아무 진술할 것 없는 채로 있는, 아무 속성이 없는 채로 있는 텅 빈 의식, 아무 내용이 없는 순수한 의식-존재-생명인 '나'를 자각해 보십시오.

새삼스러운 대상에 대한 자각이 아니라, 늘 변함없이 있었기 때문에 오히려 알아차리지 못했던, 너무나 익숙한 존재의 느낌, 바로 지금 여기 이렇게 있음의 느낌을 자각해 보십시오. 언제나 여기 이렇게 있었고, 있으며, 있을, 바로 이 느낌을 자각해 보십시오. 그 자각 자체가 바로 '나', 참나입니다.

여기에는 어떤 구속도 없으며, 그러므로 그로부터 벗어나는 해탈 또한 없습니다. 바로 지금, 바로 여기, 바로 이것이 모든 의문의 끝, 모든 갈망의 종착역입니다. 이것이 침묵, 정지, 고요, 평화, 지복입니다. 이것이 지혜, 깨달음, 자각, 의식, 깨어 있음입니다. 이것이 영원한 생명, 존재 그 자체입니다.

바로 이것입니다.

19.

"'옳다'와 '그르다'라는 생각으로 마음을 혼란스럽게 만들지 마라. 그대는 순수한 의식이다. 고요히 참나의 지복 속에 머물러라."

그대의 존재는 그대의 생각보다 앞서 있습니다. 그대는 그대의 생각을 지각합니다. 그대의 존재가 그대의 생각을 지각하는 것입니다. 그대의 존재가 유일한 의식, 대상이 없는 순수한 의식입니다. 바로 지금 여기 이렇게 있음, 이것이 그대의 존재인, 대상이 없는 순수한 의식입니다.

'무엇'이 있는 것이 아니라, '있음'이 있습니다. '무엇이 있다'나 '무엇이 없다'가 가능하기 위해 먼저 이 존재, 이 '있음', 이 의식이 있습니다. 따라서 이 존재, 이 '있음', 이 의식은 결코 하나의 대상으로서 알 수는 없습니다. 이것에 대해 어떠한 분별이나 어떠한 판단도 내릴 수 없습니다.

더 이상 생각으로 나아갈 수 없는 지점에 도달했을 때, 문득 생각에서 벗어나 원래부터 그 자리에 있던 근원적인 존재, 의식에 합일됩니다. 텅 비었으나 모든 가능성으로 충만하고, 어떤 실체도 없지만 생생하게 살아 있는, 순수한 의식이 바로 그대 자신임을 깨닫게 됩니다.

과거-현재-미래로 이어지는 시간의 흐름이 끊어지고, 여기-저기-거기로 구별되는 공간의 차별이 사라집니다. 언제나 바로 지금 여기 이것일 뿐입니다. 온갖 차별 현상이 이 무한한 의식일 뿐입니다. 이 무한한 의식이 온갖 차별 현상으로 자기 자신을 드러내고 있을 뿐입니다.

20.

"모든 명상을 완전히 포기하라. 마음속에 어떤 것도 붙잡고 있지 마라. 그대는 본래부터 자유롭다. 그러니 마음을 집중하는 것이 그대에게 무슨 쓸모가 있겠는가?"

모든 명상, 모든 수행은 바로 지금 여기 있는 것, 있는 그대로의 자기 자신에 대한 부정입니다. 그러나 진리라는 것이 있다면, 언제나 바로 지금 여기, 있는 그대로의 자기 자신이어야만 합니다.

없다가 새롭게 생겨난 것, 새롭게 얻은 것, 새롭게 만들어 낸 것은 결코 진리일 수가 없습니다. 없다가 새롭게 생겨나거나 얻거나 만들어 낼 수 있는 것이라면 그것은 두 가지 상태가 있는 것이니 진리가 아닙니다.

진리는 이전에는 진리가 아니었다가 이후에 진리가 되는 일 따위는 없습니다. 그러므로 진리는 바로 지금 여기 이것, 있는 그대로의 자기 자신이어야만 합니다. 진리는 알 수 있거나 모를 수 있는 대상이 아닙니다.

진리는 둘이 없는 하나, 부분이 없는 전체입니다. 그러므로 바로 지금 여기 이것이고, 있는 그대로의 자기 자신입니다. 바로 지금 여기 이것, 있는 그대로의 자기 자신은 생겨나거나 얻거나 만들어 낼 수 있는 대상이 아닙니다.

그것은 본래부터 있는 것, 모든 상대적 차별 현상의 배후입니다. 모든 것이 그것을 벗어나 있지 않지만, 어떤 것도 그것은 아닙니다. 이것을 알려 하거나 찾으려 하는 순간, 이것 안에 있으면서 이것을 놓쳐 버립니다.

마음을 집중하든 마음을 분산시키든 이것은 아무 차이가 없습니다. 고요하든 시끄럽든 다른 일이 아닙니다. 무엇을 알아차리든 알아차리지 못하든 다름 아닌 자기 자신입니다. 언제나 바로 지금 여기 이것입니다.

16장
특별한 가르침

모든 사람이 불행하고 고통 받는 까닭은
끊임없이 노력하기 때문이다.
하지만 아무도 이 사실을 깨닫지 못한다.
오직 때가 무르익은 사람만이 이러한
가르침을 듣고 자유로워진다.

1.

아쉬타바크라가 말했다.

"나의 아들아! 그대는 많은 경전을 외우거나 그에 대해 토론할 수도 있겠지만, 그 모든 것을 잊어버리기 전까지는 결코 진리를 알 수 없을 것이다."

진리는 경전에 있지 않습니다. 경전이 진리에서 나왔을 뿐입니다. 진리는 말씀 가운데 있지 않습니다. 말씀이 진리에 의해 살아날 뿐입니다. 진리는 특별한 모양이나 개념, 상태로 있지 않습니다. 하지만 모든 모양과 개념, 상태가 진리를 벗어나 있지는 않습니다.

모든 것이 진리이지만, 어떤 것도 진리는 아닙니다.

하나의 모양을 지각하기 전에 무엇이 있(었)습니까? 하나의 소리를 지각하기 전에 무엇이 있(었)습니까? 하나의 느낌, 하나의 감정, 하나의 생각이 일어나기 전에 무엇이 있(었)습니까? 바로 지금 여기 그대 앞에 무엇이 진실로 있습니까? 아니, 바로 지금 여기 있는 그대는 무엇입니까?

'무엇이 있(었)다', '무엇이다'라고 하면, 결코 그것이 아닙니다.

모든 것을 잊으십시오. 어떤 것도 생각하지 마십시오. 모든 것을 내려놓으십시오. 어떤 것도 신경 쓰지 마십시오. 어떤 것도 기다리지 마십시오. 어떤 것도 기대하지 마십시오. 모든 것을 허용하십시오. 내버려 두십시오. 가만히 있으십시오. 그냥 있으십시오. 쉬십시오.

오, 여기 이렇게 있(었)습니다!

2.

"그대는 행위의 결과나 명상의 상태를 즐길 수 있겠지만, 여전히 모든 경험 너머에 있으며 그 안에서는 모든 욕망이 사라지는 그것을 갈망할 것이다."

멈추십시오! 정지하십시오! 그냥 가만히 있으십시오!

그러나 이 모든 말 또한 어긋났습니다. 입을 열어 한마디 하는 순간, 한 생각 일으켜 헤아리는 순간, 이미 그것이면서 그것이 아니게 되고, 이미 그 자리에 있으면서 그 자리를 벗어나게 됩니다.

찾지 마십시오! 구하지 마십시오! 갈망하지 마십시오!

언젠가 그대는 이 말의 진의를 스스로 깨닫게 될 것입니다. 놀라운 역설, 기막힌 반전, 배꼽 빠지는 희극에 껄껄 웃음 짓게 될 것입니다. 너무 가까워서 보지 못했고, 너무 분명해서 알지 못했을 뿐입니다.

지금 여기에 없는 것을 구하지 않고, 지금 여기에 이미 충분하게 있는 것을 발견하는 순간, 얻은 것이 아무것도 없이 충족하게 됩니다. 어떤 대상을 찾지 않고, 그 대상을 찾고 있는 현장을 깨닫는 순간, 찾고자 했던 것이 이미 완전하게 주어져 있음을 알게 될 것입니다.

본래 그리 되어 있(었)음을 스스로 깨달을 것입니다.

3

"모든 사람이 불행하고 고통 받는 까닭은 끊임없이 노력하기 때문이다. 하지만 아무도 이 사실을 깨닫지 못한다. 오직 때가 무르익은 사람만이 이러한 가르침을 듣고 자유로워진다."

대다수의 사람들은 행복을 얻기 위해서는, 만족을 얻기 위해서는 끊임없는 노력을 해야 한다고 믿습니다. 그러나 어이없게도 그러한 노력의 결과로 얻어지는 행복과 만족은 그리 오래가지는 않습니다. 잠시 동안 행복감과 만족감을 누린 후 다시 또 다른 행복과 만족을 좇아 끝없는 노력을 경주해야 합니다.

이 마음공부 또한 마찬가지입니다. 많은 사람들이 깨달음을 끝없는 노력과 추구를 통해 얻어야 할 하나의 대상, 목표라고 생각합니다. 어떤 불변의 상태를 상정하고 그것을 얻기 위해, 그곳에 도달하기 위해 애를 쓰는 것을 마음공부로 여기고 있습니다. 그것이 순전한 오해, 착각이라는 사실을 알지 못합니다.

얻을 수 있고 찾을 수 있는 것은 그것이 물질적인 것이든 정신적인 것이든 하나의 객관 대상입니다. 객관 대상은 그것을 얻고 찾는 주관과 분리되어 있습니다. 분리되어 있는 객관 대상이라면 그것은 분명히 한계를 가지고 있습니다. 한계를 가지고 있는 대상은 결코 영원불변할 수 없습니다.

따라서 영원한 것, 진실한 것, 유일한 것이 진리라면, 그것은 바로 지금 여기 이미 있어야 합니다. 찾고 구하기 이전에, 그러한 생각이 일어나는 바로 그 자리에 본래부터 있어야 합니다. 결코 그것을 찾는 주관과 떨어져 있어도 안 되고, 그 주관이 찾고 있는 객관 대상들과도 분리되어 있어서는 안 됩니다.

즉, 그것은 주관과 객관의 관계로 있어서는 안 됩니다. 그것은 이분법적이고 상대적입니다. 유일무이하고 절대적인 것은 그렇게 이분법적이고 상대적으로, 주관과 객관의 관계로 파악되는 것이 아닙니다. 그것은 결코 얻을 수 없고, 찾을 수 없고, 알 수 없다는 말의 본질을 스스로 깨달아야만 합니다.

이 사실을 깨닫는다는 것은 오래전부터 잘 알았던 사실을 깜빡 잊었다가 다시 상기하는 일과 비슷합니다. 갑작스러운 상기의 순간, 어떻게 그 사실을 이렇게 오랫동안 망각할 수 있었을까 스스로 놀라게 됩니다. 너무나 당연하고 자연스럽고 분명해서, 찾고 구하면 오히려 불분명해지고 숨어 버린 듯합니다.

오직 순수한 갈망만 남은 사람, 시절인연이 무르익은 사람만이 이 거대한 착각, 어리석은 꿈에서 깨어날 수 있습니다. 찾는 자도, 찾아야 할 대상도 따로 있는 것이 아니라는 이 역설! 이 신비! 조금도 숨김없이 노골적으로 드러나 있는 이 진실을 깨달을 때, 구속이 본래 없었기에 해탈도 달리 없음을 알 것입니다.

4.

"행복은 눈을 깜빡이는 것마저 귀찮은 일이라 여길 정도로 몹시 게으른 사람의 몫이다. 오직 그 사람만이 행복하다."

대상의 획득이나 조건의 충족을 통해 얻을 수 있는 행복은 영원한 행복이 아닙니다. 그러한 행복은 왔다가 사라집니다. 그 행복이 떠난 자리를 어느새 불행이 차지합니다. 인간의 삶이란 어쩌면 행복과 불행, 그리고 그 사이를 메우는 무감각과 권태, 불안과 불만족을 끝없이 경험하는 일일지도 모릅니다.

다른 삶, 다른 길, 다른 가능성은 없는 것일까요?

대상의 획득이나 조건의 충족 여부를 떠나 애초부터 얻을 수도 없을 뿐더러 잃어버릴 수는 결코 없는 행복, 불행의 반대가 아닌 그러한 이원성 너머에 어떠한 상태에도 물들지 않는 순수한 행복은 없을까요? 과거나 미래가 아닌, 바로 지금 여기 있는 이대로, 우리 존재 자체가 행복일 순 없을까요?

한번 잘 살펴보십시오.

바로 지금 여기 모든 것이 끝없이 흘러갑니다. 좋은 느낌도 왔다가 지나가고, 나쁜 느낌도 나타났다가 사라집니다. 긍정적인 감정, 생각도 그러하고, 부정적인 감정, 생각 또한 다르지 않습니다. 모든 것은 흘러갑니다. 그런데 모든 것이 흘러가는 그 자리, 그 공간, 바로 지금 여기의 존재는 변함이 없습니다.

이것을 잘 살펴보십시오.

이것을 살펴보는 주관 역시 바로 지금 여기, 이 자리, 이 공간, 이 존재 가운데 나타났다가 사라집니다. 주관과 객관은 항상 짝을 이루어 이 자리, 이 공간, 이 존재 가운데서 등장과 퇴장을 반복하고 있습니다. 그러나 이것은 그들과 결코 분리되어 있지도 않지만 결코 그들의 변화에 영향 받지도 않습니다.

이것을 자각하십시오.

이것이 바로 자각 그 자체입니다. 이 자각은 '나의 것'이 아닙니다. 이 자각이야말로 참나입니다. 그대가 자각 자체입니다. 그대가 이것입니다. 행복과 불행, 주관과 객관을 모두 머금고 있지만, 결코 그것에 영향 받지 않는 전체성, 완전함, 둘이 없음, 하나임이 바로 그대의 진정한 실체입니다.

이것을 얻기 위해서 눈 하나 깜빡일 필요가 없습니다.

그대가 이미 그것이기 때문입니다. 과거도, 현재도, 미래도 언제나 항상 이것, 그대 자신입니다. 서로 다른 수많은 경험을 했지만, 결국 바로 지금 여기 남아 있는 것은 어떤 경험에도 물들지 않은 투명하고 텅 빈 의식, 헤아릴 수 없는 가능성으로 약동하는 존재, 그대 자신뿐입니다.

그대 자신의 존재 자체가 불행이라는 반쪽이 없는 온전한 행복입니다.

5.
"마음이 '나는 이것을 했다.', '나는 이것을 하지 않았다.'와 같은 대립쌍에서 자유로울 때, 그 사람은 공덕(功德)이나 부(富), 감각적 쾌락과 해탈에 초연해진다."

지각할 수 있고, 인식할 수 있고, 경험할 수 있는 모든 것은 시작과 끝이 있으며, 주체와 객체로 분리되어 있으며, 비교와 선택이 가능합니다.

그러나 절대적인 것, 모든 지각과 인식과 경험의 근원, 바탕, 배경인 '그 무엇' 자체는 결코 지각되지 않고 인식되지 않고 경험되지 않습니다. 시작도 없고 끝도 없으며, 주체도 아니고 객체도 아니며, 비교할 수 없을 뿐더러 애초부터 선택이 불가능합니다.

주객 이분법적인 피상적 현상의 본질, 배후에는 자기 이외에 다른 것이 결코 없는 텅 빈 충만함, 무한함, 영원함, 생생함이 있습니다. 그것에 의해 주체와 객체는 마치 바로 지금 여기에 별개로 존재하는 듯 느껴질 뿐입니다. 실제로 존재하는 것은 '그 무엇'뿐입니다. 아니, '그 무엇'이 바로 존재 자체입니다.

'그 무엇'은 어떤 욕망, 필요, 불만족이 없습니다. 그것은 본래 완성되어 있고, 본래 만족스러우며, 본래 평화롭습니다. 따라서 '그 무엇'에 눈을 뜰 때, 아니, 스스로가 '그 무엇' 자체임을 깨달을 때, 모든 추구, 갈망, 구도는 종말을 맞이하게 됩니다. 그대가 이미 그것이(었)기 때문입니다.

6.

"감각의 대상을 혐오하는 사람은 그것을 회피하려 한다. 그것을 욕망하는 사람은 탐 닉하게 된다. 그러나 혐오하지도 욕망하지도 않는 사람은 회피하려 하지 않으며 탐 닉하려 하지도 않는다."

감각의 대상들은 정확히 꿈속의 대상들만큼만 실재합니다. 꿈속에서도 우리는 여러 가지 감각의 대상들을 경험합니다. 보고 듣고 냄새 맡고 맛 보고 느끼고 압니다. 꿈에서 깨어난 의식 상태에서도 역시 보고 듣고 냄새 맡고 맛보고 느끼고 압니다. 꿈속에서도 감각의 대상들이 실재한다고 믿 었듯이, 꿈에서 깨어난 의식 상태에서도 감각의 대상들이 실재한다고 믿 습니다.

그러나 꿈속의 대상들이 실재했지만 사실은 실재하지 않았다는 사실을 깨달으면, 즉 꿈에서 깨어나면, 꿈속에서 경험했던 대상들에 대한 집착과 거부는 모두 어리석은 짓, 말 그대로 꿈에서 깨지 못한 착각에 불과하다 는 사실을 압니다. 마찬가지로 깨어 있는 의식 상태에서의 대상들에 대한 집착과 거부 역시 그와 같습니다. 감각의 대상들은 실재이면서 동시에 비(非)-실재입니다.

외부에 실재하는 듯한 감각의 대상들은 결코 어떠한 감각으로도 파악되지 않는 참나의 투사, 현현입니다. 감각의 주체와 감각의 객체는 결코 둘이 아닙니다. 그 둘은 동일하고 단일한 참나가 꿈처럼 펼쳐지고 있는 것일 뿐입니다. 모든 현상은 다 다른 동시에 모두 동일합니다. 마치 꿈속의 다양한 경험이 모두 한낱 꿈일 뿐이듯, 삶의 다양한 경험은 결국 순수한 생명 자체일 뿐입니다.

이 사실이 분명할 때, 온갖 다양한 현상 가운데서 동일한 것을 볼 수 있을 뿐만 아니라, 절대적으로 동일한 것 가운데서 상대적으로 다양한 차별 현상에 속지 않을 수 있습니다. 행위를 해도 행위의 결과에 얽매이지 않고, 경험을 해도 경험의 흔적이 남지 않습니다. 마치 허공을 자유롭게 날아가는 새처럼 아무런 자취 없이 살아갈 수 있습니다. 살지만 살지 않고, 죽지만 죽지 않습니다.

7.

"분별력이 없는 상태인 욕망이 있는 한, 대상에 대한 끌림과 거부가 있을 것이다. 그것이 윤회의 뿌리이자 가지다."

사실을 있는 그대로 보지 못하고 불확실한 선입견, 기존의 고정관념으로 왜곡시켜 해석하는 것이 분별력이 없는 상태, 곧 무지(無知)입니다. 가장 근본적인 무지는 바로 '나'라는 존재가 하나의 몸과 마음으로서 객관적이고 독립적으로 존재한다는 생각입니다. 그 무지에서 모든 욕망, 모든 고통이 비롯됩니다.

하나의 객관적이고 독립된 몸과 마음으로서의 '나'는 전체와 분리되어 있습니다. 부분 가운데 하나인 '나'는 언제나 불완전하고 불충분하며 불만족스럽습니다. 또한 다른 대상들과의 관계 속에서 부딪치고 상처 받고 끝내 스스로 소멸될 것이라는 공포와 두려움에 떨 수밖에 없습니다.

제한되고 유한한 '나'는 자신의 불완전, 불충분, 불만족, 공포와 두려움 때문에, 또는 그것에서 벗어나기 위해, 다른 대상들을 욕망하거나 회피합니다. 어떤 대상은 강하게 집착하고, 어떤 대상은 강하게 거부합니다. 그러나 그 행위, 그 힘, 인력과 척력은 대상과 방향만 다를 뿐, 동일한 에너지입니다.

그러나 분별력이 없으면, 곧 무지의 상태, 욕망에 휩쓸린 상태, 자신을 하나의 몸과 마음으로 동일시하는 상태에서는 그것을 있는 그대로 볼 수 없습니다. 따라서 끌어당기는 대상을 얻으면 행복하겠지만 얻지 못하면 불행하고, 밀어내는 대상을 회피하면 행복하겠지만 회피하지 못하면 불행합니다.

대상은 끝없이 바뀌지만 우리가 하는 행위는 결국 어떤 대상을 끌어당기거나 밀어내거나 둘 중의 하나일 뿐입니다. 그리고 그 결과로 행복과 불행은 끊임없이 갈마듭니다. 이것이 윤회입니다. 결국 윤회의 밑바탕, 그 뿌리에는 하나의 몸과 마음으로서 '나'가 객관적이고 독립적으로 존재한다는 무지가 있습니다.

'나'가 전체와 분리되어 하나의 객관적이고 독립적인 개체로서 존재하지 않는다면, 밀고 당기는 힘도 없고, 그 결과로서 행복하고 불행할 일도 없고, 나아가 삶도 죽음도 없고, 따라서 윤회도 없습니다. 그러므로 이 '나'를 어떤 선입견, 고정관념에 의지하지 말고 있는 그대로 보십시오.

나는 누구입니까? 나는 무엇입니까? 나는 어디에 있습니까? 이 질문에 대한 어떠한 형태의 답변도 모두 생각, 또 다른 선입견, 고정관념의 결과일 뿐입니다. 답을 찾지 말고 그저 질문만 하십시오. 순수하고 간절하게 질문하십시오. 나는 누구입니까? 나는 무엇입니까? 나는 어디에 있습니까?

질문 뒤에 남아 있는 침묵 속에 가만히 머무십시오.

8.

"탐닉은 집착을 낳고, 혐오는 절제를 낳는다. 그러나 지혜로운 사람은 어린아이처럼 그 대립쌍에서 자유롭다. 그러므로 확고해진다."

우리의 어린 시절은 어째서 행복했을까요? 지금 어린아이들은 어째서 행복할까요? 우리 어린 시절의 어른들이나, 지금 어른이 된 우리들은 어째서 어린아이들만큼 행복하지 않은 걸까요? 도대체 무엇이 문제인 것일까요?

어린아이 때 있었던 것을 지금은 까맣게 잊어버렸고, 어린아이 때 없었던 것을 지금은 너무나 과도하게 소유하고 있기 때문 아닐까요? 우리는 무엇을 잊어버렸을까요? 우리는 무엇을 지나치게 소유하고 있는 것일까요?

어린아이의 눈동자를 바라보십시오. 모든 것을 있는 그대로 비추고 있는 거울 같은 눈동자, 그 속에는 '나'라는 의식이 없습니다. 오직 텅 빈 존재, 그러나 충만한 생명이 시간이 없는 순간을 살아가고 있을 뿐입니다.

그러나 말을 배우기 시작하면서, 모든 사물에 이름을 붙이기 시작하면서 온전하고 완전한 어린아이의 세상은 분열되기 시작합니다. '나'와 '나 아닌 것'을 구분하기 시작하면서 어린아이는 시간과 공간 속의 한 개체인 '나'가 됩니다.

모든 것이 이름과 개념으로 치환되면서 어린 시절 늘 경험했던 그 신비로움, 그 놀라움은 점점 퇴색되기 시작합니다. 어린아이는 더 이상 순수하고 맑은 눈으로 어른과 눈을 마주치지 않습니다. 이제 '나'가 있기 때문입니다.

세월이 흐를수록 이 '나'는 점점 더 확장되고 강화됩니다. 그러다 어느 시점에 이르면 이 '나'는 스스로를 둘로 나누어 하나가 다른 하나를 언제나 감시하면서 끝없는 비평을 늘어놓게 됩니다. '나는 이렇다, 나는 저렇다…'

그러나 이 '나'는 인생의 어느 시점에 출현한 가상의 존재라는 사실을 명심해야 합니다. '나'는 본래 없었습니다. 본래 없던 '나'가 등장하면서부터 성취와 실패, 행복과 불행, 삶과 죽음의 이야기가 시작되었습니다.

어린 시절의 순수한 존재, 영원한 생명은 어느새 잠이 들고 '나'를 주인공으로 하는 꿈을 꾸게 되었습니다. 그러다 어느 순간, 자신이 꿈을 꾸고 있다는 사실을 자각하는 때가 찾아옵니다. 그리고 꿈에서 깨어나게 됩니다.

흙장난에 흠뻑 빠져 있던 아이가 엄마가 부르는 목소리를 듣고 미련 없이 손에 묻은 흙을 털고 집으로 돌아가듯, 봄날 툇마루에서 엄마 무릎을 베고 살포시 들었던 잠에서 깨어나듯, '나'를 주인공으로 한 꿈에서 깨어납니다.

그 순간 어린 시절 늘 있었던 그것이 여전이 눈앞에 찬란히 존재하고 있음을 보게 됩니다. 어떤 것도 얻은 것이 없고, 어떤 것도 잃어버린 것이 없습니다. 언제나 그대로, 항상 이대로였습니다. 모든 꿈이 그저 이것이었을 뿐입니다.

9.

"세상에 집착하는 사람은 그것을 포기하는 것이 그의 불행을 해결해 줄 것이라 생각한다. 그러나 어떤 것에도 집착하지 않는 사람은 자유로우며 세상 속에 있더라도 불행하지 않다."

모든 대상은 환영(幻影)입니다. 그것이 아무리 감각적으로 구체적이고 현실적이라 할지라도 모든 대상의 본질이 환영이라는 진실은 변함이 없습니다. 나타나서 잠시 유지되는 듯 하다가 사라지는 것은 모두 대상이고, 모두 환영입니다. 있지만 있지 않은 것입니다.

이 세상에 대상이 아닌 것은 없습니다. 모든 것이 대상입니다. 따라서 모든 것은 환영입니다. 대상을 경험하는 주체로서의 '나' 역시 또 다른 대상이며, 역시 또 다른 환영에 불과합니다. '나' 역시 어느 순간 나타나서 잠시 유지되다가 결국 사라지기 때문입니다. '나'는 윤회, 즉 끝없는 생멸변화를 반복합니다.

그러나 모든 대상의 배경, 배후, 바탕에는 대상이 아닌 무엇, 아니 무엇이 아닌 무엇이 있습니다. 그것은 하나의 대상으로 알 수도 없을 뿐더러 결코 모를 수도 없습니다. 그것은 하나의 대상으로 얻을 수도 없을 뿐만 아니라 절대 잃어버릴 수도 없습니다. 그것은 모든 경험 이전에 이미 있는 존재입니다.

244

거기에는 알 것도 없고 모를 것도 없습니다. 거기에는 얻을 것도 없고 잃을 것도 없습니다. 거기에는 나도 없고 세상도 없습니다. 거기에는 집착할 것도 없고 포기할 것도 없습니다. 거기에는 행복도 없고 불행도 없습니다. 거기에는 삶도 없고 죽음도 없습니다.

바로 지금 여기가 바로 거기입니다. 바로 지금 이것이 바로 그것입니다. 너무나 단순하고 당연한, 있는 이대로의 이것입니다. 그대가 인정하든 말든, 그대가 깨닫든 말든, 이 사실, 이 진실은 변함이 없습니다. 이것은 어떻게 이해하고 깨닫고 얻고 성취하는 문제가 아닙니다.

아무 이유나 조건, 까닭이 없이 그저 이것일 뿐입니다.

10.

"해탈을 자기 자신의 것, 한 개인의 성취라고 주장하는 사람은 깨달은 사람이 아닐 뿐만 아니라 구도자마저도 아니다. 그는 여전히 고통 받는 자일 뿐이다."

해탈은 제한된 모든 것에서 벗어나는 것입니다. 그 무엇보다도 스스로가 하나의 독립된 몸과 마음, 하나의 개체라는 자기 정체성에서 벗어나야 합니다. 그러한 견해가 곧 '나'와 '세계' 사이의 분리를 만들고, '주관'과 '객관' 사이의 분열을 초래합니다.

'나'라는 인식, 분별 이전에 과연 '나'라는 것이 존재할 수 있을까요? '나' 뿐만 아니라 모든 대상 또한 그것에 대한 지각과 인식 이전에 그러한 것들이 객관적이고 독립적으로 존재할 수 있을까요? 사실 그러한 대상들의 틀림없는 존재의 본질은 결국 지각과 인식 자체가 아닌가요?

'나'가 있어서 있는 것이 아니라, '나가 있다'는 인식이 있어서 있는 것 아닌가요? 대상들이 실제로 존재해서 존재하는 것이 아니라, 실제로 존재하는 것은 '대상들이 있다'는 지각과 인식이 아닌가요? 지각하고 인식하는 '주관'이나 지각되고 인식되는 '객관' 모두 단일하고 동일한 지각과 인식 아닌가요?

자기 스스로는 결코 지각되거나 인식되지 않는 지각과 인식 자체가 '나'와 '세계', '주관'과 '객관'의 분리로 드러나고 있는 것 아닌가요? 바로 지금 이 순간 실제로 존재하는 것은 무엇인가요? 그것에 대해 생각하지 말고 느껴 보십시오. 느껴 보지 말고 그냥 그것 자체로 있어 보십시오.

그것이 무엇입니까?

11.

"그대가 모든 것을 잊어버리지 않는다면, 쉬바(Shiva)나 비슈누(Vishnu), 브라흐마(Brahma)와 같은 신들이 그대를 가르친다 하더라도, 그대는 결코 참나를 알지 못할 것이다."

바로 지금 당장 모든 것을 잊으십시오. 순수한 무지의 상태로 존재하십시오. 앎은 있지만 앎의 내용이 없는 상태, 의식은 있지만 의식의 대상은 없는 상태, 존재하지만 존재자는 없는 상태, 그것이 바로 참나, 그대의 본질, 그대의 본래 모습입니다. 그것만이 유일한 진실, 진리입니다.

진리를 알지니 진리가 너희를 자유케 하리라.

모든 것의 시원(始原)이자 모든 대상의 귀결점, 모든 것의 알파요 오메가가 바로 그것입니다. 알 것도 없고, 소유할 것도 없고, 의지할 것도 없는, 자연스럽고 당연한 바로 지금 여기의 이 존재, 이 살아 있음, 이 의식이 그것입니다. 모든 상대성 그대로가 이 절대성의 자기 현현입니다.

완전히 모름으로써 완전히 알게 되고, 완전히 포기함으로써 완전히 성취합니다. 이원성이 사라질 뿐 다시 새롭게 얻을 단일성은 없습니다. 아는 자가 사라질 때 미혹과 무지 역시 소멸합니다. 시간이 없는 영원, 공간이 없는 무한, 생사가 없는 불멸의 존재가 바로 지금 여기 그대를 통해 드러나고 있습니다.

아!

17장
진리를 아는 자

진리를 아는 사람은 이 세상 가운데 있어도
결코 문제가 되지 않는다.
왜냐하면 온 세상이 자기 자신만으로
가득 차 있기 때문이다.

1.

아쉬타바크라가 말했다.

"깨달음을 성취하고 요가의 열매를 거둬들인 사람은 만족하며 집착에서 자유로울 뿐만 아니라 고독 속에서도 편안하다."

깨달음은 목표가 아닙니다. 요가는 원인을 지어 결과를 얻는 것이 아닙니다. 다만 주관과 객관의 이원적 분리 상태를 진실이라 착각하고 있는 이들을 위해 그들의 눈높이에 맞춰 깨달음을 얻고 요가의 열매를 거둔다고 말할 뿐입니다.

깨달음은 이전의 모든 생각이 착각이었음을 깨닫는 것입니다. '나'가 독자적으로 존재한다는 생각, '세계'가 객관적으로 존재한다는 생각, 그리고 그 둘의 분리에서 비롯되는 온갖 현상들이 존재한다는 생각이 모두 착각이었습니다.

요가의 열매는 그러한 깨달음을 통해 '나'와 '세계'의 분리가 사라지고 본래 상태로 합일되는 것을 뜻합니다. 마치 온갖 물줄기가 결국 바다로 귀결되듯이, 천차만별의 다양한 현상들이 오직 하나인 실재 속으로 녹아듭니다.

우리의 본래 상태, 본래 존재가 부족한 것도 없고 남는 것도 없는 완전 무결함, 충만함입니다. 그 안에서 생멸하는 모든 대상은 허망한 환상과 같은 것이므로 모든 집착은 소멸합니다. 고독할지라도 고독할 자가 없습니다.

2.

"진리를 아는 사람은 이 세상 가운데 있어도 결코 문제가 되지 않는다. 왜냐하면 온 세상이 자기 자신만으로 가득 차 있기 때문이다."

이 세상은 환영(幻影)입니다. 그리고 이 세상 속에서 살고 있는 그대 자신 또한 환영입니다. 이러한 진술이 그대에게 안도감을 줄지, 불편함을 줄지 모르지만, 그 감정 역시 환영에 불과합니다. 그리고 이러한 글을 쓰고 있는 이 사람 역시 다르지 않습니다. 이 세상에 환영 아닌 것은 없습니다.

모든 것은 환영입니다. 이 사실이 명확할 때 모든 환영이 그대로 진실이 됩니다. 이 세상도 진실이고, 이 세상 속에서 살고 있는 그대 자신도 진실 이고, 그대가 느끼는 온갖 감정 또한 진실이며, 이러한 글을 쓰고 있는 이 사람 역시 진실입니다. 이 세상에 진실 아닌 것이 없습니다.

모든 영화가 동일하고 단일한 스크린 위에서 상영되듯, 이 세상과 그 속의 그대와 나, 그리고 그 사이에서 벌어지는 온갖 현상은 동일하고 단일한 의식 위에서 춤추는 그림자에 불과합니다. 그러나 모든 영화 장면이 스크린을 벗어나 있지 않듯, 온갖 현상 또한 의식을 떠나 따로 있지 않습니다.

스크린 위에 비친 스크린의 영상은 또 하나의 환영일 뿐이듯, 의식 위에 그린 의식에 대한 생각 역시 또 다른 환영일 뿐입니다. 스크린 위에 모든 영상이 비치지만 스크린 자신은 비치지 않습니다. 의식 위에 모든 현상이 나타나지만 의식 자신은 드러나지 않습니다.

그러나 모든 영상이 결국 스크린이고, 온갖 현상이 그대로 의식입니다.

3.

"참나 안에 안주한 사람은 어떤 감각의 대상에도 즐거워하지 않는다. 마치 유향(乳香)나무 잎을 맛본 코끼리가 멀구슬나무 잎을 즐기지 않는 것처럼."

느낌은 일어났다 사라집니다. 그러나 모든 느낌이 일어나고 사라지는 바탕, 배경, 공간은 일찍이 일어난 적도 없고 사라진 적도 없습니다. 바로 지금 여기 이렇게 있습니다.

감정은 일어났다 사라집니다. 그러나 모든 감정이 일어나고 사라지는 바탕, 배경, 공간은 일찍이 일어난 적도 없고 사라진 적도 없습니다. 바로 지금 여기 이렇게 있습니다.

생각은 일어났다 사라집니다. 그러나 모든 생각이 일어나고 사라지는 바탕, 배경, 공간은 일찍이 일어난 적도 없고 사라진 적도 없습니다. 바로 지금 여기 이렇게 있습니다.

이 사실을 분명하게 본 사람은, 이 진실을 명확하게 깨달은 사람은 더 이상 오고 가는 느낌이나 감정, 생각에 관심을 갖지 않게 됩니다. 그 모든 것은 허망한 대상 경계로서 실재가 아니기 때문입니다.

오직 실재하는 것, 결코 변함없는 것, 그것이야말로 참나입니다. 느낌도, 감정도, 생각도 아닌 것, 그것이야말로 참나입니다. 오지도 않고 가지도 않으며, 생겨나지도 않고 사라지지도 않는 것, 그것이야말로 참나입니다.

바로 지금 여기 이렇게 있는, 어떤 것도 아닌 이것입니다.

4.

"자신이 이미 맛본 즐거움에 연연해하지 않을 뿐만 아니라 아직 맛보지 않은 즐거움에도 집착하지 않는 사람은 세상에 드물다."

어리석은 사람은 모든 현상이 객관적이고 독립적으로 실재한다고 여기지만, 지혜로운 사람은 모든 현상이 그저 인연 따라 일어났다 인연 따라 사라진다는 사실을 분명히 압니다.

심지어 인생 경험의 주체인 '나'마저도 인연 따라 일어나는 또 다른 대상임을 사무쳐 깨달아 '나'에도 집착하지 않을 뿐만 아니라 '나 아닌 것'에도 집착하지 않습니다.

'나 아닌 것'은 '나'로 말미암아 있는 듯한 것이요, '나' 또한 '나 아닌 것'으로 말미암아 존재하는 듯 보일 뿐입니다. 참된 실재, 진리는 '나'도 아니고 '나 아닌 것'도 아니지만, 동시에 그 모두입니다.

어떤 인연을 '나'는 '즐거움'이라 분별하여 집착하고, 또 다른 어떤 인연을 '나'는 '괴로움'이라 분별하여 저항합니다. 그러나 '나'는 물론 '즐거움'과 '괴로움' 모두 물 위에서 일어났다 사라지는 물결과 같습니다.

'나'는 의식되었다가 의식되지 않을 때가 있습니다. 그러나 의식 자체가 없지는 않습니다. '즐거움'과 '괴로움'은 왔다가 가지만 그것들이 오갈 수 있는 배경, 바탕, 공간은 오지도 가지도 않습니다.

이것은 어떤 실체가 아니지만 완전한 무(無) 또한 아닙니다. 이것은 '나'도 아니고, '즐거움'도 아니고, '괴로움'도 아니지만, '나'는 물론 온갖 현상으로 드러납니다. 모든 것은 환영과 같이 존재할 뿐입니다.

그러므로 이 사실을 분명히 깨달은 사람은 '나'가 존재하되 존재하지 않음을 압니다. '즐거움'과 '괴로움' 또한 분명 존재하되 존재하지 않음을 압니다. 따라서 어느 것에도 집착하지 않을 뿐만 아니라 저항하지도 않습니다.

많은 일이 있었지만 아무 일도 없었습니다. 많은 일이 일어나지만 아무 일도 일어나지 않습니다. 많은 일이 벌어지겠지만 결코 어떤 일도 남아 있지 않을 것입니다. 그것이 진리입니다.

5.
"즐거움을 원하거나 해탈을 원하는 사람은 이 세상에서 흔히 볼 수 있지만, 그 모든 것에 무심한 사람은 진실로 드물다."

결핍이나 불만족은 실제로 어떤 것이 모자라거나 부족해서 느끼는 것이 아니라 이미 바로 지금 여기 있는 그대로 충만한 것, 실재를 알지 못해서 생긴 착각에 불과합니다. 스스로를 하나의 몸과 마음을 가진 개체로 동일시하면 수많은 타자, 대상들과의 관계 문제가 발생합니다. '나'의 안위가 예측할 수 없는 타자와 대상과의 관계에 의존해 있기에 불안과 불만족이 야기될 수밖에 없습니다.

진정한 '나', 참나는 '나'와 '세계' 이전에 이미 있는 것입니다. 그러한 분별이 일어나는 근원, 그 시발점은 어떤 한계도, 분리도 없는 하나임 (Oneness)입니다. 둘이 없는 하나, 부분이 없는 전체, 상대가 없는 절대입니다. 그것은 시작도 끝도 없는 영원, 언제나 바로 지금 여기의 현존, 항상 변함없는 존재, 이와 같이 있음입니다. 그것은 불완전마저 포함한 완전무결함, 부족함마저 허용하는 충만함, 모든 것이 저절로 그러함입니다.

'나'와 '세계'의 본질이 바로 그것임을 깨달을 때, 완전한 평화, 완전한 만족, 완전한 기쁨이 본래 갖추어져 있다는 사실을 차츰 경험하게 될 것입니다. 어떤 것도, 아무것도 필요치 않다는 사실을 나날이 실감하게 될 것입니다. 이렇게 적나라하게 공개된 사실이 사실은 가장 찾기 힘든 비밀이라는 역설에 경악하게 될 것입니다. 그리고 그 사실은 새삼스레 깨달을 것도, 깨달을 자도 없다는 신비로움에 침묵하게 될 것입니다.

6.
"오직 극소수의 고결한 사람만이 의로움, 부유함, 즐거움, 해탈, 그리고 삶과 죽음에 대한 집착과 혐오에서 자유롭다."

이 진실을 원하는 자보다 더 큰 욕망을 가진 사람은 없습니다. 정의, 소유, 쾌락, 생사, 해탈과 같이 '나'라는 개인을 중심으로 한 이기적 욕망은 너무나 보잘것없고 사소합니다. 그것들은 상대적이고 부분적이고 불완전합니다.

절대를 원하십시오. 전부를 원하십시오. 완전을 원하십시오. 그대가 절대이고, 그대가 전부이고, 그대가 완전입니다. 그대는 '나'라는 개인에 제한되어 있지 않은 존재 자체입니다. 존재는 그대를 통해 자신의 영광을 목격합니다.

그대는 아무것도 아니지만 모든 것이고, 모든 것이지만 결국 아무것도 아닌 것입니다. 그대는 바깥이 없을 뿐만 아니라 안도 없습니다. 그대 자신이라고 할 만한 것이 없는 것을 일러 그대 자신이라고 할 뿐입니다.

결국 자기 자신을 아는 것, 그것이 진리를 아는 것입니다.

7.

"그는 이 세상이 사라지는 것도 바라지 않을 뿐더러 이 세상이 지속되는 것도 신경 쓰지 않는다. 그는 어떤 일이 닥치든 지복 속에서 행복하게 살아간다."

이 '세상'이라는 것은 엄밀한 의미에서 실재하는 것이 아닙니다. 그것을 인식하는 '나'를 떠나서 독자적으로 존재하는 것이 아니기 때문입니다. '나' 역시 마찬가지입니다. '나' 아닌 '세상'의 존재가 없다면 '나' 또한 지각되지 않기 때문입니다.

관찰대상은 관찰자에 의지해 있습니다. 관찰자 역시 관찰대상과의 관계를 벗어나 있지 않습니다. 그러므로 관찰자와 관찰대상은 실제로는 분리되어 있지 않습니다. 마치 꿈속의 주인공과 꿈속의 세상이 실제로는 하나의 동일한 꿈인 것과 같습니다.

이 사실에 대한 분명한 깨달음은 인식과 지각에 혁명적인 전환을 가져옵니다. '나'와 '세상'은 존재하는 이대로 존재하지 않는 것이 됩니다. 꿈의 경험과 같은 분리감의 베일 너머 어떤 분리도 없고, 어떤 변화도 없는 진정한 실재, 진리가 스스로를 드러냅니다.

시간이 없는 곳에서 시간이 흐르고, 공간이 없는 곳에서 공간이 펼쳐집니다. 실제로는 아무 일도 일어나지 않지만, 모든 일이 자연스럽게 일어납니다. 살지만 단 한 순간도 산 적 없고, 죽지만 결코 죽지 않습니다. 언제나 바로 지금 여기 이렇게 '나'와 '세상'으로 드러나 있습니다.

8.

"이러한 깨달음으로 충만하여 참나 안에 안주한 그는 마음을 비우고 평화롭게 그저 보고 듣고 느끼고 냄새 맡고 맛보며 살아간다."

바로 지금 여기 이 순간 이렇게 보고 듣고 냄새 맡고 맛보고 느끼고 아는 것을 떠나서 독자적으로 존재하는 것은 없습니다.

'나'가 존재하는 것이 아니라, 보고 듣고 냄새 맡고 맛보고 느끼고 알기 때문에 그러한 작용을 하는 것이 '나'라고 분별할 뿐입니다.

'세상'이 존재하는 것이 아니라 보고 듣고 냄새 맡고 맛보고 느끼고 알기 때문에 그러한 작용의 대상을 '세상'이라 분별할 뿐입니다.

나아가 보고 듣고 냄새 맡고 맛보고 느끼고 아는 일이 있는 것이 아니라, 보이지도, 들리지도, 냄새 맡아지지도, 맛보이지도, 느껴지지도, 알려지지도 않는 것이 보(보이)는 것으로, 듣(들리)는 것으로, 냄새 맡(맡아지)는 것으로, 맛보(맛보이)는 것으로, 느끼(느껴지)는 것으로, 아(알려지)는 것으로 드러날 뿐입니다.

이러한 깨달음이 분명한 것을 일러 참나에 안주했다고 할 뿐입니다. 보이지도, 들리지도, 냄새 맡아지지도, 맛보이지도, 느껴지지도, 알려지지도 않지만 보(보이)고, 듣(들리)고, 냄새 맡(맡아지)고, 맛보(맛보이)고, 느끼(느껴지)고, 아(알려지)는 것이 참나입니다. 오직 참나밖에 다른 것은 없습니다. 그것이 참나에 안주한 것입니다.

그러면 더 이상 얻을 것도 없고, 잃을 것도 없고, 알 것도 없고, 모를 것도 없고, 좋아할 것도 없고, 싫어할 것도 없고, 옳은 것도 없고, 그른 것도 없고, 좋은 것도 없고, 나쁜 것도 없고, 참도 없고, 거짓도 없고, 구속도 없고, 해탈도 없습니다. 마음이 텅 비워지면서 모든 집착과 저항이 사라집니

258

다. 모든 것은 있는 그대로 그러할 뿐입니다.

9.

"그에게 이 세상, 윤회의 바다는 말라 버렸으므로 집착도 없고 혐오도 없다. 그의 시선은 텅 비었고, 감각들은 고요하며, 행위는 아무 목적이 없다."

'나'와 '세계', 주관과 객관, 있음과 없음, 좋음과 싫음, 삶과 죽음 등 이원적 사고 곧 분별심은 착각과 오해일 뿐이고, 그러한 이원성의 밑바탕은 결코 둘이 없는 하나, 단일하고 동일한 의식, 자각일 뿐임을 아는 것을 일러 깨달음, 해탈이라 합니다.

그것은 단순한 인식의 전환일 뿐이지만, 이제까지 이원성에 뿌리를 둔 모든 삶의 질곡들, 이유 없는 삶의 불안, 불만족, 공포, 허무에서 마치 악몽에서 깨어나듯 벗어나게 됩니다. 뿐만 아니라, 감각적이고 물질적인 욕망과 정신적이고 영적인 추구에서도 해방됩니다.

살아서 움직이지만 죽은 듯 고요하고, 죽은 듯 고요하지만 생생하게 살아서 작용합니다. 맑은 거울처럼 세상 만물을 비추지만 어떤 것에도 집착하지 않습니다. 텅 빈 허공처럼 모든 것을 허용하지만 어떤 것도 남겨 두지 않습니다. 언제나 있는 이대로입니다.

10.

"그는 잠들어 있지도 않을 뿐만 아니라 깨어 있지도 않다. 그는 눈을 뜨고 있지도 않고 감고 있지도 않다. 이와 같이 그는 언제 어디서나 지고의 상태 가운데 머문다."

당신은 잠을 잔 적이 있습니까? 그것을 어떻게 아십니까? 당신은 지금 깨어 있나요? 그것을 어떻게 아시죠? 잠을 자든 깨어 있든, 그러한 의식의 서로 다른 상태와 상관없이 그 모든 상태를 의식하고 있는 그것은 무엇일까요?

마치 태양이 떠오르면 허공은 밝아지고 태양이 사라지면 허공은 어두워지지만, 허공 자체는 밝음과 어두움에 영향 받지 않는 것과 같습니다. 억수같은 비나 불타는 듯한 폭염 속에서도 허공은 젖거나 증발하지 않는 것과 비슷합니다.

언제나 변함없는 의식의 바탕, 바로 지금 여기의 현존, 텅 빈 자각의 성품이 모든 현상을 목격하고 있습니다. 눈을 뜨고 있어도 그 상태고, 눈을 감고 잠이 들어도 그 상태일 뿐입니다. 이 지고의 상태는 어떤 상태가 아닙니다.

무엇이 보여도, 무엇이 보이지 않아도 이 상태는 동일합니다. 본다와 안 본다, 보인다와 보이지 않는다와 같은 이원적 대립을 떠나 있는 영원불변의 상태, 상태 아닌 상태가 참나, 있는 그대로의 이 사실입니다.

당신은 이미 그것입니다.

11.

"해탈한 사람은 언제나 참나에 안주하며 마음이 순수하다. 그는 언제 어디서나 욕망에 사로잡히지 않고 살아간다."

해탈은 모든 제약에서 벗어나는 것입니다.

모든 제약은 생각에서 비롯됩니다. 자신이 하나의 몸과 마음을 가진 개체라는 생각, 자신은 불완전하고 불충분하다는 생각, 자신이 행복해지기 위해서는 어떤 대상을 얻거나 어떤 상태에 도달해야 한다는 생각, 나아가 깨달음을 성취하여 모든 제약에서 해탈하겠다는 이 생각마저도 제약입니다.

생각은 허공 가운데에서 일어난 뜬구름처럼 아무런 실체가 없는 환영과 같습니다. 따라서 생각에서 비롯된 제약에서 벗어나는 길은 생각을 대상으로 어떤 행위를 함으로써가 아닌, 그 생각의 본질 자체를 꿰뚫어 봄으로써 가능합니다. 즉 모든 생각이 환영에 불과함을 깨달을 때 본래 모든 제약에서 자유롭습니다.

바로 지금 여기, 언제 어디서나 변함없이 존재하는 것만이 진실입니다. 모든 현상의 배경, 모든 작용이 드러나는 바탕, 모든 운동이 일어나는 텅 빈 공간, 대상이 없는 순수한 존재의 느낌, 비인격으로서의 '나' 있음의 느낌이 그것입니다. 너무나 당연하고 자연스럽고 투명한 느낌, 느낌 없는 그 텅 빈 느낌입니다.

아무것도 아닌 그것이 모든 것입니다. 모든 것의 실체가 아무것도 아닌 그것입니다. 그것은 청정하고 순수하지만, 그런 표현마저 오염입니다. 그것은 고요하고 평화롭지만, 그런 생각마저 불필요한 소음입니다. 그것은 완전무결하고 충만하지만, 그런 관념마저 군더더기에 불과합니다.

아무것도 필요하지 않고 어떤 것도 부족하지 않습니다.

12.

"보고 듣고 냄새 맡고 맛보고 느끼고 말하고 움직일지라도 위대한 영혼은 억지로 애쓰려 하지도 않고, 애쓰지 않으려 하지도 않는다. 그는 진실로 자유롭다."

진리는 말 그대로 참된 이치입니다. 진리는 자연, 곧 저절로 그러함입니다. 진리는 현실, 지금 이와 같이 눈앞에 실제로 드러나 있는 것입니다. 진리는 당연, 마땅히 그러함입니다. 진리는 보편, 두루 편재함입니다. 진리는 자유, 스스로 말미암음입니다. 진리는 평등, 차별 없이 고르고 한결같음입니다.

따라서 진리는 바로 지금 여기 이것입니다. 진리는 나 자신입니다. 진리는 모든 것입니다. 진리는 따로 없습니다. 그러므로 진리는 자아의 의도, 목적, 득실, 성패, 생사 따위와는 무관합니다. 그러므로 애를 써서 억지로 할 것도 없을 뿐만 아니라, 하지 못할 것도 없습니다. 그것이 자유입니다.

진리는 진리인 것과 진리 아닌 것으로 나뉠 수 없습니다. 진리는 진리가 아니었던 적이 있다가 새롭게 진리가 되는 일 따위가 없습니다. 진리는 진리가 없는 곳에서 진리가 있는 곳으로 나아가는 일 또한 없습니다. 진리가 하나라는 말은 진리라는 대상이 따로 없다는 말입니다. 없지만 있고, 있지만 없습니다.

이것이 진리, 그대 자신, 자유입니다.

13.

"해탈한 사람은 언제 어디서나 욕망에서 자유롭다. 그는 비난하지도 않고 칭찬하지도 않으며, 주지도 않고 받지도 않으며, 기뻐하지도 않고 성내지도 않는다. 그는 언제 어디서나 무심하고 자유롭다."

해탈한 사람은 해탈이라는 관념에서도 해탈할 뿐만 아니라 사람이라는 관념에서도 해탈합니다. 따라서 해탈한 사람은 해탈도 없고 사람도 없습니다. 그것을 일러 해탈한 사람이라고 부를 뿐입니다.

그는 있으면서 없는 존재입니다. 그는 없지만 분명 존재합니다. 이렇게 보고 듣고 느끼고 압니다. 오고 가고 앉고 눕습니다. 말하고 침묵하고 움직이고 멈춥니다. 매 순간순간 오직 그럴 뿐 그 모든 것에 집착하지 않습니다.

그가 경험하는 모든 대상은 그 자신 바깥에 객관적으로 존재하는 것이 아닙니다. 경험의 대상들은 경험하는 자와 둘이 아닙니다. 따라서 경험하는 자에서 해탈하면 경험되는 대상들에서도 해탈합니다.

억지로 하지 않지만 모든 일은 저절로 되어 갑니다. 될 일은 반드시 될 것이고, 안 될 일은 틀림없이 안 될 것입니다. 그저 그럴 뿐입니다. 어떤 목적도, 이유도, 원인도, 의미도 없습니다. 모든 상황은 있는 그대로 옳습니다.

모든 일은 바람결에 허공을 스쳐 지나가는 먼지와 같습니다. 먼지는 바람을 타고 이리저리 떠돌 뿐입니다. 허공은 모든 먼지를 있는 그대로 허용합니다. 오지 못하게 막지 않고, 가지 못하게 잡지 않습니다.

매 순간 분명한 의식 속에서 행동하되 그 순간이 지나면 잊어버리십시오. 결과에 집착하지 말고 그 순간 최선의 선택을 하십시오. 그 다음엔 모든 것을 내버려 두십시오. 거기에 평화로 가는 출입구가 있습니다.

14.

"관능적인 이성의 유혹 앞에서나 자신의 죽음이 다가오는 순간에도 위대한 영혼은 마음이 흔들리지 않고 참나에 안주해 있다. 그는 진실로 자유롭다."

비록 한순간에 진리를 깨닫는다 하더라도 오랫동안 조건화되어 있던 육체적·정신적 습성에서 완전히 자유로워지기는 쉽지 않습니다. 완전한 깨달음이란 말 그대로 그러한 조건화에서 완전히 자유로워지는 것입니다. 자기 자신이 몸과 마음이라는 잘못된 동일시에서 완벽하게 벗어나는 것입니다.

모든 중독에서 벗어나는 과정에 금단 현상이 따르듯이 깨달음의 안목이 성숙해져 가는 과정에도 여러 가지 역기능과 부조화가 따릅니다. 표면 의식 수준의 깨달음이 온 존재 수준, 더 이상 나머지가 없는 하나, 불이(不二)의 지점까지 체화되기까지는 오랜 시간과 노력이 필요합니다.

갓 담근 포도주가 오랜 시간 동안의 숙성을 통해 화학적 변화를 겪으며 맛과 향이 짙고 깊어지는 것처럼, 한순간 문득 깨달은 지혜가 오랜 세월 동안의 탐구와 관찰을 통해 이상(理)과 현실(事)의 괴리 없이 원만하게 성숙되어야 합니다. 어떤 의미에서 그러한 과정 자체가 진정한 깨달음입니다.

깨달음의 체험 이후에 자기 자신을 제한했던 잘못된 정체성의 경계선을 하나하나 발견하고 지워 나가는 과정이 있습니다. 한 개인이라는 정체성과 불가분의 관계인 미세한 에고 의식과 해소되지 않고 억눌려 있던 정서와 욕망들이, 음습한 곳에서 자라던 곰팡이처럼, 깨달음의 빛에 서서히 사라지게 됩니다.

15.

"그러한 사람에게 행복과 불행, 남자와 여자, 성공과 실패는 서로 다른 것이 아니다. 그는 모든 것을 평등하게 본다."

여러분이 진실로 경험하는 것은 무엇인가요?

예를 들어, 화단에 핀 장미꽃의 은은한 향기를 느끼며 꽃잎을 만진다고 할 때, 여러분이 진실로 경험하는 것은 무엇인가요?

장미꽃이라는 시각 대상, 꽃향기라는 후각 대상, 꽃잎의 느낌이라는 촉각 대상과 같이 서로 다른 대상을 경험하는 것일까요?

꿈속에서도 우리는 이와 동일한 경험을 합니다. 그러나 꿈에서 깨고 보면 경험하는 '나'와 그 모든 경험 대상이 결국은 꿈, 의식 하나였습니다.

마찬가지로 지금 장미꽃을 보고, 향기를 맡고, 꽃잎의 촉감을 느끼는 '나'나, 그에 의해 보이는 장미꽃, 맡아지는 꽃향기, 느껴지는 꽃잎의 촉감 모두 결국은 의식일 뿐입니다.

꿈에서처럼 동일하고 단일한 의식이 주관과 객관으로 나뉘어 자기가 자기를 경험하고 있는 것일 뿐입니다. 이 의식을 벗어나 객관적이고 독자적으로 존재하는 '나'나 대상은 없습니다.

무엇이 존재한다면 그것은 결국 의식에 의해 의식된 의식 대상일 뿐입니다. 온갖 차별 현상, 온갖 대상은 겉으로 보기에는 서로 다른 것 같지만 결국 동일하고 단일한 의식의 변형, 의식 자체일 뿐입니다.

따라서 이 진실에 사무친 사람은 상대성 가운데 절대성을, 다양성 가운데 동일성을, 차별성 가운데 평등성을 발견합니다. 그러한 사람은 선택을 해도 선택한 것이 아니고, 분별을 해도 분별을 한 것이 아닙니다.

행위 하는 자와 그 행위의 대상은 물론, 행위와 행위의 과보가 모두 동일하고 단일한 바로 이 의식입니다. 행위 했지만 진실로 행위 한 자도, 행위 한 바도 없기 때문에 업(業)이 되지 않습니다.

그것이 자유, 곧 해탈입니다.

16.
"이 세상에 대한 집착에서 자유로운 사람은 공격적이지도 않고 순종적이지도 않으며, 자만하지도 않고 겸손하지도 않으며, 놀라지도 않고 불안해하지도 않는다."

바로 지금 여기 이 순간 한 생각 일어나기 이전에는 아무 일이 없습니다. 그러나 아무 일이 없다는 이 말조차 한 생각 일어난 것이므로 벌써 커다란 일, 큰 허물이 되어 버렸습니다.

생각은 언제나 진실보다 한 발짝 늦습니다. 진실은 항상 생각보다 한 발짝 앞서 있습니다. 생각이 진실을 따라잡을 수 있는 유일한 길은 스스로를 멈추고 쉬는 것입니다.

반드시 한 번은 이 진실, 생각이 아닌 자리에 도달해야만 합니다. 이 진실을 맛보고, 스스로가 이 진실임을 실감해야 합니다. 새롭지만 낯설지 않은 이 진실의 자리를 스스로 발견해야 합니다.

그래야만 생각하면서도 생각이 없는 자리, 분별하면서도 분별이 안 되는 자리에 서서히 익숙해져 갑니다. 미세한 분별 망상들이 조금씩 떨어져 나가면서 100% 순수한 진실, 진실 하나만 남게 됩니다.

시간이 지날수록 현상의 변화와 무관한 평화, 고요, 지복을 감지하게 됩니다. 때로는 미세하게 때로는 강렬하게 모든 것이 바로 지금 여기 있는 이대로의 자기 존재임을 확신하게 됩니다.

어떤 것도 욕망하지 않지만, 또한 어떤 것도 거부하지 않게 됩니다. 매 순간 모든 것이 옳고 마땅합니다. 모든 것을 있는 그대로 내버려 둔 채 인연에 맡길 뿐입니다. 내가 해야 할 일은 아무것도 없습니다.

그것이 자유, 곧 해탈입니다.

17.

"해탈한 사람은 감각의 만족을 혐오하지 않으며 갈망하지도 않는다. 그는 무심한 가운데 성취함과 성취하지 못함 사이에서 줄곧 자기 자신을 즐긴다."

그대는 언제나 그대 자신입니다.
그대는 영원히 그대 자신일 뿐입니다.
바로 지금 여기 이 순간 실재하는 것이 바로 그대 자신입니다.

어떤 대상, 어떤 느낌, 어떤 감정, 어떤 생각이 지각되든, 그 모든 경험이 곧 그대 자신입니다. 대상, 느낌, 감정, 생각들은 끊임없이 나타났다 사라집니다. 그러나 그대 자신은 그 대상, 느낌, 감정, 생각들의 출몰과 상관없이 항상 바로 지금 여기 이 자리에 실재합니다. 하지만 대상, 느낌, 감정, 생각들의 출몰을 떠나서 따로 그대 자신이 존재하는 것 역시 아닙니다.

하나의 몸과 마음이 아니라, 그것 또한 하나의 대상으로 지각하고 있는 것이 진정한 그대 자신입니다. 순수한 앎의 성품, 텅 비었으나 깨어 있는 의식, 아무 내용이 없는 자각, 언제나 변함없는 존재함의 느낌, 바로 지금 눈앞의 이것이 진정한 그대 자신입니다. 이 허공 같은 바탕에서 모든 현상들은 나타났다 사라지고, 다시 또 나타났다 사라지지만 그 바탕은 그대로 여기 남아 있습니다.

그대 자신은 새롭게 알아야 할 대상이 아닙니다. 그대 자신은 대상이 아니기 때문에 상대적으로 알 수는 없습니다. 그대 자신은 대상이 아니기 때문에 절대적으로 모를 수도 없습니다. 너무나 확실히 알고 있기 때문에 마치 전혀 모르는 것 같은 느낌이 들 뿐입니다. 그 느낌의 실체는 텅 비었으나 깨어 있는 의식, 언제나 변함없이 바로 지금 여기 존재함의 느낌입니다.

그대는 언제나 그대 자신입니다.
그대는 영원히 그대 자신일 뿐입니다.
바로 지금 여기 이 순간 실재하는 것이 바로 그대 자신입니다.

18.

"텅 빈 마음으로 절대적인 상태에 확고하게 머물러 있는 사람은 내면의 고요함과 고요하지 못함, 선과 악 등의 양자택일을 넘어서 있다."

텅 빈 마음은 결코 경험할 수 없습니다. 경험했다면 그것은 텅 빈 것이 아니기 때문입니다. 절대적 상태 역시 그렇습니다. 절대적 상태임을 안다면 그것은 상대적 분별이지 결코 절대적 상태일 수 없기 때문입니다.

언어, 개념은 진실이 아니라 진실을 가리키는 화살표에 불과하다는 사실을 잊지 마십시오.

텅 빈 마음은 바로 지금 이 순간의 이 마음입니다. 이러한 말을 듣고 '바로 지금 이 순간의 이 마음'을 찾는다면 이미 그러한 마음으로 가득 찬 마음일 뿐입니다. 말과 개념을 도약대로 삼아 허공으로 몸을 던져야 합니다.

절대적 상태는 바로 지금 있는 이대로의 이것입니다. 이러한 말을 듣고 '바로 지금 있는 이대로의 이것'이라는 말과 개념에 머물러 있다면 상대적 분별 속에 있는 것이지, 그 말을 통해 가리키려는 절대적 상태와는 아무 상관없습니다.

"잡고 있는 손을 놔!"라는 말을 듣고 "잡고 있는 손을 놓아야 해, 잡고 있는 손을 놓아야 해!"라고 되뇌기만 한다면 그 말의 참뜻을 알아듣지 못한 것입니다. 그냥 손을 놓기만 하면 됩니다. 진정한 이해는 행동입니다.

"바로 지금 이것이다!"라는 말 또한 마찬가지입니다. 아무리 "바로 지금 이것! 바로 지금 이것!" 하고 말을 곱씹고 그 말이 가리키려는 바를 찾으려 한다면 그 말의 참뜻을 알아듣지 못한 것입니다. 그냥 바로 지금 이것입니다!

말을 통해 말을 넘어서고, 개념을 통해 개념을 벗어나야 합니다.

마음을 비우면 그것이 바로 절대적 상태, 바로 지금 이것입니다. 이것은 아는 것이 아닙니다. 그렇다고 모르는 것도 아닙니다. 경험할 수도 없지만, 경험하지 않을 수도 없습니다. 이것은 그러한 모든 상대적 분별을 넘어서 있습니다.

바로 지금 이것입니다!

19.

"'나'와 '내 것'이라는 생각에서 자유롭고, 아무것도 존재하지 않는다는 사실을 절대적으로 확신하며, 내면에서 모든 욕망이 사라진 사람은 행위 하는 가운데서도 행위 하지 않는다."

겉으로 보기에 존재하는 것 같은 '세상'은 나와 상관없이 객관적으로 존재하지 않습니다. 존재한다는 것은 결국 감각 지각과 인식의 결과물일 뿐이기 때문입니다. 눈에 보이는 '세상'이 내 바깥에 독립적으로 실존하는 것이 아니라, 그것을 보고 아는 나의 의식을 벗어나 따로 있지 않다는 말입니다.

그리고 그러한 감각 지각과 인식의 주체인 '나' 역시 또 다른 감각 지각과 인식의 대상일 뿐입니다. 감각 지각과 인식을 떠나서 '나'의 존재 역시 드러날 수 없기 때문입니다. 그렇다면 감각 지각과 인식은 무엇일까요? 그것이 '나'와 '내 것'이 아니라면 그것은 무엇일까요?

이 지점에서 생각의 내용은 없지만 텅 빈 채로 생생하게 살아 있는 의식 자체를 곧장 체험한다면, 의문에 대한 해답을 구하는 행위가 멈춰지고 단지 의문이 사라진 상태를 직접 맛본다면, 그대는 바로 지금 이것을 아는 바 없이 알게 되고, 맛보는 바 없이 맛보게 될 것입니다.

270

'나'와 '내 것', 그리고 눈에 보이는 이 현실 '세상'이 있는 그대로 존재하지만 존재하지 않는 것이며, 존재하지 않지만 분명히 있는 그대로 존재하는 것임을 깨달을 것입니다. 삶은 명백한 진실이자 거대한 환영이며, 거대한 환영이면서 유일한 진실입니다.

매 순간 존재하지만 존재하지 않는 '나'가 존재하지 않지만 존재하는 '세상' 가운데 쉼 없이 행위 하고 살아가지만 어디에도 그 흔적은 남아 있지 않습니다. '나'의 행위는 '나'의 행위가 아니라 전체인 행위, 그 자체가 전체적인 작용인, 거대한 행위 가운데 일부일 뿐입니다.

천차만별로 분열된 현상 세계가 그대로 아무런 분리가 없는 전체로서의 의식, 바로 지금 여기 이 존재, 이 상태, 이 경험입니다. 아무런 실체는 없지만 분명 작용하고 있는 것입니다. 분명히 작용하지만 아무런 실체가 없는 것입니다. 이것은 불가사의한 신비입니다.

20.

"생각하는 마음이 녹아 사라진 사람은 형언할 수 없는 상태를 성취한다. 그는 망상과 꿈, 무지의 정신적 투사에서 자유롭다."

모든 모양은 모양 없는 것을 통해 드러납니다. 모든 소리는 소리 없는 것을 통해 드러납니다. 모든 냄새는 냄새 없는 것을 통해 드러납니다. 모든 맛은 맛 없는 것을 통해 드러납니다. 모든 느낌은 느낌 없는 것을 통해 드러납니다. 모든 생각은 생각 없는 것을 통해 드러납니다.

바로 지금 모든 모양, 소리, 냄새, 맛, 느낌, 생각이 그대로 모양 없고, 소리 없고, 냄새 없고, 맛 없고, 느낌 없고, 생각 없는 것입니다. 모든 모양, 소리, 냄새, 맛, 느낌, 생각이 그대로 모양 없고, 소리 없고, 냄새 없고, 맛 없고, 느낌 없고, 생각 없는 것으로 녹아 사라집니다.

어떤 분별, 어떤 판단, 어떤 지각, 어떤 인식, 어떤 묘사, 어떤 파악도 불가능한 것이 바로 지금 이 모양 없고, 소리 없고, 냄새 없고, 맛 없고, 느낌 없고, 생각 없는 이것입니다. 이것은 형언할 수 없는 실재입니다. 하나의 대상이 아닌 전체로서 드러나 있기 때문에 결코 상대적으로 알 수는 없습니다.

이 형언할 수 없는 것, 구체화할 수 없는 것을 깨달은 사람은 차차 깨달은 자도, 깨달은 것도 모두 사라지고, 나머지가 없는 분명한 앎, 완전한 깨달음에 도달합니다. 더 이상 알고 모름, 있고 없음, 살고 죽음과 같은 이원적 분별, 망상, 꿈, 환상, 무지에 속지 않게 됩니다.

그는 언제나 어디서나 있는 이대로 있었고, 있고, 있을 것입니다.

18장

평화

절대적이고, 애쓸 필요 없고,
시간을 초월해 있고,
청정무구한 참나는 어떤 제한도
없을 뿐만 아니라
그대에게서 조금도 떨어져 있지 않다.
그대는 항상 그것이다.

1.

아쉬타바크라가 말했다.

"지복 그 자체인 그것, 본래 고요하고 빛나는 그것, 그것을 앎으로 인해 이 세상이 꿈임을 드러내는 그것을 찬양하라."

다만 이것을 깨달으십시오.

이것을 진정 깨달았다면, 이것을 깨닫는 일이 따로 없음을 분명히 깨달았을 것입니다. 새롭게 발견해야 하거나 알아야 하거나 체험해야 하는 일 따위가 없습니다. 바로 지금 당장 있는 이대로의 이것일 뿐입니다. 이미 충분히 발견했고, 너무나 완벽하게 알고 있고, 아무 모자람 없이 체험하고 있는 이것일 뿐입니다.

역설적이게도, 이것을 발견하려 하고 알려 하고 체험하려는 의도, 움직임, 분별, 망상이 이미 충분히 발견했고, 너무나 완벽하게 알고 있고, 아무 모자람 없이 체험하고 있는 이것을 스스로 깨닫지 못하게 만들고 있습니다. 무언가 따로 얻어야 할 것이 있는 것 같은 그 마음이 본래 없는 무언가를 있는 것처럼 만들 뿐입니다.

차라리 마음을 텅 비우고 쉬는 것이 나을지 모릅니다. 더 이상 오고 가는 마음의 대상에 주의를 기울이지 않고 마음이 저 혼자 가만히 있을 때, 비로소 어떤 것에도 의지할 필요 없는 자기 충족적인 무언가, 저 홀로 빛나고 스스로 고요한 무언가가 드러날 수 있을지 모릅니다. 스스로 망각하고 있던 바로 지금 이것을 깨달을지 모릅니다.

다만 그것을 깨달으십시오.

2.

"여러 가지 즐거움의 대상을 얻음으로써 모든 쾌락을 누릴 수 있겠지만, 그 모든 것을 포기하기 전까지는 진실로 행복할 수 없으리라."

쾌락에 대한 갈망과 불쾌에 대한 혐오는 자아라고 하는 환상적 존재에서 비롯되는 마음의 움직임입니다. 환상적 존재, 곧 허상인 자아는 자신의 존재감을 확인하기 위해 끝없이 분별하고 판단하고 행위 합니다.

즉 자신은 분별하는 자, 판단하는 자, 행위 하는 자가 되어 분별과 판단, 행위의 대상이 되는 것과의 상대적 관계를 통해 마치 고정 불변하는 자아가 존재하는 듯한 착각을 만들어 냅니다.

정말 심각한 문제는, 허구적인 존재인 자아가 자신이 주관과 객관이라는 관계성에서 비롯된 한낱 환상, 허상에 불과하다는 사실을 망각하고 스스로를 실체라 의심치 않는다는 사실입니다.

모든 현상은 어떤 고정된 실체 없이 끊임없이 무상하게 변해 가는데, 자아는 자기 자신을 고정불변한 존재라 착각하고 있습니다. 그렇기 때문에 우리 삶에는 끝없는 불만족, 불안, 고통과 괴로움이 있는 것처럼 보이는 것입니다.

삶은 거대한 흐름, 과정, 변화인데 자아는 자기 자신이 그 흐름, 과정, 변화 바깥에 있는 것처럼, 그래서 모든 현상을 객관화, 대상화함으로써 자신 역시 독립적으로 존재하는 개체인 것처럼 여깁니다. 그것이 망상입니다.

끝없는 흐름, 변화의 과정 가운데 자아는 어떤 인연은 갈망하고 어떤 인

276

연은 혐오함으로써 만족, 행복을 얻으려 합니다. 그러나 어떤 갈망도 영원히 충족되는 법이 없고, 아무리 혐오해도 피할 수 없는 상황이 있기 마련입니다.

갈망과 혐오가 있기 때문에 불만족과 고통이 있습니다. 갈망과 혐오는 자아라는 독립된 실체가 있다는 착각에서 비롯되었습니다. 자아가 환상적 존재임이 밝혀질 때, 갈망과 혐오, 불만족과 고통 역시 그러하다는 사실이 밝혀집니다.

자아 탐구, 그 길만이 갈망과 혐오, 불만족과 고통을 넘어서 영원한 행복에 이르는 길입니다. 주체와 객체의 관계성 속에서 일어난 감각과 지각, 인식의 게임을 멈추십시오. 그리고 감각과 지각, 인식 그 자체를 탐구하십시오.

감각의 대상이 아니라 감각하는 자, 감각 그 자체를 감각하십시오. 지각의 대상이 아니라 지각하는 자, 지각 그 자체를 지각하십시오. 인식의 대상이 아니라 인식하는 자, 인식 그 자체를 인식하십시오.

어떤 것도 감각되거나 지각되거나 인식되지 않을 것입니다. 그러나 바로 그렇게 아무것도 감각, 지각, 인식되지 않는다는 텅 빈 감각과 지각, 인식이 있습니다. 내용이 없는 순수한 감각, 순수한 지각, 순수한 인식이 있습니다.

거기에 가만히 머물러 있으십시오. 그러면 어느 순간 그것을 탐구하는 자아 역시 그것임을, 일체가 그것 자체임을 깨닫게 될 것입니다. 모든 것은 그것에서 비롯되었으며, 그것은 모든 것으로 스스로를 드러내고 있음을 깨달을 것입니다.

3.

"여전히 해야만 할 일이 있다는 생각의 맹렬한 불꽃에 마음을 덴 사람에게 적정(寂靜)의 감로수가 비처럼 쏟아지지 않는다면 어떻게 행복이 있을 수 있겠는가?"

어제 눈앞에 있던 형상은 오늘 더 이상 눈앞에 있지 않습니다. 어제 귓가에 들리던 소리는 오늘 더 이상 귓가에 들리지 않습니다. 어제 코끝에 맴돌던 향기는 오늘 더 이상 코끝에 맴돌지 않습니다. 어제 혀끝으로 본 맛은 오늘 더 이상 혀끝에 남아 있지 않습니다. 어제 몸에서 느껴지던 감각은 오늘 더 이상 몸에서 느껴지지 않습니다. 어제 사로잡혀 있던 생각은 오늘 더 이상 마음에 머물러 있지 않습니다.

모든 대상은 와서 잠시 머물다가 변하여 사라집니다. 모든 경험은 생겨나서 잠시 유지되다가 변하여 없어집니다. 그러나 모든 대상, 모든 경험을 목격하고 경험하는 '그것', 참나는 어디서 오는 것도, 새롭게 생겨나는 것도 아닙니다. 그것은 언제나 바로 지금 여기 이 순간 변함없이 있습니다. 그것은 순수한 존재, 모든 대상이 경험되는 배경으로서의 공간과 같습니다. 그것은 이미 저절로 이렇게 있습니다.

이것을 찾기 위해, 얻기 위해, 만들기 위해 해야 할 일은 아무것도 없습니다. 오히려 이것을 찾고 얻고 만들어 내려는 그 추구와 노력이 이미 이렇게 온전히 주어져 있는 이것을 보고 경험하고 깨닫지 못하게 만드는 장애물입니다. 멈추십시오. 움직이지 마십시오. 고요하십시오. 가만히 있으십시오. 존재를 허락하십시오. 오고 가는 것은 그냥 내버려 두십시오. 어떤 것도 취하지도 말고 버리지도 마십시오.

바로 그것입니다. 멍한 무의식 상태도 아니고, 의식 대상을 좇느라 들뜬 상태도 아닌, 특별한 내용 없이 활짝 열려 있는 자연스러운 의식(존재)의 상태. 어제도 그 바탕(배경, 공간, 의식)에서 모든 대상을 경험했고, 오늘도 바로 그 바탕(배경, 공간, 의식)에서 모든 대상을 경험하고 있습니다. 바로 지금 이렇게 이 글을 읽고 있는 그것입니다. 맑은 거울처럼 모든 경험의 대상을 비추고 있습니다. 어떤 분리도 없는 경험 그 자체입니다.

이 적정(寂靜)의 공간, 텅 빈 알아차림의 공간 속에서 느낌이, 감정이, 생각이 오고 갑니다. 분별과 판단이 생겨났다 사라집니다. 그러한 의식의 내용에 주의가 쏠리는 순간, 이 고요와 평화는 우리의 주의를 끄는 의식의 내용 뒤로 감춰져 버리고, 쉼 없이 왔다 가고 일어났다 사라지는 의식 대상들의 소란스러움에 휩쓸려 들고 맙니다. 이 적정, 고요와 평화를 잃어버린 듯한 느낌에 그것을 구하는 마음이 불같이 일어납니다.

불에 기름을 붓듯, 그 구하는 마음이 더욱 마음을 소란스럽게 만들고, 마음이 소란스러울수록 더욱 적정, 고요와 평화를 구하게 되고…. 무언가를 해야 한다는, 무언가를 찾아야 한다는, 무언가를 얻어야 한다는 생각의 맹렬한 불길에 구도자의 내면은 처참한 화상을 입게 됩니다. 참된 적정, 진정한 고요와 평화의 감로수가 아니고서는 그 상처를 치유할 수 없습니다. 그러나 그 감로수는 바깥에 있지 않습니다. 그대가 바로 그것입니다.

몸과 마음도 바로 지금 여기 이 적정의 공간, 고요와 침묵인 순수한 의식 위에 드러난 대상입니다. 진정한 그대 자신은 아무 내용이 없는 의식, 텅 빈 알아차림의 성품, 영원한 존재 그 자체입니다. 선과 악, 행복과 불행, 옳고 그름과 같은 상대적 분별을 모두 포함하면서도 그것들을 모두 초월해 있는 절대입니다. 한번 맛보면 영원히 목마르지 않는 감로수, 불사(不死)의 영약(靈藥)이 바로 그대 자신입니다.

자기 자신을 맛보십시오.

4.
"이 우주는 단지 의식 속 하나의 생각일 뿐이다. 실제로는 그것은 공(空)이다. 존재와 비(非) 존재의 참된 본성을 보는 자는 결코 존재하기를 멈추지 않는다."

생각을 통하지 않고 존재할 수 있는 물건이 이 우주 가운데 하나라도 있습니까?

예를 들어 '내가 있다.'는 것은 보고 듣고 느끼고 아는 감각 지각과 생각의 결합을 통해 내린 분별, 판단입니다. 무엇이 '있다'거나 '없다'라고 하려면 반드시 이렇게 감각 지각을 통한 인식과 생각을 통한 판단과 분별을 거쳐야만 합니다.

따라서 모든 존재하는 것과 존재하지 않는 것의 본질은 간단히 말해 생각, 곧 의식일 뿐이며, 그 생각, 의식의 본질은 공(空)입니다. 의식은 아무것도 아닌 것입니다. 있지도 않지만 없지도 않은 것입니다. 분명 살아서 작용하고 있지만 실체는 없습니다.

'내가 있다.'라는 생각도 의식입니다. '내가 없다.'는 생각도 의식입니다. '있다'의 배경에도 이 의식이 있고, '없다'의 배경에도 이 의식이 있습니다. 바로 지금 그대의 눈앞에 있는 것이 이 의식입니다. 아무것도 아닌 이 의식이 모든 현상으로 이렇게 드러나 있습니다.

이 의식이 존재와 비-존재의 목격자, 보는 자입니다. 보는 자는 모든 것을 보고(의식하고) 있지만 자기 자신은 보이지(의식되지) 않습니다. 이 의식은 존재와 비-존재, 유(有)와 무(無)를 초월해 항상 존재하는 것입니다. 그대의 진정한 본성이 바로 이 의식입니다.

그대가 그것입니다.

5.

"절대적이고, 애쓸 필요 없고, 시간을 초월해 있고, 청정무구한 참나는 어떤 제한도 없을 뿐만 아니라 그대에게서 조금도 떨어져 있지 않다. 그대는 항상 그것이다."

그대의 삶의 경험 가운데 결코 부재한 적이 없는 것은 무엇인가요?

조금 전의 경험은 지금 사라지고 없습니다. 그리고 지금 새로운 경험 역시 왔다 잠시 머무는 듯하더니 다시 사라집니다. 그러나 그 매 순간 결코 빠짐없이 존재하는 것은 무엇일까요?

바로 지금 여기 이 글을 경험하고 있는 이것은 무엇일까요?

어떤 소리가 들린다면 그 소리를 지각하고 있는 그것은 무엇일까요? 어떤 감각이 느껴진다면 그 감각을 알아차리고 있는 그것은 무엇일까요? 이 글을 보고 한 생각이 일어난다면 그 생각은 어디에서 일어나고 있나요?

그 모든 경험은 왔다가 가고 일어났다가 사라집니다. 그러나 바로 지금 여기 이 순간 여전히 변함없이 있는 것은 무엇일까요? 이것은 무엇일까요? 지금 '이', '것' 하고 있는 그것 말입니다.

그대 평생의 경험과 늘 함께 하고 있었지만 그 경험의 내용에 물들지 않은 그것 말입니다. 그대 자신의 존재 역시 그 가운데 경험되는, 언제나 바로 지금 여기에 있음 말입니다. 너무나 자연스러운 이 자각의 성품 말입니다.

아무런 속성 없이 텅 빈 듯하지만 모든 현상을 차별 없이 수용하고 있는 이 눈앞의 의식 공간 말입니다. 마치 영화가 투영되는 스크린과 같은 모든 경험의 기저배경, 바탕으로서의 이 순수한 의식 말입니다.

그대의 참나, 언제나 그것인 이것 말입니다.

6.

"간단히 망상을 제거하고 참나를 알아차림으로써 그의 시야가 구름 걷히듯 한 이들은 모든 고통을 즉각 떨쳐 버린다."

그대는 존재(의식)하고 있습니까?

이 질문에 대한 답변은 어떤 생각을 일으켜 언어화하기 이전에 이미 주어져 있지 않나요? '나는 존재(의식)하고 있다.'라고 말하기 이전에 생생한 체험으로 이미 그대는 존재하고 있고, 의식하고 있지 않았습니까? 자기 자신의 존재(의식)를 객관화(상대화)할 필요가 있습니까? 그대의 존재(의식)는 절대적으로 자명한 진리입니다.

이 절대적으로 자명하고 확고한 그대의 존재(의식, 현존, 알아차림) 안에서 모든 현상(느낌, 감정, 생각)이 떠올랐다가 다시 그 안으로 사라집니다. 그 오고 가는 대상들의 본질 역시 그대 자신의 존재(의식, 현존, 알아차림)의 또 다른 모습일 뿐입니다. 그래서 어떤 전통에서는 망상 번뇌의 성품이 그대로 깨달음의 성품이라고 합니다.

망상 번뇌는 오고 가지만 그것에 대한 의식(알아차림, 자각)의 성품은 언제나 바로 지금 여기 그대 자신의 본질로서 변함없이 있습니다. 바로 지금 어떤 소리가 들리고, 어떤 느낌이 느껴지고, 어떤 생각이 떠오른다면 그것에 대한 의식(알아차림, 자각)의 성품이 멀쩡하게 있다는 증거입니다. 이 의식(알아차림, 자각)의 성품은 버릴 수가 없는 것입니다.

이 없는 것 같은데 있는 것, 대상화할 수 없는데 부정할 수 없는 것에 머물러 보십시오. 어떤 느낌이나 감정, 생각에도 머물지 않는 것이 이것에 머무는 방법입니다. 주관과 객관의 거리가 사라질 때, 그대가 이것과 하나가 될 때, 그대가 이미 바로 그것 자체였음을 실감나게 깨달을 것입니다. 눈앞이 분명해지면서 커다란 안식을 얻을 것입니다.

이것은 모든 말과 개념 너머의 실재(실체)입니다.

7.
"모든 것은 그저 허상일 뿐이며 참나는 영원히 자유로움을 알게 되면, 현명한 사람은 어린아이처럼 살아간다."

바로 지금 여기 이렇게 존재하고 있음, 의식하고 있음, 자각하고 있음을 떠나서 존재하고 의식되고 자각되는 대상은 하나도 없습니다. 심지어 그러한 대상들의 부재마저 이러한 존재-의식-자각을 통해 존재하고, 의식되고 자각되고 있습니다. 모든 것은 바로 이 존재-의식-자각일 뿐입니다.

이 존재-의식-자각이 바로 진정한 그대 자신, 참나입니다. 이 존재-의식-자각은 시간을 초월하여 언제나 바로 지금 여기 이렇게 살아 있습니다. 이것은 모든 대상의 실존과 부재, 그 관계 사이에서 벌어지는 온갖 사건들의 근본 바탕이지만 그 어떤 것에도 얽매이지 않고 자유롭습니다.

마치 말과 개념에 사로잡히지 않은 어린아이의 상태와 같습니다. 마음이 순수한 어린아이들은 과거와 미래에 얽매임 없는 바로 지금 여기 이 순간, 시간을 벗어난 영원을 살고 있습니다. 그들은 경험하는 자와 경험되는 대상으로 나뉨 없는 생생한 생명력 그 자체를 경험하고 있습니다.

자기가 자기를 맛보고, 자기가 자기를 즐기는 셈입니다. 아무리 맛보고 아무리 즐겨도 조금도 권태롭거나 싫증나지 않습니다. 분리와 분열이 없는 자기 충족감, 나머지가 없는 충만함으로 생명이 약동할 뿐입니다. 오, 이 존재, 이 의식, 이 자각, 이 생명! 참나는 바로 지금 여기 이렇게 있습니다.

8.

"그 자신이 절대임을 확실히 알고, 존재와 비-존재가 오직 허상일 뿐임을 알았다면, 아무런 욕망이 없는 그에게 배우고 말하고 행해야 할 것이 뭐가 있겠는가?"

바로 지금 있는 그대로의 그대 자신이 유일무이한 절대 그 자체입니다. 그대는 모든 경험의 유일한 목격자, 어떤 경우에도 부재하거나 회피할 수 없는 필수불가결의 기반입니다. 모든 대상이 그대에게 의존해 있지만, 그대 자신은 어디에도 의지해 있지 않습니다.

어떤 것이 존재하려면 먼저 그대 자신부터 존재해야 합니다. 어떤 것이 부재하려 해도 그 이전에 그대 자신이 현존해야만 합니다. 심지어 '내가 사라지고 없다'는 경험의 밑바탕에도 결코 없을 수 없는 그대 자신이 있습니다. 그대는 자유, 자재, 자존, 자립의 존재 그 자체입니다.

이 진실은 이해하거나 경험하거나 검증할 수 있는 상대적인 사실이 아닙니다. 어떤 수행이나 노력을 통해서 발생하거나 획득하거나 강화시킬 수 있는 그대의 속성이 아닙니다. 그대는 그대 자신에게 조금도 더 가까이 다가갈 수도 없고 조금도 더 멀리 떨어질 수도 없습니다.

오히려 이것을 이해하고 경험하고 검증하려는 그 노력이 이 진실을 가리는 장애물입니다. 모든 수행과 노력을 포기하십시오. 완전히 멈추고 그저 존재하는 것을 허용하십시오. 어떤 것도 배울 것 없고, 어떤 것도 성취할 것 없고, 어떤 것도 말할 것이 없습니다.

그러할 때 모든 것은 이미 완전하게 이루어져 있음을 깨달을 것입니다. 이미 도달해 있었고, 이미 완성되어 있었습니다. 무슨 일이 있더라도 그대는 언제나 순전한 그대 자신일 뿐입니다. 그대는 아무 속성이 없는 텅 빈 존재, 순수한 의식, 시공을 벗어난 생명 그 자체, 절대입니다.

9.
"모든 것이 참나임을 깨달아 침묵하게 된 요기에게 '나는 이것이다.'라거나 '나는 저것이다.'와 같은 생각들은 자취를 감춘다."

'모든 것이 참나이다.'라는 말을 하나의 생각으로 받아들인다면 '나는 이것이다.'라거나 '나는 저것이다.' 따위와 같은 또 다른 망상에 불과합니다.

'모든 것은 참나이다.'는 겉으로 보기엔 천차만별의 현상 전체가 오직 '바로 지금 이것'뿐이라는 말입니다. 바로 지금 그대가 존재한다는 느낌입니다.

어떤 대상에 대한 판단, 분별도 바로 지금 그대가 존재한다는 느낌, 이 현존하는 의식의 다른 모습일 뿐입니다. 이것만이 유일한 것입니다.

바로 지금 그대 자신의 느낌을 느껴 보십시오. 어떤 느낌이 있습니까? 그리고 그대 바깥의 어떤 대상의 느낌을 느껴 보십시오. 어떻습니까?

그대 자신의 느낌과 대상의 느낌은 다를 수 있지만 그 두 가지 느낌을 느끼는 그것, 느끼는 자, 경험하는 자, 그 의식, 그 자각은 같지 않습니까?

어떤 것을 지각하든 결국 이 느낌, 이 의식, 이 자각 위에 나타났다 사라지지 않습니까? 그러나 이 존재의 느낌, 의식, 자각은 언제나 그대로 아닙니까?

이 존재의 느낌, 순수한 의식, 텅 빈 자각은 언제나 바로 지금 여기 있습니다. 아무런 실체는 없지만 분명 실존하고 있습니다. 이렇게 살아 있습니다.

이 존재의 느낌, 순수한 의식, 텅 빈 자각 때문에 우리의 몸과 마음뿐만 아니라 객관 세계가 엄밀히 존재하는 것처럼 느껴질 뿐입니다.

나와 세계의 본질이 바로 이 존재의 느낌, 순수한 의식, 텅 빈 자각, 곧 참나입니다. 모든 것은 참나일 뿐입니다.

그렇다면 '나는 이것이다.'라는 생각 역시 바로 이 존재의 느낌, 순수한 의식, 텅 빈 자각, 곧 참나이고, '나는 저것이다.'라는 생각 또한 다르지 않습니다.

언제나 동일하고 단일한 이 존재의 느낌, 순수한 의식, 텅 빈 자각, 참나 뿐입니다. 이 사실이 점점 명백해질수록 허다한 망상들은 고요해집니다.

거대한 침묵만이 홀로 밝게 현존하고 있습니다.

10.

"침묵을 발견한 요기는 마음이 산만하지도 않고 하나에 집중되어 있지도 않으며, 앎이 지나치지도 않고 무지하지도 않으며, 즐겁지도 않고 고통스럽지도 않다."

그대 자신의 본질은 침묵입니다. 모든 현상 배후의 고요함입니다. 죽어 있는 정적(靜寂)이 아니라 살아 있는 공(空)입니다.

창밖으로 풀벌레 우는 소리가 들립니다. 이 침묵, 이 고요함, 이 텅 빔 속(위)에서 이 침묵, 이 고요함, 이 텅 빔을 드러내고 있습니다.

하나의 생각이 내면의 목소리로 나타납니다. 역시 이 침묵, 이 고요함, 이 텅 빔 속(위)에서 이 침묵, 이 고요함, 이 텅 빔을 드러내고 있습니다.

이 침묵, 이 고요함, 이 텅 빔은 언제나 바로 지금 여기 있습니다. 모든 현상의 본질이 바로 그것입니다. 그대가 바로 그것 자체입니다.

이 침묵, 이 고요함, 이 텅 빔에 머무십시오. 다시 느낌과 감정, 생각을 따라 방황하지 마십시오. 그저 멈추고 가만히 있어 보십시오.

모든 상대적 차별이 녹아든 이 침묵, 이 고요함, 이 텅 빔을 맛보십시오. 이 평온함, 이 평화로움, 이 살아 있음, 이 깨어 있음을 맛보십시오.

풀벌레 소리는 여전히 창밖에서 울리고, 또 다른 생각이 내면의 목소리로 다시 등장합니다. 언제나 이 침묵, 이 고요함, 이 텅 빔 속(위)에서.

11.

"천상에 있든 빈곤하든, 얻든 잃든, 사람들 사이에 살든 숲 속에 홀로 있든, 조건에서 풀려난 요기에게는 아무런 차이가 없다."

제 스스로 존재하지 못하는 것, 인연에 의지하고 조건에 달린 것, 이전까지는 없다가 생겨나거나 나타났다 사라지는 것, 항상하지 못하고 변화하는 것은 진리, 참나가 아닙니다.

그대 자신의 경험 속에서 언제나 바로 지금 여기 항상 변함없이 있는 것을 찾아보십시오.

몸은 태어나서 성장과 노화의 변화를 겪었습니다. 감각과 감정, 신념과 생각은 수시로 인연 따라, 조건 따라 변합니다. 세계 속의 객관 대상들 역시 시간의 흐름에 따라 무상하게 변화합니다.

그런데 그러한 주관과 객관의 끊임없는 변화에 대한 자각, 앎은 언제 어디서나 동일합니다. 자기 이름을 자각하는 그것, 배고픔을 알아차리는 그것, 자기 자신이 있음을 저절로 아는 그것은 변함이 없습니다.

어릴 때 자기 자신과 세상의 존재를 자각했던 그것이 지금도 똑같이 자기 자신과 세상이 존재함을 자각하고 있습니다. 이것은 너무나 자연스럽고 당연한 존재의 느낌이라 단 한 번도 제대로 탐구하지 않은 유일한 것입니다.

그것이 모든 사람이 스스로를 '나'라고 지칭하는 변함없는 자기 동일성의 근원입니다. 저절로 존재하고 있는 이 의식, 이 생명, 이 자각의 성품입니다. 이것에 모든 신체 감각과 감정, 생각이 의지하고 있습니다.

자나 깨나, 기쁠 때나 슬플 때나, 아플 때나 건강할 때나, 그 서로 다른 상태에 대한 앎, 자각은 동일합니다. 그 앎, 그 자각의 내용들은 생멸 변화하지만 그 앎 자체, 자각 자체는 아무 변함이 없습니다.

어디에도 의지함 없이, 어떤 인연과 조건에 매임 없이, 스스로 밝고 스스로 분명한 이 자각의 성품, 어떤 속성은 없지만 살아서 작용하고 있는 이 무형상의 무엇을 이름하여 참나라 합니다.

이 진실에 눈을 뜬 이에게 모든 상대적 차별은 의미가 없습니다. 결국 모든 것은 이 참나, 이 자각 안에서 이 참나, 이 자각이 벌어지는 변화와 작용일 뿐입니다. 마치 경험은 있지만 그 실체는 없는 꿈을 꾸는 것과 같습니다.

이 삶은 환영입니다. 자각의 성품만이 유일한 실재입니다. 그리고 이 삶은 자각의 성품의 자기 현현(顯現)입니다.

12.

"종교적 공덕, 감각적 즐거움, 세속적인 부, 이것과 저것의 차별─이것들은 '내가 이 것을 했다.'와 '내가 이것을 하지 않았다.'라는 대립쌍에서 자유로운 요기에게는 아 무런 의미가 없다."

존재하는 데는 아무 이유가 없습니다. 존재의 이유를 찾고 묻는 것은 무의미합니다. '무(無)─의미'라는 말조차 의미(意味)에 대한 집요한 집착이 느껴집니다. 존재는 그저 존재할 뿐입니다. 존재하는 데는 존재라는 말조차 거추장스럽습니다.

그냥 바로 지금 이대로 이것입니다.

존재는 '내가 하는 것'이 아닙니다. 존재는 '내가 하지 않는 것'도 아닙니다. 모두 망상입니다. 모두 존재일 뿐입니다. 나, 세계, 인생, 의미, 현실, 사회, 이상, 꿈…, 모두가 존재에 부수된 것들입니다. 모양 없는 존재가 다양한 모양으로 드러났을 뿐입니다.

어떤 것도 고정 불변하는 것은 없고, 오직 변화만이 변화가 없습니다.

존재는 변화이고, 변화는 존재입니다. 변화는 변함없는 존재의 모습입니다. 변함없는 존재는 끝없는 변화로 스스로를 스스로에게 드러냅니다. 언제나 바로 지금 여기 이렇게 있는 것입니다. 변함없는 존재로서 끝없이 변화하는 자기 존재를 즐기고 있습니다.

오직 어디에도 머무는 바 없이 흘러가는 바람만이 아는 대답입니다.

13.

"살아 있는 동안 해탈한 요기는 이 세상에 어떠한 의무도 없고, 가슴속에 어떠한 집착도 없다. 그의 삶은 그 없이 계속된다."

그대는 지금 숨 쉬고 있습니까?

이 질문을 받고 자신의 호흡을 의식하기 이전에도 그대는 아무 문제 없이 숨을 쉬고 있었습니다. 그대가 숨 쉬고 살아가는 데 그대가 실제로 하는 일은 아무것도 없습니다. 오히려 그대가 그대의 호흡을 의도적으로 의식하고 통제하려고 할 때에는 여러 가지 부자연스러움만 생길 뿐입니다. 그대가 숨 쉬고 있는 것이 아닙니다. 그대가 없어도 숨은 저절로 쉬어집니다.

숨 쉬는 것뿐만 아닙니다. 보는 일, 듣는 일, 냄새 맡는 일, 맛보는 일, 느끼고 생각하는 일 전체가 저절로 일어납니다. 결국 그대가 삶을 살아가는 것이 아니라, 삶이 그대를 통해 스스로를 드러내고 있을 뿐입니다. 그대라는 개성을 가진 독립된 개인의 존재란 삶이 꾸는 꿈과 같은 것입니다. 일어날 일은 반드시 일어나고, 일어나지 않을 일은 결코 일어나지 않습니다.

스스로 일으킨 생각의 구속에서 풀려나는 것이 해탈입니다. 나라는 생각, 세상이라는 생각, 고통이라는 생각, 즐거움이라는 생각, 행복과 불행, 옳고 그름, 있다와 없다, 깨달음과 깨닫지 못함 등등 모든 생각에서 풀려나는 것이 해탈입니다. 해탈이라는 그 생각에서마저도 풀려나야 합니다. 헛된 관념과 이미지에 불과한 생각에서 풀려나면 결국 있는 그대로의 삶이 있을 뿐입니다.

삶은 언제 어디서나 바로 지금 여기 눈앞에 있습니다. 어떤 분리 없이 전체로서 삶을 경험하고 있습니다. 그대가 바로 그대의 삶 자체입니다. 그대의 모든 경험이 바로 삶 자체입니다. 어떤 경험도 거부되지 않지만 어떤 경험도 남아 있지 않습니다. 생생한 살아 있음, 이 자연스러운 존재의 느낌 속에 잔잔한 평화가 있습니다. 아무 조건 없는 은은한 삶의 기쁨이 있습니다.

그대의 생각이라는 장애물이 없을 때, 삶의 흐름은 막힘없이 제 갈 길로 흘러갈 것입니다.

14.

"세상의 욕망 너머에 머무는 위대한 영혼에게는 망상도 없고, 우주도 없고, '그것'에 대한 명상도 없고, 나아가 그것들에서 해탈하는 일조차 없다. 이 모든 것은 단지 허상일 뿐이다."

어째서 우리의 삶은 이리도 혼란스러운가요? 잡다한 소음들, 불쾌한 냄새, 시끄러운 정치 현실과 불안한 국제 정세, 부정적인 감정들과 피곤한 생각들의 흐름…. 그 혼란의 한가운데서 잠시 멈추고 깨어나 살펴보십시오. 진실로 존재하는 것은 무엇인지.

모든 혼란, 모든 경험은 나타났다가 사라집니다. 어떤 것도 영원히 머물러 있지 않습니다. 하지만 그 끝없는 변화의 흐름에 휩쓸리면 혼란스럽습니다. 그러나 경험의 매 순간순간, 그 경험에 대한 앎, 그 경험에 대한 자각은 아무런 변화가 없습니다.

이웃집 아낙의 신경질적인 고함 소리가 들렸다가 지하 주차장에서 차가 나오면서 울리는 경보음이 들립니다. 잠시 정적이 찾아오고 그 배경 위로 가을을 재촉하는 풀벌레의 울음, 그리고 다시 아낙의 고함과 야단맞은 아이의 서러운 울음소리….

그런데 모든 경험의 순간, 그 경험에 대한 선명한 자각이 있습니다. 그 자각과 경험의 내용은 결코 분리되어 있지 않습니다. 그러나 경험의 내용은 끊임없이 변하지만 그 경험 내용에 대한 자각은 언제나 변함없이 바로 지금 여기 이렇게 있습니다.

이 자각은 새롭게 얻을 수 있거나 포기할 수 있는 것이 아닙니다. 나의 생각과 상관없이 언제나 바로 지금 여기 이렇게 작용하고 있습니다. 이 자각을 알아차리지 못하고 자각의 내용에 집착하면 혼란과 그로 인한 괴로움을 피할 수 없습니다.

그러나 어떤 경험이 다가오고 떠나가든지 그것의 생멸변화에 주목하는 대신, 그것과 떨어져 있지 않은 자각 자체에 머물 수는 없을까요? 본인 스스로가 사실은 그 자각 자체라는 사실을 깨달을 수는 없을까요? 어떤 인위적인 조작과 노력 없이 그저 자각 자체로 존재할 수는 없을까요?

늦여름의 기운 빠진 매미 소리, 아파트 단지를 빠져나가는 자동차 소리, 늦잠에서 깨어난 아이가 거실에서 장난감을 갖고 노는 소리…. 소리 없는 자각 가운데 끝없는 소리들의 자맥질이 일어나고 있습니다. 그러나 어떤 소리도 이 소리 없는 자각을 건드리지 못합니다.

이 자리에 머물러 있으십시오.

15.

"이 모든 것을 꿰뚫어 본 사람은 그가 지각하는 세상을 부정하려 할지도 모른다. 그러나 모든 욕망이 사라진 사람이 무엇을 할 수 있겠는가? 그는 아무것도 볼 것이 없음을 본다."

이 세상은 환영이라는 말이나, 이 세상은 실재라는 말이나 모두 말일 뿐입니다. 환영이 실재이고, 실재가 환영입니다. 이 세상이 오로지 환영일 뿐이라면 그것만이 유일한 실재입니다. 이 세상이 유일한 실재일 뿐이라면 그것은 환영과 다를 바 없습니다.

정작 중요한 것은 환영과 실재라는 분별이 나오는 그 자리, 바로 그것입니다.

깨달음은 어떤 견해를 취하는 것이 아닙니다. 모든 견해는 상대적이기 때문입니다. 차라리 모든 견해에서 벗어나는 것이라 할 수 있습니다. 아무 견해도 취하지 않을 때, 성성하게 깨어 있지만 어떤 생각에도 집착하지 않으면 이미 바로 그것입니다.

여기에서 다시 생각을 일으켜 '그것'을 하나의 견해로 잡으려 한다면 도적으로 하여금 도적을 잡게 하는 짓입니다.

완전히 생각이 쉬어져 텅 빈 의식, 홀로 깨어 있는 자각의 성품만이 존재할 때, 온 우주가 하나의 눈, 보는 자와 보이는 대상, 보는 일이 결코 나눠지지 않는 한 덩어리 마음이라는 사실이 자명해질 것입니다. 보는 자 없이 보고, 봐도 보이는 것이 없을 것입니다.

보지만 아무것도 보지 않고, 보지 않지만 모든 것을 볼 뿐입니다.

16.
"지고의 브라만을 본 사람은 '나는 브라만이다.'를 명상한다. 그러나 모든 생각을 초월하고 둘이 없음을 본 사람이 무슨 생각을 할 수 있겠는가? 그는 오직 참나만을 알 뿐이다."

생각보다 상당히 많은 사람들이 '이것'을 일별하고 체험합니다. 문득 모든 분리감에서 벗어나는 체험, 내가 사라진 듯한 느낌, 모든 것이 생생하게 살아서 약동하는 것을 목격합니다.

그러면 곧장 '내가 이것을 깨달았다, 보았다, 체험했다, 얻었다'는 미세한 생각이 달라붙습니다. 그러나 대부분의 사람들은 그 당시의 흥분과 감격, 기쁨에 취해 그 사실을 모르거나 간과하고 지나쳐 버립니다.

그러고는 언제 어디서나 '이것'을 알아차리고 유지하고 확인하려 합니다. 그것이 또 다른 분별 망상, 여전히 이분법 속에서 진리를 대상화하고 있다는 사실을 깨닫지 못합니다. 깨달음도 미혹임을 알지 못합니다.

그러다 그 경계, 진리라고 착각한 대상이 일정하게 유지되지 않고 변하다가 결국 사라지고 나면, 그 일별, 그 체험 이전보다 더한 혼란 속에 빠져들게 됩니다. 깨달음을 잃어버렸다는 어이없는 착각 속에 떨어지게 됩니다.

얻을 수 있거나 잃어버릴 수 있다면 그것은 진정한 깨달음, 참나가 아닙니다. 깨달은 상태와 깨닫지 못한 상태의 이원성이 있다면 그것은 유일무이한 진리, 영원불변한 것이 아닙니다.

진정한 깨달음은 깨닫기 이전, 어떤 영적 체험 이전부터 변함없이 있던(는) 것에 대한 깨달음일 뿐입니다. 이것은 새롭게 체험할 수도 없지만 다시 체험하지 않을 수는 더더욱 없는 진정한 체험, 참나입니다.

이것은 결코 하나의 대상이 아니기 때문에 생각할 것도, 체험할 것도, 알아차릴 것도, 챙길 것도, 유지할 것도, 확인할 것도 없습니다. 둘이 없는 하나에는 전체를 목격하고 알 수 있는 다른 하나, 부분이 없습니다.

있는 것도 아니지만 없는 것도 아니며, 아는 것도 아니지만 모르는 것도 아닙니다. 얻을 수도 없고 버릴 수도 없으며, 조금도 더 가까이 다가갈 수도 없고 조금도 더 멀리 도망갈 수도 없습니다.

너무 평범해서 웬만해서는 알아차리기가 거의 불가능한 있는 그대로의 존재 자체일 뿐입니다. 모든 생각, 분별, 판단은 이 존재의 바다 위에서 출렁이는 물결과 같은 것입니다. 오직 이 존재, 참나만이 있습니다.

17.

"내면의 산란함을 본 사람은 그것을 통제하려 할 것이다. 그러나 자신이 참나임을 깨달은 사람은 산란하지 않다. 성취할 것이 없는데 그가 무엇을 하겠는가?"

안팎의 산란함, 혼란은 모두 자기 자신을 자기 자신이 아닌 것과 동일시하는 무지(無知) 때문에 발생합니다. 자기 자신을 여러 가지 대상 가운데 하나인 개체로 아는 한, 서로 다른 여러 대상 사이의 관계 속에서 안정을 얻을 수는 없습니다. 아무리 노력한다 하더라도 자신의 예상과 예측을 벗어나는 변수들이 너무나 많은 까닭입니다.

그러나 진정한 자신의 정체성, 참나를 깨닫는 순간, 내면의 산란함은 물론 외부 세계의 혼란마저 점점 고요히 가라앉게 됩니다. 감각으로 지각되는 현상 너머 유일무이한 본질, 모든 것이 동일하고 단일한 의식·존재·생명의 현현이라는 사실을 꿰뚫어 보게 될 때, 모든 대립과 갈등은 따뜻한 봄볕에 잔설이 녹듯 사라지게 됩니다.

어떤 것도 얻어야 할 것이 없고, 어디에도 도달할 곳이 없습니다. 해야 할 일도 없지만, 하지 말아야 할 일도 없습니다. 언제 어디서나 항상 있는 이대로일 뿐입니다. 많은 일이 일어났지만 어떤 일도 일어나지 않았으며, 온갖 경험을 다 했지만 어떤 경험도 한 적이 없습니다. 늘 익숙하지만 언제나 새로운 있는 이대로의 이것일 뿐입니다.

18.

"참된 깨달음에 안주한 사람은 보통 사람처럼 살아가더라도 그들과는 다르다. 그는 몰입하지도 않고 산란하지도 않을 뿐만 아니라 자신에게 아무런 더러움도 없음을 본다."

대부분의 사람들은 이 세상과 자기 자신이 객관적인 실체로서 분명히 실재한다고 믿고 스스로가 삶의 주인공, 행위의 주체라고 여깁니다. 그러나 이 진실에 눈뜬 사람은 이 세상과 자기 자신이 어젯밤에 꾼 꿈과 조금도 다를 바 없는 허상이며, 객관적인 실체라고는 먼지 티끌 하나도 없음을 압니다.

꿈속에서 한 행위는 행위 했지만 실제로는 행위 한 바가 없는 것이며, 꿈속의 삶은 분명 살고 경험했지만 실제로는 단 1초의 물리적 시간도 산적이 없습니다. 꿈에서 깨어나 봐야 꿈속의 자기 자신도 사실은 꿈의 일부였고, 꿈속의 세상, 사건, 경험 모두가 꿈이었음을 깨닫게 됩니다.

마찬가지로 우리가 객관적 실체라고 믿고 있는 우리 자신과 세상이 사실은 모두 하나의 의식, 하나의 존재, 하나의 생명일 뿐이라는 사실은 이 현실이라는 꿈에서 깨어날 때만 실감할 수 있습니다. 꿈에서 깨어나기 전까지 꿈은 꿈이 아니라 현실인 것과 같습니다.

겉으로 보기에는 이 사실에 눈뜬 사람이나 그렇지 못한 사람이나 아무 차이 없이 동일하게 살아가는 것처럼 보입니다. 그러나 자신과 세상이 하나의 의식, 하나의 존재, 하나의 생명이 꾸는 거대한 꿈임을 깨달은 사람은 살지만 더 이상 사는 것이 아니며, 죽지만 사실은 죽는 게 아님을 압니다.

자기 자신이 거대한 세상과 분리된 작고 연약한 개체가 아니라, 의식이 꿈속의 주인공을 통해 의식 자체인 꿈을 경험하듯, 단일하고 동일한 의식-존재-생명이 '나'라는 한 개체의 관점에서 의식-존재-생명 자체를 객관화하여 보고 듣고 경험하고 있는 것입니다.

바로 지금 여기 있는 이 의식, 이 존재, 이 생명의 느낌을 떠나서는 '나'라는 자아의식도, 세상이라는 존재도 따로 없습니다. 과거와 현재 그리고 미래의 실체 역시 바로 지금 여기 이 의식, 이 존재, 이 생명입니다. 온 우주가 오직 이 진실 하나일 뿐입니다. 이것이야말로 신비 그 자체입니다.

19.
"존재와 비-존재를 넘어선, 지혜롭고 만족하며 아무런 욕망이 없는 사람은, 비록 세상 사람들의 눈에는 행위 하는 것처럼 보일지라도, 아무 행위도 하지 않는다."

'있다'와 '없다' 같은 상대적 개념은 모두 허구입니다. '있다'는 '없다'를 배경으로 존재할 수 있고, '없다'는 '있다'를 전제해야만 의미가 있기 때문입니다. 그것은 독자적 실체가 없는 관념이지만, 그 이원적 관념의 틀에서 빠져나오지 못하면 우리는 허상의 구속을 받게 됩니다.

좋다/나쁘다, 옳다/그르다, 얻다/잃다 등 이원적 분별, 상대적 개념이 사실은 텅 빈 실재, 아무 내용이 없는 의식-존재-생명 위에 떠 있는 뜬 구름이나 신기루와 같다는 사실을 깨닫는 것이 지혜입니다. 그 지혜는 욕망으로부터의 자유, 영원한 만족을 줍니다.

모든 것을 독립된 존재들로 분리시켜 분별하기 때문에 행위, 곧 업(業)이 생깁니다. '나'라는 개별적 존재가 '나' 아닌 대상들의 세계 속에서 살아가는 행위 전체가 업이 됩니다. 움직이고 말하고 생각하는 모든 것이 끝없는 행위의 연쇄로 이어져 그 영향을 남기게 됩니다.

그러나 모든 차별 현상이 사실은 동일하고 단일한 의식-존재-생명의 현현임을 깨달은 사람에게는 업이 없습니다. 어떤 것도 이 동일하고 단일한 의식-존재-생명을 벗어나 따로 존재하는 것은 없습니다. 존재와 비-존재, 행위와 비-행위 전체가 바로 그것 자체이기 때문입니다.

마치 꿈속에서 움직이고 말하고 생각한 것처럼 사실에 있어서는 조금도 움직이고 말하고 생각한 바가 없는 것과 같습니다. 상대적인 개념과 이원적 분별에 떨어지면 실제로는 행위 한 바 없으면서 행위를 한 것이 되고, 거기에서 벗어나면 행위를 하면서도 행위 한 바가 없게 됩니다.

일체의 생각, 관념에서 벗어나면 언제나 바로 지금 여기 눈앞의 진실, 맑고 싱그러운 현존의 순간만 마주할 뿐입니다. 항상 처음처럼 티 한 점 없이 깨끗한 이 순간, 이 마음, 이 살아 있음만 있을 뿐입니다. 고요하지만 늘 움직이고 있고, 늘 움직이지만 언제나 고요합니다.

20.

"지혜로운 사람은 그저 해야 할 일만 꾸준히 해 나갈 뿐, 행위 할 것인지 행위 하지 않을 것인지 고민하지 않는다."

지금 눈앞의 사물을 그대가 능동적으로 보는 것입니까? 아니면 눈앞의 사물이 그저 보이는 것입니까?

어쩌면 능동적으로 '내가 사물을 본다'와 피동적으로 '사물이 내게 보인다'는 분별은 생각이 일으킨 망상에 불과할지 모릅니다.

그러한 분별 이전에 이미 어떤 작용이 일어나고 있습니다. 결코 부정할 수 없는 바로 지금 여기 이 순간의 존재가 있습니다.

잠시 아무 분별 없이 존재해 보십시오. 그대가 행위 하는 것도 아니고, 행위 하지 않는 것도 아닌, 존재를 허용해 보십시오.

(침묵)

그것이 무엇입니까?

이 질문에 어떤 대답을 떠올리거나 어떤 대답이 떠오른다면 그것은 이 질문에 대한 올바른 답이 아닙니다.

이 질문은 묻지 않는 질문입니다. 이 질문이 답을 곧장 가리키고 있습니다. 바로 지금 여기 이 순간 있는 그대로의 존재를 가리키고 있습니다.

그것이 무엇입니까?

21.
"바람에 흩날리는 마른 낙엽처럼, 해탈한 사람은 욕망에서 벗어나 구속받지 않고 자유롭게 삶을 떠다닌다."

바로 지금 이 순간 여기 있는 것만이 진실입니다. 진실은 바로 지금 이 순간 여기 이렇게 있습니다. 이 진실이 있기 때문에 모든 것이 있습니다. 결국 모든 것이 이 진실입니다.

300

무엇이 바로 지금 이 순간 여기 있는 진실입니까?

(침묵)

생각이 가 닿을 수 없는 바로 지금 이 순간 여기 이 자리, 이 침묵 속으로 녹아드십시오. 생각으로 더듬어 헤아리는 짓을 멈추고 이미 존재하는 그대로 그저 존재하십시오.

바로 지금 이 순간 여기 이것입니다.

(침묵)

알 것도 없고 모를 것도 없습니다. 언제나 뜻밖의 선물처럼 주어져 있는 바로 지금 이 순간 여기 이것입니다. 어떤 것도 이것을 벗어나 있는 것이 없고, 무슨 일이 일어나도 이것을 떠날 수 없습니다.

이것은 본래 완성, 본래 자유, 본래 해탈입니다.

(침묵)

이것이 우리의 참나, 본래 모습입니다.

22.

"윤회하는 세상을 초월한 사람에게는 기쁨도 없으며 슬픔도 없다. 그는 고요한 마음으로 몸을 가지지 않은 사람처럼 살아간다."

한시도 쉼 없이 돌고 돌아가는 이 세상은 고정불변한 실체가 없습니다. 모든 현상은 무상하고 따라서 실재하는 것이 아닙니다. 이 세상이 어젯밤의 꿈과 같이 경험되지만 아무 실체가 없는 허상임을 깨달은 사람은 이 세상의 것에 대한 집착에서 저절로 벗어납니다.

무상한 변화의 본질, 본바탕은 시작도 없고 끝도 없는 영원불변입니다. 언제나 바로 지금 여기 이것입니다. 너무나 자연스러운 존재의 상태, 생생하게 살아 있는 현존, 텅 빈 채로 활짝 깨어 있는 의식 위(안)에서 그림자 같고 물거품 같은 경험들이 흘러갑니다.

스스로를 하나의 몸과 동일시하면서 다른 경험들을 대상화하는 이원적 사고방식에서 벗어남에 따라 몸이라는 경험의 중심이 점점 용해되어 갑니다. 자기라는 경계가 희미해질수록 스스로가 나머지가 없는 전체, 온전한 하나라는 사실이 더욱 뚜렷해집니다.

결코 흔들리거나 파괴될 수 없는, 온전하고 완벽한, 모든 상대성을 초월한, 활발발하면서도 고요한, 말과 생각으로 형언 불가능한 이것뿐입니다. 이것 아닌 것이 없기에 이것이라 할 것마저 없는 이것입니다. 여전히 몸을 느끼며 살아가지만 이것에 비하면 몸은 너무나 사소합니다.

23.

"참나 안에서 기뻐하는 사람, 마음이 평온하고 티끌 하나 없는 사람은 어떤 것도 포기하려 하지 않을 뿐만 아니라 거기에 없는 것을 그리워하지도 않는다."

조건적인 행복, 특정 대상의 유무에 얽매인 행복, 목표로서의 행복은 진정한 행복이 아닙니다. 어디에도 의지함 없는 존재 그 자체가 목적인 행복은 행복과 불행이라는 이원성을 초월한, 행복마저 아닌 행복입니다.

기쁨 또한 그러합니다. 오고 가는 대상으로서의 기쁜 감정이 아니라 존재 그 자체가 기쁨의 원천인 기쁨, 기쁨이라는 감정에 구속되지 않는 기쁨이 진정한 기쁨입니다. 우리의 존재-의식-생명 자체가 무조건적인 행복, 기쁨입니다.

우리의 존재-의식-생명, 참나와 합일된 사람, 참나 안에 안주한 사람, 참나와 자기 사이의 경계선이 사라진 사람은 허상에 불과한 세상에 대한 욕망이 저절로 사라질 뿐 세상에 대한 욕망을 포기하려 하지 않습니다.

본래 없는 것을 다시 없앨 수는 없기 때문입니다. 본래 없는 것을 동경하거나 그리워하지도 않습니다. 먼지 티끌 하나 더할 수도 없고 조금도 더 뺄 수 없습니다. 본래 완전하고 본래 충만합니다.

24.

"마음이 텅 비어 본래 상태에 있는 사람은 자기 마음대로 행동하더라도 자랑스러워하거나 거짓으로 겸손한 척 하지 않는다. 그는 해야 할 일을 할 뿐이다."

지금 그대는 바깥의 사물을 의식적으로 보고 있습니까?

그대가 보려고 해서 보는 것입니까, 아니면 그러한 의도와 상관없이 사물들이 보이는 것입니까? 본다는 행위는 '그대'라는 주체, 독자적인 의지를 가진 개체가 하는 행위가 맞습니까? 이런 골치 아픈 헤아림과 상관없이 바로 지금 이 순간에도 보고(보이고) 있지 않습니까? 심지어 아무것도 보지 않으려 눈을 감더라도 눈앞에 캄캄한 어둠이 보이고 있습니다.

그대의 모든 행위가 마찬가지입니다. 팔을 들어 올려 보십시오. '그대'가 팔을 들어 올리는 것입니까? 아니면 팔이 들어 올려지는 것을 보고 '내가 팔을 들어 올린다'는 생각을 하는 것입니까? 진실로 팔을 들어 올리는 것은 무엇입니까? 숨을 쉬는 것, 걸음을 걷는 것, 밥을 먹는 것, 잠을 자는 것, 우리 일상의 모든 행위는 누가, 정확히 무엇이 하는 것입니까?

(침묵)

모든 생각, 모든 헤아림을 멈추고 고요히 있어 보십시오. 어떤 특별한 생각을 하고 있지 않지만 의식이 없지는 않은 상태, 바로 그 상태가 텅 빈 마음, 우리의 본래 상태, 자연스러운 존재의 상태입니다. 정지한 듯 하지만 생생하게 살아 있고, 생생하게 살아 있지만 고요하게 멈추어 있습니다. 무엇을 알고 있지 않지만 아무것도 모르는 것마저 아닙니다.

모든 행위는 바로 여기에서 일어났다가 바로 여기로 사라집니다. 그러나 이 자리, 이것은 그 행위를 따라 일어나지도 않을뿐더러 그 행위를 따라 사라지지도 않습니다. 언제나 바로 지금 여기 이렇게 아무 변함없이 있습니다. 우리가 무의식적으로 '나'라고 가리키는 것은 시시각각 변하는 이 몸과 마음이 아니라, 시간을 초월하여 항상 바로 지금 여기 이렇게 있는 이 존재입니다.

그대와 그대의 행위는 바로 지금 여기 드러나고 있을 뿐입니다. 그대는 그대 자신은 물론 그대의 행위에 대해서 아무런 소유권을 주장할 수 없습니다. 그대 자신이 둘이 아니고, 그대와 그대의 행위가 둘이 아니기 때문입니다. 그대는 존재하지만 그대가 존재하는 것이 아니고, 그대는 행위 하지만 그대가 행위 하는 게 아니기 때문입니다.

따라서 그대와 그대의 행위에 대해 자랑스러워할 것도 없고 겸손해할 것도 없습니다. 때가 되면 자연스레 계절이 변하듯 모든 일은 저절로 이루어지고 있습니다. 될 일은 반드시 되고, 안 될 일은 어차피 되지 않습니다. 어떤 일이 이루어진다 하더라도 사실은 이루어진 바가 없고, 어떤 일이 이루어지지 않더라도 사실은 이루어지지 않은 바가 없습니다.

진실로 존재하는 것은 바로 지금 여기 이 순간 '이것'이기 때문입니다.

25

"'이것은 육체가 하는 것이지, 나─순수한 참나가 하는 것이 아니다.'라고 알고 행동하는 사람은 아무리 많은 행동을 할지라도 실제로는 행동하는 것이 아니다."

나는 왜 존재합니까?
─ 쓸데없는 소리입니다. 망상입니다. 이미 존재하고 있는데 아무리 이유를 물어보았자 그것은 만들어진 것, 조작된 것, 생각으로 구성된 것, 따라서 망상일 따름입니다.

도대체 바로 지금 여기 무엇이 존재하고 있는 것입니까?
─ 쓸데없는 소리, 역시 망상입니다. '무엇'이 있어서 존재하는 게 아니라 이미 존재하기에 '무엇'을 떠올릴 수 있습니다. 모두가 앞뒤가 뒤집어진 전도몽상입니다.

행위와 행위자는 하나입니까, 둘입니까?
─ 이 또한 쓸데없는 소리, 망상일 뿐입니다. 한 생각을 떠나서는 '행위자'의 '행'자도 떠올릴 수 없지 않습니까? 우리가 느끼고 알고 경험할 수 있는 모든 것은 실체가 아닌 것, 허상이자 망상입니다.

그렇다면 망상이 아닌 것은 무엇입니까?

— (침묵)

아무 말 없이 침묵하는 것입니까?

— 아니오.

그럼 무엇입니까?

— (침묵)

26.

"살아 있는 상태에서 해탈한 사람은 왜 그렇게 행동하는지 말할 수 없으면서 행동하지만 바보는 아니다. 그는 세상 속에 살더라도 행복하다."

삶은 본래 해탈해 있습니다. 삶은 본래 어디에도 구속되어 있지 않습니다. 삶은 변함없는 가운데 끝없는 변화로 드러나고 있습니다. 삶은 언제나 바로 지금 여기 이렇게 드러나고 있습니다.

'나'의 삶은 삶에 대한 구속입니다. '나'는 삶의 일부이지 삶의 소유주가 아닙니다. '나'는 삶이라는 바다 위에 나타난 작은 물거품입니다. '나'가 바다에서 분리되어 '나'만의 삶을 주장하는 것이 어리석음입니다.

행위란 삶의 표현입니다. 본래 행위 없는 삶에서 행위가 나타났다 다시 그 속으로 사라집니다. 많은 행위가 있지만 본래 아무런 행위도 없습니다. 실제로 존재하는 것은 이 삶, 이 존재, 이것뿐이기 때문입니다.

이 삶, 이 행위에 어떤 이유가 있을 거라는 생각은 어리석습니다. 이 삶,

이 행위가 그대로 그것의 이유, 목적입니다. 여기엔 어떤 분리가 없기 때문입니다. 이유를 따지는 그것이 분리를 초래합니다.

따라서 이유를 따져서 알려고 하는 입장에서는 이 삶과 하나가 된 사람, 삶 그 자체로 존재하는 사람의 말과 행동이 바보의 그것처럼 보일 수도 있습니다. 그러나 사실은 그 반대입니다.

진실로, 아는 자는 말하지 않고 말하는 자는 알지 못합니다. 모습 없는 모습을 보고, 소리 없는 소리를 듣고, 느낌 없는 느낌을 느끼고, 앎이 없는 앎을 아는 사람은 할 말이 없습니다.

더 이상 행복을 추구하지 않게 될 때, 비로소 진정한 행복이 찾아옵니다. 다른 때, 다른 곳, 다른 것에 대한 희망과 기대가 사라질 때에야 서서히 본래 있는 것의 존재를 알아차리게 됩니다.

27.

"끝없는 마음의 움직임들을 충분히 경험했기에 현명한 사람은 쉬게 된다. 그는 생각하지도 않고, 알지도 않고, 듣지도 않고, 보지도 않는다."

많은 사람들이 끊임없이 일어나는 생각이나 감정 때문에 불편함을 넘어 괴로움을 경험하기도 합니다. 그래서 불편한 감정, 고통스러운 생각이 일어나지 않도록 애를 쓰거나 그것을 없애려 노력합니다. 하지만 그러한 노력에도 불구하고 마음의 움직임은 멈추지 않습니다.

많은 사람들이 놓치고 있는 중요한 사실은 불편하고 고통스러운 감정이나 생각과 그것을 불편하고 고통스럽게 인식하는 자기 자신이 따로 있다고 생각한다는 점입니다. 자신이 어떤 감정이나 생각을 불편하고 고통스럽게 여기고 있다는 그것 역시 또 다른 감정이나 생각의 하나일 뿐입니다.

불편하고 고통스러운 감정이나 생각이라는 대상과 그것을 불편하고 고통스럽게 여기는 자아가 대립되어 있는 것이 아니라, 그 자아마저 또 다른 마음의 움직임, 감각이나 감정, 생각의 일부입니다. 이 사실을 명확히 보고 깨달아야만 이 낡은 주객 이분법적 사고 패턴에서 벗어날 수 있습니다.

모든 감각, 감정, 생각은 연속적인 듯 보이지만 사실은 단속적입니다. 대부분의 마음의 움직임들은 별다른 흔적을 남기지 않고 흘러가지만, 특정 감각이나 감정, 생각들은 뚜렷이 지각됩니다. 그것들을 자아가 좋다고 또는 나쁘다고 판단 내리고는 좋은 것에는 집착하고 나쁜 것에는 저항합니다.

그러나 특정 감각이나 감정, 생각에 대한 자아의 반응도 자세히 살펴보면 또 다른 미세한 감각이나 감정, 생각에 불과합니다. 자아라는 것이 실재하는 것이 아니라, 자아라는 느낌, 생각, 판단이 있을 뿐입니다. 그 역시 또 다른 지각과 인식의 대상인데, 우리는 그것을 자기 자신, 주체로 착각합니다.

그 결과 그 자아의 입장에서 좋은 것을 얻지 못하면 불만족스럽고, 그 자아의 입장에서 싫은 것이 다가오게 되면 고통스러운 것입니다. 그 시비 분별의 주체가 사실은 허구적 존재, 가공의 것, 또 다른 마음의 움직임이라는 사실을 꿰뚫어 볼 수 있어야 합니다.

그 순간 더 확장된 자아, 자아 아닌 자아, 자아 없는 자아, 모든 대상에 아무 차별 없이 열려 있는 공간과 같은 무엇에 대한 자각이 일어날 수 있게 됩니다. 언제나 바로 지금 여기 있었지만 주객 이분법적 낡은 사고 패턴에 빠져 있을 때는 결코 자각하지 못했던 것을 발견할 수 있습니다.

그것이 보고, 그것이 듣고, 그것이 느끼고, 그것이 알지만, 아는 자와 알려지는 대상이 온통 그것 하나뿐인 까닭에, 봐도 보는 게 아니고, 들어도 듣는 게 아니고, 느껴도 느낀 게 아니고, 알아도 안 게 아닙니다. 그러므로 아무리 보고 듣고 느끼고 알아도 언제나 있는 그대로일 뿐입니다.

언제나 바로 지금 여기 이것일 뿐입니다.

28.
"내면의 고요함과 산란함을 넘어선 사람은 해탈을 열망하지 않을 뿐더러 구속도 생각하지 않는다. 온 세상이 존재하는 듯 보일지라도 허상일 뿐임을 깨달은 그는 브라만 그 자체로서 지금 여기에 존재한다."

바로 지금 여기 이것이 진정한 그대 자신입니다. 바로 지금 여기 이 존재 자체가 그대의 참나입니다. 바로 지금 여기 이것이 유일한 목격자, 아는 자, 주체이므로 이것을 다시 보거나 알거나 대상화할 수는 없습니다.

그대가 생각을 통해 이것을 이해하거나 말거나 이것은 아무 상관이 없습니다. 그대가 어떤 느낌이나 감정을 느끼든가 말든가 이것은 아무 상관이 없습니다. 그저 언제나 바로 지금 여기 이렇게 존재할 뿐입니다.

온 우주가 바로 지금 여기 이것입니다. 어떤 것도 바로 지금 여기 이것을 벗어나 따로 있지 않습니다. 경험되는 것과 경험되지 않는 것 일체가 바로 지금 여기 이것입니다. 이 단순한 경험, 아무 경험조자 없는 경험입니다.

도무지 그것의 부재를 경험할 수 없는 유일한 근거, 근본, 근원이 바로 지금 여기 이것입니다. 삼매 속에서 깊은 고요를 경험하거나 마음의 움직임으로 산란할지라도, 바로 지금 여기 이 자리, 이것을 벗어날 수 없습니다.

불을 비추어 보기 위해 다른 불이 필요 없듯, 자기 존재를 확인하기 위해 다른 존재가 필요 없는 절대 독존(獨存)이 바로 지금 여기 이것입니다. 오직 이것만 존재하므로 이것 아닌 것이 없고 따라서 이것마저 없습니다.

아무것도 없음이 바로 지금 여기 이렇게 있습니다.

29.
"자신이 개별적인 자아라고 믿는 사람은 육체가 쉬고 있을 때에도 끊임없이 움직인다. 자신이 개별적 자아가 아니라는 사실을 깨달은 사람은 육체가 움직이는 가운데서도 아무것도 하지 않는다."

팔을 들어 보십시오.

그대가 팔을 들어 올린 것이 틀림없는 사실입니까? 사실은 그대가 존재한다는 느낌이 있고, 팔이 들어 올려지는 느낌이 있고, '내가 팔을 들어 올린다'는 생각만이 있는 것은 아닐까요?

예를 들어 그대가 생각의 진정한 주체라면 그 생각을 지금 당장 멈추어 보십시오. 생각이 두 번 다시 일어나지 않도록 명령을 내려 보십시오. 가능합니까? '나'라는 것도 일종의 생각, 생각을 멈추려는 것도 또 다른 생각 아닌가요?

세밀하게 살펴보면, 그대의 육체, 그대의 감각, 그대의 감정, 그대의 생각, 그대를 둘러싼 외부 환경, 어느 것 하나 그대의 명령대로 움직이지 않습니다. 그럼에도 불구하고 생각은, 그대라는 자아는 그것이 가능하리라 믿습니다.

그렇기 때문에 비록 육체는 쉬고 있을지라도 마음은 고요히 쉬지 못하고 끝없는 생각, 시비분별, 취사선택의 움직임을 멈추지 못합니다. 행위의 주체로서 다른 대상들을 통제하려는 욕망에서 자유롭지 못합니다.

그러나 그대 자신이 그저 하나의 감각, 하나의 생각, 하나의 관념에 불과하다는 사실을 철저하게 깨닫게 되면, 겉으로 보기에 아무리 복잡한 행위 가운데 있을지라도 사실은 조금도 움직인 바가 없음을 알게 될 것입니다.

그러할 때 삶이란 실체가 없는 경험의 흐름, 언제나 바로 지금 여기 이 순간의 경험일 뿐임이 명확해질 것입니다. 많은 경험을 했지만 사실은 언제나 바로 지금 여기, 있는 이대로일 뿐인 것입니다.

30.
"해탈한 사람의 마음은 즐겁지도 않지만 괴롭지도 않다. 그 마음은 흔들림이 없고, 욕망도 없고, 의문도 없다."

우리 마음은 본래 해탈해 있습니다. 본래 어디에도 구속되어 있지 않습니다. 본래 어떤 것도 원하거나 거부하지 않습니다. 지금 당장 확인해 보십시오.

어디에도 마음을 두거나 의식하지 않고 그저 존재하십시오. 사실 있는 그대로의 우리 존재가 순수한 의식, 텅 비었지만 깨어 있는 자각 자체입니다.

어떤 대상에도 마음을 기울이지 않고 단순히 존재할 때, 거기엔 기쁨도 없고 슬픔도 없습니다. 알 것도 없고 딱히 모를 것도 없습니다. 그저 존재합니다.

언제나 바로 지금 여기 항상 변함없이 존재하는 의식의 허공, 허공 같은 의식 안에서 의식의 대상, 경험의 대상들이 끊임없이 출몰할 뿐입니다.

그러나 그 의식의 대상, 경험의 대상들 역시 순수한 의식, 텅 빈 자각이 여러 가지 형태로 드러난 것일 뿐 다른 것이 아닙니다. 오직 의식만 존재합니다.

오직 의식뿐이므로 얻어야 할 것이 없습니다. 버려야 할 것도 없습니다. 도달해야 할 곳도 없습니다. 언제나 바로 지금 여기 이것일 뿐입니다.

이 사실이 분명할 때, 마음은 더 이상 흔들리지 않고, 욕망은 점점 줄어들면서, 모든 의문은 서서히 사라집니다. 그 자리에 안정과 평화가 찾아옵니다.

31.
"해탈한 사람의 마음은 명상하거나 행위 하기 위해서 노력하지 않는다. 명상과 행위는 어떤 동기나 대상 없이 그냥 일어난다."

깨달음이란 어떤 새로운 정신적 경지나 의식 상태, 능력의 성취가 아닙니다. 만약 그러한 것이 깨달음이면 그것은 새롭게 얻을 수 있는 대상이므로 다시 잃어버릴 수 있으며, 그렇기 때문에 그것을 유지하기 위해 끝없는 긴장과 노력이 필요합니다. 그렇다면 그것은 해탈이나 해방과는 무관하며, 오히려 깨달음이라는 하나의 대상에 묶인 상태, 속박과 구속일 뿐입니다.

진정한 깨달음, 해탈은 우리 존재의 자연스러운 상태, 진정한 자기 자신, 참나여야 합니다. 그 사실을 깨닫기 이전부터 그것이어야 하고, 깨달은 이후에도 여전히 그것일 뿐이어야 합니다. 그것이 바로 '둘이 아님(不二)', '언제나 그러함(如如)', '바로 지금 여기 있음(現存)'이라는 말로 가리키는 바입니다. 그것은 어떤 수행이나 훈련이 필요 없는 자연스럽고 자발적인 상태여야 합니다.

그것은 바로 지금 여기 이것입니다. 조금도 생각할 필요가 없는 바로 지금 여기입니다. 우리의 예상과는 달리, 아무런 노력이 필요치 않습니다. 오히려 바로 지금 여기 있으려는 생각과 노력이 실제로 바로 지금 여기에 있는 것을 방해합니다. 생각으로 이것인가, 저것인가 판단하고 확인하려 해서는 안 됩니다. 의도와 헤아림을 가지고는 자연스럽고 자발적일 수 없습니다.

많은 사람들이 놓치는 것, 치명적인 실수는 바로 지금 여기 저절로 있는 이 존재, 이 의식, 이 상태, 이것을 알아보지 못하고, 자신이 이미 도달해 있는 그 자리를 향해 나아가려고 노력한다는 점입니다. 따라서 노력하면 노력할수록 오히려 자신의 생각과 의도와는 반대의 결과, 목적지와는 정반대 방향으로 가게 됩니다. 진정 그곳에 도달하려면 그 생각과 노력이 완전히 멈추어야 합니다.

진정한 명상은 어떤 명상도 하지 않는 것입니다. 참된 행위는 아무런 행위도 하지 않는 것입니다. 모든 것은 저절로 이루어지고 있습니다. 어떤 일을 하려는 '나'의 의지나 노력 또한 사실은 저절로 이루어지고 있는 이것, 저절로 그러함, 자연스럽고 자발적인 이것의 작용일 뿐입니다. 어떤 동기나 대상에 대한 집착 없이 모든 일은 저절로 이루어지고 있습니다.

그러한 사실에 대한 체득, 그리고 그러한 사실에 모든 것을 맡기고 자기 자신의 의지와 노력을 내려놓는 것, 그것이 깨달음, 해탈입니다. 기존의 자기 동일시가 오해에서 비롯되었음을 깨달아 거기에서 벗어나는 것, 그것이 깨달음, 해탈입니다. 생각과 의도를 일으키기 이전에 그 생각과 의도가 목적하는 바가 이미 존재한다는 자각과 그로 인한 자유로움이 깨달음, 해탈입니다.

32.

"어리석은 사람은 참된 진리를 들으면 당황한다. 지혜로운 사람은 진리를 들으면 내면으로 물러나 겸허하기에 어리석은 것처럼 보인다."

진리가 있다면 그것은 다름 아닌 바로 지금 여기 있는 그대로의 이것입니다.

이렇게 단박에 진리를 가리켜 보이면, 생각만을 믿고 의지하는 사람들은 생각으로 더듬어 헤아릴 것이 없기 때문에 당황하게 됩니다. 생각의 기본 구조는 있다/없다, 옳다/그르다, 좋다/싫다 등 이분법적이기 때문에 상대성을 초월한 절대적 진리를 결코 알 수 없습니다.

《도덕경(道德經)》에도 "뛰어난 사람은 도를 들으면 부지런히 실천하고, 보통 사람은 반신반의하며, 어리석은 사람들은 크게 비웃는다."라고 하였습니다. 생각으로 헤아리는 한, 자기를 고집하는 한, 그들은 이해할 수 없는 것, 생각의 한계를 넘어서 있는 진리와 하나가 될 수 없습니다.

진리는 지금보다 더 가까이 다가갈 수도 없고, 지금보다 더 멀리 떨어질 수도 없습니다. 진리와 다시 만날 수도 없지만, 그것과 헤어질 수는 더더욱 없습니다. 진리는 지금보다 더 늘어나지도 않고, 지금보다 더 줄어들지도 않습니다. 진리는 새롭게 생겨나지도 않지만 결코 사라지지도 않습니다.

진리는 바로 지금 이것입니다.

(침묵)

언제나 변함없는 이 진리를 맛본 사람은 더 이상 나타났다 사라지는 감각이나 감정, 생각을 믿지 않습니다. 그는 그 모든 허망한 현상들이 출몰하는 근원, 내면으로 물러나 그것과 하나가 됩니다. 더 이상 감각이나 감정, 생각을 믿지 않을 때 우리 자신이 본래 진리 그 자체였음을 깨닫습니다.

언제나 바로 지금 이것입니다.

(침묵)

이 살아 있는 침묵, 이 활동하고 있는 침묵, 이 깨어 있는 침묵 속으로 녹아드십시오. 이것은 결코 대상이 아닙니다. 대상이 아니라면 바로 지금 이것입니다. 느낄 수 있고 알 수 있다면, 그것은 이것이 아닌 감각의 대상, 생각의 대상입니다. 이것은 앎과 모름이라는 이원성을 초월해 이렇게 있습니다.

어떤 노력도 필요 없이, 어떤 헤아림도 필요 없이, 너무나 자연스럽게, 너무나 놀랍게, 너무나 어이없게, 언제나 바로 지금 이것, 본래 바로 지금 이것입니다. 너무나 당연해서 오히려 알지 못하고, 너무나 자연스러워서 도리어 깨닫지 못합니다. 생각을 쉴수록 더욱 분명하고 흔들림 없습니다.

(침묵)

이것이 진리입니다.

33.

"어리석은 사람은 마음을 집중하기 위해 명상을 하거나, 생각을 멈추기 위해 많은 노력을 한다. 그러나 지혜로운 사람은 참나에 안주한 채, 마치 잠이 든 사람처럼 해야 할 일이 없다."

어리석은 사람들은 깨달음을 특정한 의식의 상태, 일념 집중의 삼매나 합일의식 상태로 오인합니다. 깨달음이 특정한 의식의 상태라면 그것은 그와 다른 의식 상태와 반드시 대립하게 되며, 그것은 깨달음이 한계를 가진 것이라는 말이 됩니다. 따라서 그러한 생각은 완전한 분별 망상의 소산입니다.

바로 지금 여기 있는 그대로의 의식은 돌아보지 않고, 아직 도래하지 않은, 아직 도달하지 못한 어떤 상태를 상정하고 그곳으로 가기 위해, 그것이 되기 위해 노력하는 순간, 바로 지금 여기 있는 것은 간과되거나 무시됩니다. 그것이 사소하지만 가장 치명적인 실수, 근본적인 어리석음입니다.

깨달음은 우리의 본래 상태, 본원적인 의식이어야만 합니다. 그것은 언제나 바로 지금 여기 있는 이대로의 나로서 존재해야만 합니다. 그렇지 않다면 그것은 그것 아닌 것과 대립되는 것, 상대적인 것, 둘이기에 변화가 가능한 것, 따라서 무상하고 믿고 의지하지 못할 것입니다.

바로 지금 여기 무엇이 있습니까?

언제나 있었던 것이 바로 지금 여기 그대로 있습니다. 모든 변화 작용의 바탕, 배경으로서 늘 있었던 것이 변함없이 지금 여기 있습니다. 제 스스로는 알려지지 않지만 다른 모든 현상의 변화 작용을 지각하고 인식하는 무엇은 언제나 바로 지금 여기 이렇게 있습니다. 그것이 참나입니다.

우리 몸과 마음에 대한 자각, 모든 대상에 대한 자각이 바로 지금 여기 있습니다. 모든 것은 바로 이 자각의 소산입니다. 모든 현상, 모든 대상은 오고 가고 나타났다 사라지지만, 그것들에 대한 자각은 오지도 않고 가지도 않으며 나타나지도 않고 사라지지도 않습니다. 그것이 참나입니다.

이것을 얻기 위해 노력할 필요가 전혀 없습니다. 이것을 잃어버릴까 전전긍긍할 필요가 전혀 없습니다. 이것은 나의 의도나 생각과 상관없이 언제나 바로 지금 여기 이렇게 있습니다. 바로 지금 여기 있는 그대로의 나와 세계 전체가 바로 이것입니다. 모든 것이 이것의 현현이기에 따로 이것이랄 것이 없습니다.

지혜로운 사람은 이 사실을 깨달아 모든 노력과 수행을 멈춥니다. 완전히 멈출 때 완전히 깨닫습니다. 나의 의도와 생각이 이것의 완전한 발현을 가로막은 유일한 장애물입니다. 그 '나'가 깨달음과 깨닫지 못함이라는 둘을 만들었을 뿐입니다. 그 '나'라는 신화를 믿지 않을 때, 본래 둘 없는 참나가 드러납니다.

바로 지금 여기 무엇이 있습니까?

34.

"어리석은 사람은 행위 하든 행위 하지 않든 간에 평화를 발견하지 못한다. 지혜로운 사람은 단지 진리를 깨닫는 것만으로도 흔들림 없이 안정된다."

그대가 찾는 것은 그대 바깥에 없습니다. 그대가 찾는 것은 찾는 행위를 통해 얻을 수 없습니다. 또한 그 찾는 행위를 멈추는 것으로도 그것을 얻을 수 없습니다. 그대가 어떻게 하든 간에 그대는 결코 그것을 찾을 수 없습니다.

잠시 그대가 찾으려는 것은 내버려 두고, 그것을 찾고 있는 그대를 찾아보십시오.

그것을 찾고 있는 그대는 누구입니까? 아니, 무엇입니까? 그대의 몸입니까? 그대의 마음입니까? 그대는 그대의 몸과 마음을 느끼고 압니다. 그대의 몸과 마음은 그대가 찾을 수 있는 대상일 뿐, 찾고 있는 그대 자신은 아닙니다.

그대가 느끼고 알 수 있는 어떤 것도 무언가를 찾고 있는 그대 자신은 아닙니다. 그렇지만 모든 것을 느끼고 아는, 무언가를 찾고 있는 그대는 분명히 바로 지금 여기 있습니다. 그것이 무엇입니까? 그대는 진정 무엇입니까?

결코 바깥에는 없는 것, 결코 찾을 수 없는 것의 정체는 이미 이렇게 드러나 있습니다. 이것은 어떤 대상을 찾거나 구하거나 느끼거나 아는 방식으로는 결코 찾을 수도, 구할 수도, 느낄 수도, 알 수도 없습니다.

그것은 이렇게 묘하게 있습니다. 있지만 없는 것 같고, 없지만 분명히 있습니다. 경험하고 있지만 경험의 내용은 없고, 경험의 내용은 없지만 언제나 이것을 경험하고 있습니다. 이것은 완전히 공개되어 있는 비밀입니다.

이것을 찾은 바 없이 찾는 순간, 모든 추구와 갈망, 무지와 미망이 저절로 종식됩니다. 이것이 모든 의문에 대한 유일한 해답, 인간 문제에 대한 유일한 해결책입니다. 문제가 있는 바로 그 자리에 답도 있습니다.

지금 여기 이렇게 있는 그대가 바로 그것입니다.

35.

"스스로가 본래 참나, 순수한 자각, 사랑이자 완전함, 온갖 다양성을 넘어서 청정무구 그 자체임에도, 세상 사람들은 명상과 수행을 통해 그것을 알 수 없을 것이다."

지금 당장 가장 확실한 것, 결코 부정할 수 없는 것, 도무지 의심할 수 없는 것은 무엇일까요?

바로 지금 이 사실, 이 글을 보고 '이게 무슨 말이지?' 혹은 '그것이 과연 무엇일까?' 생각하고 있는 것 아닌가요?

또는 주위에 있는 사물이 보이고, 소음이 들리고, 신체 감각이 자각되고, 이런저런 경험을 하고 있다는 사실 아닌가요?

자, 한 10초 정도만 그저 가만히 있어 보십시오.

(하나, 둘, 셋, 넷, 다섯, 여섯, 일곱, 여덟, 아홉, 열)

그 짧은 10초 동안에도 다섯 가지 감각과 생각은 멈추지 않고 흘러갔을 것입니다. 예를 들어 3초 정도에 어떤 소리가 들렸다가 5초쯤에서 사라졌다고 합시다.

소리는 약 2초 정도 나타났다가 사라졌습니다. 그런데 그 소리가 나타날 때도 그것을 따라서 나타나지 않고, 그 소리가 사라질 때도 그것을 따라서 사라지지 않은 것이 있지 않나요?

소리라는 대상은 간헐적으로 나타났다 사라졌다 반복하지만, 그 소리가 드러나는 배경, 바탕, 근원, 공간은 언제나 바로 지금 여기 이렇게 드러난 바 없이 드러나 있지 않나요?

바로 지금 이것 말입니다!

종이가 있어야 글씨를 쓸 수 있듯이, 뭔가 변함없고 스스로는 특별한 내용이 없이 텅 빈 무엇이 있어야 경험의 내용이 기록되지 않을까요? 바로 지금 허상에 불과한 기억이나 생각이 불현듯 떠오르는 그 바탕은 무엇인가요? 기억이나 생각은 오고 가는데, 그것이 드러나는 그 자리, 그것은 오고 가나요?

그것은 언제나 변함없이 바로 지금 여기 이렇게 있지 않나요? 특별한 모양도 없고, 소리도 없고, 냄새, 맛, 느낌도 없기에 마치 없는 것 같지만, 그것이 없다면 어떻게 끊임없이 감각 지각과 생각들이 출몰할 수 있을까

320

요? 평생 동안 경험의 내용은 변했지만 그 경험에 대한 자각은 변함없지 않나요?

바로 이 텅 빈 존재의 느낌, 순수한 자각으로 존재하는 이 느낌 말입니다!

전혀 나이 먹지 않고, 남성도 아니고 여성도 아니며, 몸의 컨디션과 상관없이 항존하는 자각, 어떤 경험의 내용에도 절대 오염되지 않고 언제나 깨끗한 본래 상태로 있는 이것이 참나입니다. 언제나 변함없이 존재하는 '나'는 몸과 마음이 아니라 바로 이 자각, 이 순수한 의식 존재입니다.

이것은 언제나 바로 지금 여기 이렇게 있기 때문에 어떤 노력, 수행, 명상 등을 통해 달리 찾아 구하고 얻거나 새롭게 만들어 내거나 개선할 수 있는 대상이 아닙니다. 오히려 그러한 노력과 수행, 명상이 이미 완전하게 주어져 있는 이것을 알아보지 못하고 밖으로 헤매게 만드는 장애가 될 수 있습니다.

문득 이 사실을 스스로 깨달을 때, 이 놀라운 역설, 신비에 실소를 금치 못할 것입니다.

36.
"어리석은 사람은 결코 반복적인 수행을 통해서 해탈을 얻을 수 없다. 단순한 이해를 통해 함이 없음과 시간을 넘어선 자유에 들어가는 이는 복이 있다."

반복적인 수행을 통해 점진적으로 일정한 목표에 다다른다는 생각은 우리의 일반적 선입견과는 달리 매우 비합리적입니다. 이러한 사고의 바탕에는 현재와 미래, 지금의 상태와 나중의 상태, 깨닫지 못함과 깨달음이라는 이원적 분별이 있습니다. 하나의 지점에서 다른 하나의 지점으로 점점 나아가다 보면 언젠가 그 목표 지점에 도달할 것이라는, 얼핏 보면 꽤나 합리적으로 보이는 추론, 믿음에 근거하고 있습니다.

그러나 과연 그럴까요?

예를 들어 우리가 오늘을 지나 내일에 도달하고자 한다고 합시다. 그렇다면 오늘은 오로지 내일을 기다리는 준비 기간, 내일에 이룰 성과를 위해 스쳐 지나가야만 하는 불가피한 시간에 불과합니다. 그러나 막상 내일이 당도하면 그것은 내일이 아닌 어제와 같은 오늘일 뿐입니다. 여전히 내일은 아직 오지 않았습니다. 사실 내일은 결코 오지 않습니다(未來). 내일이란 언제나 바로 지금 여기, 오늘에서 만들어지는 허구의 시간이기 때문입니다.

이와 마찬가지로, 지금은 깨닫지 못한 상태이지만 어떤 수행 방편을 성실하게 반복하다 보면 언젠가 깨달음이라는 상태에 도달할 것이라는 생각 역시, 순진한 것을 지나쳐 어리석은 생각일 뿐입니다. 내일이 오늘 만들어낸 허구의 시간이기에 결코 오지 않듯이, 깨달음 또한 깨닫지 못함이 만들어 낸 신기루와 같은 것이므로 아무리 수행해도 결코 그 목표에 도달할 수 없습니다. 언제나 그 다음, 그 다음 다음, 그 다음 다음의 다음이 있을 뿐입니다.

오히려 우리의 예상과 전혀 다른, 우리의 선입견을 훌쩍 벗어난 다른 길이 있습니다.

현재와 미래, 지금의 상태와 나중의 상태, 깨닫지 못함과 깨달음 등등의 이원적 분별을 당장 멈추고 바로 지금 여기 그저 존재하는 것입니다. 어떤 이해나 판단을 구하지 않고 그저 이 순간에 존재하고 있음을 온전히 느껴 보는 것입니다. 아니, 이미 자연스레 존재하고 있음 자체, 느끼고 있음 자체이므로 어떤 행위나 노력을 멈추는 것입니다. 아니, 그 멈추려는 의도마저도 멈추는 것입니다. 단지 있는 이대로의 사실을 자각하는 것입니다.

그 순간, 너무나 당연하고 너무나 평범하고 너무나 자연스러워서 언제나 있었지만 미처 알아차리지 못했던 실재를 깨닫게 됩니다. 어떤 대상이 아닌 진정한 자기 자신, 둘이 없는 하나를 보는 바 없이 보고, 아는 바 없이 알고, 체험하는 바 없이 체험하게 됩니다. 너무나 생경하지만 오히려 익숙한 느낌, 너무나 친숙하지만 오히려 낯선 느낌을 느끼게 됩니다. 말과 생각으로 온전히 표현할 수는 없지만 너무나 확실한 고요와 평화를 맛보게 됩니다.

37.

"브라만을 알려고 하기 때문에, 어리석은 사람은 결코 브라만이 될 수 없다. 지혜로운 사람은 지고의 브라만이다. 왜냐하면 그는 아무 욕망도 없고 아무것도 알지 못하기 때문이다."

어떤 것을 이해하려 하거나 욕망하는 마음의 밑바탕에는 그것과 자신이 분리되어 있다는 생각이 전제되어 있습니다. 그 분리되어 있다는 선입견이 무지와 욕망의 근본입니다.

우리의 앎과 욕망에 대한 충동은 모두 대상과 관련해서만 일어납니다. 이미 자기 자신인 것, 분리가 되지 않는 것은 결코 알 수도 없을 뿐만 아니라 욕망할 수도 없습니다.

알 수 있고 욕망할 수 있는 것은 대상이기 때문에 알 때도 있지만 모를 때도 있고, 얻을 때도 있지만 잃을 때도 있습니다. 따라서 모든 대상은 불확실하고 불안정합니다.

그러나 이미 자기 자신인 것, 결코 분리되어 있지 않은 것은 알 것도 없고 모를 것도 없으며, 다시 새롭게 얻는 일도 없지만 결코 다시 잃어버리는 일도 없습니다.

이것은 너무나 자명한 사실이기에 상대적인 증명, 확인이 필요치 않습니다. 마치 태양을 비춰 보기 위해 다른 태양이 필요 없는 것과 같습니다. 그 존재 자체가 이미 스스로를 증명하고 있기 때문입니다.

이미 저절로 존재하고 있는 이것, 이 직접적인 앎, 새롭게 나타나거나 사라질 수 없는 근본 의식을 자각하십시오. 바로 지금 여기에서 경험되는 온갖 현상들의 근원이 바로 이것입니다.

오직 이것뿐입니다.

38.

"참나에 굳건히 서 있지 못하면서 구원을 열망하기에, 어리석은 사람은 세상의 환영을 지속한다. 지혜로운 이는 그 모든 불행의 뿌리를 잘라 버린다."

모든 불행의 근원, 윤회의 뿌리에는 언제나 '나'와 세상을 둘로 나누어 놓고는 그것들을 독자적이고 객관적인 실체라고 여기는 착각이 있습니다.

그러나 '나' 없이 세상이 저 혼자 있을 수 없고, 세상 없이 '나'만 홀로 존재할 수 없습니다. '나'와 세상은 서로 다른 물건이 아닙니다.

꿈속의 '나'와 꿈속의 세상이 깨고 보면 꿈이라는 환영 하나였듯이, 깨어 있는 상태의 '나'와 세상 역시 단일하고 동일한 의식 존재의 변형일 뿐입니다.

겉보기에는 서로 별개인 것처럼 보이지만, '나'와 세상은 사실은 언제나 바로 지금 여기에서 아무 차별 없이 동시에 드러나면서 경험되고 있습니다.

허공이 그 내용물의 생멸 변화에 영향 받지 않듯이, 스스로를 '나'와 세상으로 드러내고 경험하는 의식 존재는 항상 바로 지금 여기 그대로입니다.

끝없이 변하는 것 가운데 하나를 '나'로 여기고 그 나머지를 '나'와 별개의 세상으로 여기는 한, 아무리 구원을 바라더라도 불행과 윤회는 반복됩니다.

'나'와 세상을 나누어 보는 분별 망상이 모든 불행과 윤회의 근원임을 깨달은 사람은 일체의 분별을 쉬고 있는 그대로의 의식 존재로 머뭅니다.

맑은 날, 흐린 날, 비바람과 폭풍우, 천둥번개가 치는 날에도 언제나 허공은 흠 하나 없이 말쑥하듯이, 있는 이대로의 의식 존재, 참나는 변함없습니다.

경험의 내용은 끝없이 갈마들지만, 그 경험의 내용과 둘이 아닌 경험의 시공간, 바로 지금 여기의 의식 존재에는 아무런 흔적도 남지 않습니다.

이 사실을 분명히 깨달은 사람은 불행 가운데 있어도 불행을 벗어나 있고, 윤회의 수레바퀴 속에서도 윤회를 벗어나 있습니다.

39.

"어리석은 사람은 평화를 발견하지 못한다. 왜냐하면 그것을 원하기 때문이다. 지혜로운 사람은 진리를 안다. 그러기에 그는 늘 고요하다."

출렁거리는 물결을 고요히 만드는 유일한 방법은 가만히 두는 것입니다. 출렁거리는 물결을 고요히 만들기 위해 물결에 손을 대면 댈수록 오히려 물결은 고요해지지 않고 다시 출렁거립니다.

마음을 고요히 만들기 위해 마음을 통제하는 수행자는 그 수행과 노력이 오히려 마음을 더욱 산란하게 만든다는 사실을 돌아볼 수 있어야 합니다. 생각을 없애려는 그것이 생각임을 깨달아야 합니다.

인연 따라 출렁거리는 물결이 본래 아무 고정된 모양이 없는 물 자체입니다. 물결이 어떻게 출렁거리든 그것이 모두 물입니다. 물을 떠나 물결이 따로 있지 않고, 물결을 떠나 물을 따로 얻을 수 없습니다.

마음을 관찰하는 주관으로서의 마음과, 그 마음에 의해 관찰되는 객관으로서의 마음이 따로 있지 않습니다. 그저 둘이 없는 한 덩어리, 나머지가 없는 전체인 한 마음, 텅 비고 한량없는 의식-공간만 있을 뿐입니다.

마치 하나의 의식이 꿈속의 주인공과 꿈속의 객관 대상으로 나뉘어 꿈을 경험하듯이, 둘 없는 의식-공간, 텅 빈 자각이 스스로를 주관과 객관으로 나누어 자기 안에서 온갖 현상들을 경험하고 있을 뿐입니다.

물결은 생겨났다 사라지지만, 물은 생겨나지도 사라지지도 않습니다. 모든 마음의 움직임, 느낌, 감정, 생각은 생겨났다 사라지지만, 이 둘 없는 의식-공간, 텅 비었지만 생생하게 존재하는 자각은 생겨나지도 사라지지도 않습니다.

아무 모양, 느낌, 감정, 생각이 없는 이 마음마저 없는 마음, 이 의식-공간, 이 텅 빈 자각 존재는 애초부터 흔들림 없는 고요, 침묵 그 자체입니다. 모든 물결이 물이듯, 모든 마음의 움직임이 바로 이것입니다.

40.

"대상에 의지하여 아는 사람에게 어떻게 참나에 대한 앎이 있을 수 있겠는가? 지혜로운 사람은 분리되어 있는 대상들을 보지 않고 오직 불변의 참나만 본다."

앎에는 두 가지가 있습니다. 절대적인 앎과 상대적인 앎입니다. 보통 우리가 알고 있는 앎은 상대적인 앎으로서, 내면과 외면의 현상을 대상으로 하는 감각 지각과 인지, 인식들이 그것입니다. 비유하자면 촛불이 어떤 대상을 비추어야 그 대상이 드러나는 것과 같습니다.

그러나 어이없게도 많은 사람들이 간과하고 있는 것은 절대적 앎, 근본적인 앎입니다. 상대적인 앎 또한 이 절대적인 앎, 근본적인 앎의 다른 표현이지만, 서로 다른 점은 상대적 앎이 대상에 대한 앎이라면, 절대적이고 근본적인 앎은 앎 그 자체에 대한 앎이라는 점입니다.

앞에서 든 촛불의 비유로 설명하자면, 촛불은 대상만을 비추어 드러내는 것이 아니라, 그것을 비추고 있는 자기 자신 또한 비추어 드러내고 있습니다. 촛불과 그것에 비치는 대상 모두가 하나의 빛에 의해 드러나고 있을 뿐입니다. 촛불을 비추기 위해 다른 촛불이 필요하지는 않습니다.

빛에 의해 촛불과 대상이 분리된 듯 드러나지만, 촛불과 대상은 그 한 빛을 떠나서 있지 않습니다. 주관과 객관, 그리고 그 사이에서 벌어지는 지각과 인지, 인식 작용 모두가 사실은 절대적인 앎, 근본적인 의식의 자기현현입니다. 모든 대상이 빛이지만, 빛은 어떤 대상이 아닙니다.

바로 지금 여기 너무나 당연하고 자연스러운 절대적인 앎, 빛이 있기에 모든 상대적인 앎, 지각과 인지, 인식의 분별이 펼쳐질 수 있습니다. 상대적인 앎에 의해 지각, 인지, 인식되지는 않지만, 상대적인 앎이 계속 드러나고 있다는 사실을 통해 제 스스로를 드러내지 않고 드러내고 있습니다.

상대적으로는 어떻게도 확인 불가능하지만 절대적으로 신뢰할 수 있는 이것이 순수한 의식이자 존재 그 자체, 참나입니다. 그리고 이 사실에 대한 완전한 자각이 참나 깨달음입니다. 모든 상대적 앎을 가능케 하는 필수 불가결의 근원적인 의식 바탕, 언제나 바로 지금 여기 있는 이것입니다.

41.

"어리석은 사람은 마음을 가지고 마음을 통제하려고 애쓴다. 얼마나 어리석은가! 참나 안에서 기뻐하는 지혜로운 사람은 굴복시켜야 할 마음이 없다. 그러므로 언제나 자연스럽게 존재한다."

대부분의 사람들은 불편하고 고통스러운 감정이나 느낌이 오면 그것을 회피하거나 부정하거나 없애려고 합니다. 마치 그러한 감정이나 느낌은 물론 그것들을 회피하고 부정하고 없애려는 마음 또한 객관적인 실체로 존재하는 것처럼 말입니다. 그러나 그것이 사실일까요?

예를 들어 기둥에 머리를 부딪쳐서 통증이 일어났다면 그 고통은 객관적인 원인이 있고, 통증이 사라지고 나면 그와 관련된 심리적 부산물들, '이런 바보 같으니!', '아, 재수 없네.' 등등은 쉽게 사라집니다. 그러나 심리적인 불안이나 불편하고 고통스러운 감정의 문제는 이와 다릅니다.

심리적인 문제에 있어서 고통의 원인은 객관적이지 않습니다. 누군가에게는 불편하고 고통스러운 대상이나 상황이 다른 누군가에게는 전혀 그렇지 않을 수 있기 때문입니다. 심리적인 고통은 고통을 유발하는 대상이나 상황, 조건보다는 그것을 받아들이는 주체, 또 다른 마음에 원인이 있습니다.

다른 누군가에게는 전혀 문제될 것 없는 대상이나 상황, 조건이 '나'에게는 불편하고 고통스럽다면, 그 원인은 그 대상이나 상황, 조건에 있는 것이 아니라 그 대상이나 상황, 조건에 대한 '나'의 집착과 혐오, 그리고 그러한 '나' 자신에 대한 어리석음 때문에 비롯되는 것입니다.

우리가 고통, 불편한 감정이나 괴로움이라 부르는 대상도 마음이지만, 그것을 고통으로 인식한 뒤 회피하거나 부정하거나 없애려는 주체, '나'도 또 하나의 마음입니다. 그 두 마음은 똑같이 어떤 때는 있다가 어떤 때는 없는, 무상하고 실체가 없는 것입니다.

이 점을 잘 살펴보십시오.

마음이라고 부를 만한 대상이 실제로 존재하는 것인가요? 어떤 느낌, 어떤 감정, 어떤 생각이 나타났다가 잠시 머물다가 사라지기를 끝없이 반복합니다. 그리고 그 대상들에 대해 반응하고 있는 '나'라는 몸과 마음 역시 우리 생각과 달리 항상하지 않고 간헐적으로만 지각되고 인식됩니다.

그런데 그러한 주관과 객관으로서의 마음, 끊어졌다 이어졌다, 있다가 없다가 하는 마음과 달리 언제나 변함없이 항존하는 바탕, 배경 같은 무엇이 있지 않은가요? 언제나 바로 지금 여기 이렇게 말입니다. 언제나 변함없기 때문에 나타났다 사라지는 마음처럼 지각되거나 인식되지 않을 뿐 아닌가요?

이 점을 잘 살펴보십시오.

실제로 존재하는 것은 있다고 할 수도 없고 없다고 할 수도 없는 이것 아닌가요? 이것은 어떤 물리적 실체가 아니지만 모든 지각과 인식의 필수 불가결한 요소입니다. 마음, 어떤 느낌과 감정, 생각은 있다가 없을 수 있지만, 이것은 그러한 것들이 없다고 할 때도 그 배경, 그 근원으로 언제나 있습니다.

이 점을 잘 살펴보십시오.

42.
"어떤 사람들은 무언가가 있다고 믿고, 다른 사람들은 아무것도 없다고 믿는다. 드문 것은 둘 중 어느 것도 믿지 않는 사람이고, 그리하여 그는 고요하다."

'무엇이 있다'고 하든, '아무것도 없다'고 하든 모두가 판단, 생각일 뿐입니다.

(침묵)

그 한 생각은 어디에서 일어납니까?

330

(침묵)

그 한 생각이 일어나기 이전에 그 자리엔 무엇이 있었습니까?

(침묵)

이 침묵 속으로 완전히 들어가십시오. 생각은 죽고 침묵이 살아납니다. 고요하지만 늘 깨어 있는 이 침묵은 있는 것도 아니지만 없는 것 또한 아닙니다.

(침묵)

43.

"허약한 지성을 가진 사람들도 참나가 순수하고 둘이 없는 하나라고 생각할 수는 있다. 그러나 그들은 망상에 빠져 있기 때문에 실제로 참나를 알지는 못한다. 그러므로 그들은 불행한 채로 삶을 살아간다."

생각은 실체가, 실재가 아닙니다. 생각은 일어났다 사라지며 하나의 대상으로 파악할 수 있습니다. 따라서 생각은 모두 허상이자 망상입니다.

비유적으로 말하자면, 생각은 실재에 대한 스냅사진과 같은 것입니다. 아무리 정교한 사진이라 할지라도 실물이 가지는 생생함을 가질 수는 없습니다.

매 순간순간 살아 움직이는 것, 한량이 없는 전체를 정지된 화면 속의 부분으로 담아낼 수는 없습니다. 생각은 살아 있는 것을 죽어 있는 박제로 만듭니다.

생각과 생각 사이에, 생각의 배경에, 생각과 상관없이 언제나 존재하는 무엇이 있습니다. 언제나 있기 때문에 마치 없는 것처럼 있는 것이 있습니다.

생각보다 더 광활하고, 생각보다 더 분명하고, 생각보다 더 강력한데도, 생각 속에서, 생각으로 파악하려는 한, 결코 이것을 알 수는 없습니다.

오히려 생각을 멈추고, 생각을 쉬고, 생각을 믿지 않고, 생각을 넘어설 때, 문득 생각이라는 매개 없이 직접적이고 절대적으로 이것을 경험합니다.

그리고 시간이 지날수록 나와 세계 그리고 이것 사이에 어떤 차별도 없음을 알게 됩니다. 그렇게 되어 가는 것이 아니라 본래 그러함을 깨닫게 됩니다.

둘이 없는 하나, 온전한 자기 자신, 참나로 돌아올 때, 지나온 영적인 여정은 지난밤에 꾼 꿈과 같이 느껴집니다. 이것은 언제나 지금 여기 이대로였습니다.

깨달은 자도 없고 깨닫지 못한 자도 없으며, 따라서 깨달음도 없고 깨닫지 못함 또한 없습니다. 둘이 사라진 그 자리엔 하나마저 남아 있지 않습니다.

44.
"해탈을 추구하는 사람의 마음은 내면에서 안식처를 찾을 수 없다. 그러나 해탈한 사람의 마음은 안식처가 없다는 바로 그 사실로 인해 언제나 욕망에서 자유롭다."

둘이 없는 온전한 하나, 완전한 합일을 찾아 구하고 있는 한, 그대는 결코 그것을 체험할 수 없을 것입니다. 찾아 구하는 바로 그 마음이 그것과 그대를 둘로 갈라놓기 때문입니다.

완전한 평화, 해탈, 휴식을 찾아 구하고 있는 한, 그대는 단 한 순간도 그것을 맛볼 수 없을 것입니다. 찾아 구하는 바로 그 마음에 얽매인 채 그대는 결코 쉬지 못할 것이기 때문입니다.

멈추십시오! 가만히 있으십시오! 생각하지 말고 그저 존재하십시오! 어떤 것도 바라지 마십시오! 어떤 것도 찾지 마십시오! 다 내려놓으십시오! 모든 이미지와 개념을 다 버리십시오!

(침묵)

찾지 않을 때 비로소 발견하게 됩니다. 구하지 않을 때 비로소 얻게 됩니다. 앎을 포기할 때 비로소 이해하게 됩니다. 해탈의 바람마저 사라졌을 때 비로소 마음의 평화가 찾아옵니다.

무언가 바라는 마음이 있으면 경험하는 대상마다 부딪치지만, 아무것도 바라는 마음이 없으면 어떤 대상도 방해가 되지 않습니다. 바로 그때 마음과 대상은 둘 없는 온전한 하나가 됩니다.

구하지 않는 자유, 바라지 않는 행복이 구함과 바람이 사라진 그 자리에 있었습니다. 구하고 바라는 마음 때문에 가려진 그 자리에 죽음마저 흔들 수 없는 평화가 샘물처럼 숨어 있었습니다.

바로 지금 여기에서 당장 그것을 맛보십시오!

45.

"겁 많은 사람들은 감각적인 경험을 호랑이만큼이나 두려워한다. 그들은 피난처를 찾아 동굴 속에 들어가 생각을 끊고 일념집중으로 세상을 잊으려고 노력한다."

우리가 맞부딪치는 현실이란 결국 바로 지금 여기에서 경험하는 구체적인 감각 경험일 뿐입니다. 고통과 불행, 불만족과 같은 부정적인 경험 역시 갈애와 혐오, 분노와 슬픔, 우울과 비탄 등과 같은 감각적이면서 정서적인 경험입니다.

긍정적인 경험과 달리 부정적인 경험은 우리를 자연스러운 현존의 상태에서 분리시켜, 특정 대상에 대한 반복적이고 강박적인 생각, 불쾌한 감정이나 불편한 느낌 속에 머물게 합니다. 그럴수록 삶의 에너지는 흐르지 못하고 가로막히게 됩니다.

마치 밝았던 무대가 일순간 암전되면서 특정 대상과 인물에만 핀 조명이 비치어지듯, 활짝 열려 있던 자각의 공간이 특정 감각 경험으로 집중되고 축소됩니다. 대상에 대한 과도한 집착이 광활한 이 자각의 공간, 이 현존을 망각하게 만듭니다.

사실 모든 감각 경험의 배경에 이 자각의 공간, 이 현존이 있습니다. 모든 감각 경험의 본질이 바로 이 자각, 이 현존입니다. 감각 경험은 이 자각의 공간, 이 현존에서 생겨났다 사라지지만, 이 자각의 공간, 현존은 생겨나지도 사라지지도 않습니다.

이 사실을 알지 못하고 감각 경험을 실재로 착각하면, 꿈속에서 호랑이를 만나면 두려워 도망치듯이, 그러한 감각 경험이 일어나지 않을 만한 안전한 장소를 찾아 모든 느낌, 감정, 생각을 끊어 버리고 무념무상의 삼매 속으로 도피하려 합니다.

그러나 꿈속의 호랑이는 물론 꿈 전체가 사실은 의식 하나이듯, 이 세계와 '나', 그리고 그 사이에서 경험되는 모든 감각 경험들이 사실은 단일하고 동일한 의식, 텅 빈 자각의 공간, 바로 지금 여기 있는 존재가 다양한 형상으로 드러난 것일 뿐입니다.

특정 감각 경험에 지나치게 집착하지 않고 잠시 거리를 두고 바라본다면, 그 경험보다 훨씬 더 광대한 공간, 그 경험들이 마음껏 왕래할 수 있는 허공과 같은 의식, 자각의 공간이 현존하고 있음을 알 수 있습니다. 지금 이 글을 감각하고 있는 바로 이 공간입니다.

우리가 어디에 있든, 무엇을 경험하든, 사실은 언제나 이 공간을 경험하고 있습니다. 꿈속에 했던 다양한 경험이 깨고 보면 아무 경험의 실체가 없듯이, 바로 지금 이 순간의 다양한 경험이 사실은 텅 빈 자각 자체, 이 현존의 경험일 뿐입니다.

행복이나 기쁨, 사랑과 평화와 같은 긍정적인 경험이 바로 지금 이 순간과의 강렬한 접촉, 어떤 감각 대상에도 가로막히지 않고 지금 여기에 활짝 열려 있음이라면, 부정적인 경험은 그것과의 접촉이 끊어지고 특정 대상에 에너지가 가로막혀 흐르지 않는 상태입니다.

바로 지금 여기 없는 대상을 탐착하거나 바로 지금 여기 있는 대상에 저항할 때 삶의 에너지는 자연스러운 흐름을 잃어버리고 멈추게 됩니다. 흐르지 못하고 멈춰 버린 에너지는 특정 대상에 대한 반복적이고 강박적인 생각, 불쾌한 감정, 불편한 느낌을 유발합니다.

긍정적인 경험이 집착 없음의 경험이라면, 부정적인 경험은 집착으로 인해 발생하는 경험입니다. 특정 대상에 대한 인력과 척력, 탐착과 혐오가 집착을 만들고, 그 집착이 삶의 에너지의 자연스러운 흐름을 방해하여 자기 자신을 그 대상과 맞서는 국소적인 부분, '나'(에고)로 축소시킵니다.

결국 긍정적인 경험은 '나' 없음의 경험, 대상과의 분리가 사라진 경험인 반면, 부정적인 경험은 대상과의 분리를 통해 '나'가 강렬하게 의식되는 경험이라 할 수 있습니다. '나'의 욕구, '나'의 바람, '나'의 슬픔, '나'의 분노, '나'의 좌절, '나', '나', '나'가 문제의 근원입니다.

46.

"무심한 사람에게 감각적 경험들은 사자를 만난 코끼리와 같다. 그것들은 곧장 도망가거나 그럴 수 없다면 아첨꾼처럼 그에게 봉사한다."

어떤 감각 경험이든지 아무거나 지금 당장 경험해 보십시오.

예를 들어 따뜻한 머그잔을 만지는 경험을 했다고 합시다. 머그잔을 만지자 따뜻한 촉감이 느껴졌습니다. 그리고 머그잔에서 손을 떼자 따뜻한 촉감은 잠시 여운을 남기다가 완전히 사라집니다.

우리는 이러한 감각 경험을 '나'라고 하는 심신복합체의 감각 주체가, '머그잔'이라고 하는 감각 객체와 접촉함으로써 '따뜻함'이라는 감각 경험을 했다고 해석합니다. 과연 그럴까요?

우선 '나'라는 감각 주체 역시 '머그잔'과 다름없이 감각에 의해 지각되었기 때문에 존재를 아는 것이 아닌가요? 우리 일상 중에서도 몸과 마음의 존재를 망각하는 순간들이 있다는 사실을 주목해 보십시오.

감각 주체와 객체 모두가 동일한 감각 지각의 대상이라면, 그 주체와 객체의 접촉에서 발생한 '따뜻함'이라는 감각 경험 역시 또 다른 감각 지각의 대상이 아닐까요? 추론하지 말고 다시 머그잔을 만져 보십시오.

모든 것이 감각 지각의 경험 대상이라면 바로 그 감각 지각의 본질은 무엇일까요? 감각 지각 자체를 감각할 수 있을까요? 감각 지각 자체가 '나'나 '머그잔', 혹은 '따뜻함' 따위의 감각 경험으로 경험될 수 있을까요?

감각 지각 자체는 결코 하나의 감각 대상으로서 경험되지 않습니다. 그렇지만 감각 지각 자체가 없다고 할 수는 없습니다. 분명 바로 지금 이 순간 다양한 감각 경험들이 지각되고 있기 때문입니다.

감각 지각 자체에 자연스럽게 모든 감각과 주의를 기울여 보십시오. 마치 다른 대상들을 보고 있는 눈이 그렇게 보고 있는 눈 자신을 보려는 노력과 흡사합니다. 눈이 눈을 볼 수는 없지만 분명 눈은 존재합니다.

마찬가지로 감각 지각 자체, 감각 지각의 본질은 바로 지금 여기 이렇게 있습니다. 그러나 아무 모양, 소리, 냄새, 맛, 느낌, 속성이 없습니다. 굳이 말하자면 텅 빈 느낌, 느낌이 없다는 느낌뿐입니다.

추론하지 말고 그저 이 느낌 속에 머물러 보십시오. 이 느낌을 대상화하지 말고 이 느낌과 하나가 되십시오. 어떤 방법도, 수단도 없습니다. 그저 이 알 수 없는 느낌 속으로 녹아드십시오.

47.

"참나 속에 녹아들어 아무런 의심이 없는 사람은 수행이나 해탈이 필요 없다. 보고 듣고 느끼고 냄새 맡고 맛보며 그는 있는 그대로 행복하게 살아간다."

깨달음은 의문과 욕구의 소멸입니다. 더 이상 어떤 것도 궁금하지 않고, 아무것도 원하는 바가 없습니다. 언제나 있는 이대로 완전하고, 있는 그대로 만족스럽습니다. 무엇을 더 알아야 할 것도 없고, 더 얻어야 할 것도 없습니다.

오고 가는 대상 경계들을 여전히 보고 듣고 느끼고 냄새 맡고 맛보고 분별하지만, 언제나 그 순간뿐 지나고 나면 흔적이 남지 않습니다. 모든 대상 경계는 꿈속의 물건이나 환영과 같아서 결코 집착할 것이 못됩니다.

본래 있는 것, 저절로 그리된 것, 어떤 것은 아니지만 모든 것으로 드러나는 것, 모양도 소리도 냄새와 맛, 느낌도 없지만 분명히 존재하는 것만이 실재입니다. 그것이야말로 나 아닌 나, 나 없는 나, 참나입니다.

이 평범함과 당연함이 비밀 아닌 비밀, 드러나 있는 비밀입니다.

48.

"그의 마음이 텅 비어 장애가 없는 사람은 진리를 듣는 것만으로 해야 할 일도 없고, 하지 말아야 할 일도 없을 뿐만 아니라, 함이 없음마저도 없음을 안다."

진리라는 것이 있다면 바로 지금 여기 있는 그대로의 현실, 나 자신이어야만 합니다.

바로 지금 여기 있는 그대로의 현실, 나 자신과 진리가 시간적으로나 공간적으로 조금이라도 틈이 있다면, 그것은 진리가 시공간의 한계를 가진 하나의 대상에 불과하다는 말입니다.

그렇다면 그것은 진리와 진리 아닌 것이 상대적으로 있다는 말이고, 내가 진리를 얻을 수도 있고 다시 잃어버릴 수도 있다는 말이 됩니다. 그렇다면 그것은 영원불변의 무한한 진리일 수 없습니다.

그런데 많은 사람들은 진리를 그렇게 생각합니다. 바로 지금 여기의 현실, 나 자신은 그것이 아니거나 그것이 없는 상태이므로, 수행과 노력을 통해 언젠가 진리라는 무엇을 깨닫고 성취하리라 믿습니다.

바로 그 한 생각이 바로 지금 여기 있는 그대로의 현실, 나 자신으로 있는 진리는 간과한 채, 생각 속에서만 겨우 존재하는 허상으로서의 진리, 목표와 목적지로서의 진리를 향해 우리의 몸과 마음을 움직이게 만듭니다.

그러나 그렇게 하면 할수록 오히려 진리는 더욱 오리무중입니다. 본래 없는 것을 있다고 여기고 좇았기 때문에 아무리 가도 가도 도달할 수 없습니다. 진리를 구하는 것이 진리를 깨닫지 못하게 만드는 유일한 장애입니다.

이 역설을 운 좋게 깨달은 사람은 그 동안의 모든 행위와 추구를 저절로 멈추게 됩니다. 이미 도달해 있는 자리를 향해 나아갈 수 없고, 이미 자기 자신이면서 다시 자기 자신이 될 수는 없습니다.

일체의 마음이 텅 비어 쉬어졌을 때, 허공처럼 언제나 변함없이 바로 지금 여기 있었던, 있는 그대로의 현실, 모양은 없지만 존재하고 있는 자기 자신을 비로소 발견하고 어이없는 웃음을 터트리게 됩니다.

허허, 이렇게 있었거늘….

49.
"순수한 사람은 해야 할 일이 오면 무엇이든 좋거나 나쁘다는 생각 없이 한다. 그의 행위는 마치 어린아이의 그것과 같다."

그대는 지금 이 글을 보고 있습니까? 지금 이 글을 보는 행위를 하는 자가 정말 그대가 맞습니까? 그대가 정말 이 글을 보는 행위를 하고 있습니까? 이글을 보는 행위를 일으키는 그대가 정말 있습니까?

혹시 그저 보고 있음, 혹은 보이고 있음만 있는 것은 아닐까요? 어떤 대상을 보는 '나'라는 느낌(분별) 역시 이 보고 있음 또는 보이고 있음으로 인해 일어난 또 다른 지각의 대상이 아닌가요?

마치 컴퓨터에 전원이 들어오면, 빛과 소리, 중앙처리장치에서 방출되는 열이 발생하는 것처럼, 보고 '있음' 듣고 '있음'-냄새 맡고 '있음'-맛보고 '있음'-느끼고 '있음'-생각하고 '있음'은 그저 모양 없는 '있음'에서 발생한 것이 아닐까요?

이 근원적인 '있음' 때문에 보고 듣고 냄새 맡고 맛보고 느끼고 생각하는 행위가 이루어질 뿐이건만, 하나의 생각이 그 모든 행위를 하는 '나'라는 또 다른 미세한 생각, 관념을 만들고 있는 것은 아닐까요?

사실은 그저 언제나 변함없이 바로 지금 여기에 있는 '있음', 근원적인 존재 자체만 있는 것이 아닐까요? 마치 없는 것처럼 있는 이 '있음'으로 인해 모든 현상이 거기에서 나타났다 다시 거기로 사라지는 게 아닐까요?

결국 모든 행위와 행위자라는 것은 이 '있음', 근원적인 존재의 변형, 물에서 일어난 물결과 같은 움직임이 아닐까요? 모든 물결이 결국 물 자체이듯, 어떤 행위에 대한 가치 판단 역시 또 이 '있음'의 다른 변형, 움직임이 아닐까요?

따라서 어떤 행위도 사실은 행위 없음이 아닐까요? 행위 없음, 곧 그저이 '있음'이 끝없이 행위를 하고 있는 것이 아닐까요? 행위가 그대로 행위 없음이요, 행위 없음이 그대로 행위가 아닐까요? 그것이 자유가 아닐까요?

50.

"어떤 것에도 의지하지 않는 사람은 행복을 얻는다. 어떤 것에도 의지하지 않는 사람은 지고의 신에 도달한다. 어떤 것에도 의지하지 않는 사람은 적정(寂靜)을 지나 궁극의 상태에 이른다."

그대는 바로 지금 어디에 의지해 있습니까? 의자에 의지해 앉아 있습니까? 땅에 의지해 서 있습니까? 육체에 의지해 살아 있습니까? 생각과 의지, 욕망에 의지해 무언가를 꿈꾸고 희망합니까? 이 세상은 어디에 의지해 있습니까?

사실 이 모든 것은 바로 지금 일어나는 한 생각에 의지해 있는 것은 아닐까요?

그렇다면 그 한 생각은 무엇을 의지해 일어나는 것일까요? 생각이 의지해 일어나는 그 무엇을 생각할 수 있을까요? 생각할 수 있다면 그것 또한 하나의 생각일 뿐, 생각이 의지하고 있는 그것은 아닐 것입니다.

모든 것은 생각에 의지해 있는데, 그 생각 역시 알 수 없는 무엇에 의지해 있습니다. 그 무엇에 모든 것이 의지해 있지만, 그 무엇은 어떤 것에도 의지해 있지 않습니다. 그 무엇이 무엇일까요? 결코 생각에 의지하지 마십시오!

(침묵)

이것이 행복이고, 이것이 지고의 신, 이것이 근원에 있는 적정, 지고의 상태, 이것이 본래의 나, 참나입니다.

51.

"자기 자신이 행위자도 아니고 그 결과의 수혜자도 아니라는 사실을 깨달을 때, 모든 마음의 물결은 멈추게 된다."

그대는 지금 어디에 있습니까? 바로 지금 '그대는 지금 어디에 있습니까?'라는 글을 경험하는 바로 여기에 있습니다. 행여 그 문장을 읽고 '나는 지금 어디에 있지?' 하고 생각한다면 참으로 어리석은 바보와 같습니다.

생각으로 찾는 '자기'는 그저 허망한 생각, 실체가 없는 망상일 뿐입니다. 그 생각을 하기 전부터, 그 생각을 할 때도, 그 생각을 잊어버린 뒤에도 그대 자신의 존재는 단 한 순간도 존재하지 않은 적이 없습니다.

그대 자신의 존재가 모든 현상의 근원적 배경, 근본 바탕입니다. 모든 현상은 결코 하나의 대상으로 경험되지 않는 그대 자신의 존재 위에서 드러납니다. 모든 현상 하나하나가 사실 그대 자신의 존재를 증명하고 있습니다.

온갖 경험은 왔다가 다시 갑니다. 그러나 그대 자신의 존재는 어떤 경험 이전에도, 그 경험 가운데도, 그 경험이 사라진 뒤에도 여전히 변함없이 있습니다. 존재 자체인 그대 자신은 바로 지금 이와 같이 있습니다.

진정한 그대 자신은 그대의 몸과 마음이 아니라, 그 몸과 마음의 지각이 드러나고 있는 바로 지금 여기의 의식-공간입니다. 몸과 마음이 일으키는 모든 행위와 그 행위의 결과 또한 언제나 변함없는 이것을 벗어나 있지 않습니다.

이 의식인 공간, 공간인 의식, 그대 자신의 존재는 새롭게 만들거나 얻을 수 있는 대상이 아닙니다. 생각을 통해 알 수 있는 대상이 아닙니다. 오히려 생각이 나오는 곳이자, 생각이 사라져 돌아가는 그 근원입니다.

이 근원, 이 의식-공간, 그대 자신의 존재를 문득 깨달을 때, 더 이상 행위자도 없고, 그 행위 결과의 수혜자도 없을 것입니다. 모든 경험을 지켜보는 관찰자와 그 관찰 대상이 둘이 아닐 것입니다. 오직 그대 자신뿐일 것입니다.

오직 그대 자신뿐일 때, 그대 자신을 알 다른 누구도 없고, 그가 알 다른 무엇도 없을 것입니다. 태풍과 같이 맴도는 생각의 근원으로 돌아가면 마치 태풍의 눈처럼 고요한 텅 빈 의식-공간, 없는 듯 있는 이것만 있습니다.

52.

"지혜로운 사람의 자연스럽고 천진한 행동은 밝은 빛처럼 빛난다. 어리석은 사람의 의도적인 고요함은 그렇지 않다."

그대는 지금 숨 쉬고 있습니까? 그대의 심장은 지금 뛰고 있습니까? 그대가 숨을 쉬게 하고, 심장을 뛰게 하는 것입니까? 아니면 저절로 숨이 쉬어지고, 심장이 뛰고 있는 것입니까?

그대가 지금 보고 있습니까? 그대가 지금 듣고 있습니까? 그대가 냄새 맡고, 그대가 맛보고, 그대가 느끼고, 나아가 그대가 진정 생각하고 있습니까? 사실 그 행위 어디에도 그대는 없지 않습니까?

모든 행위는 자연스럽고 자발적이며 비의도적으로 이루어집니다. 그런데 어리석은 마음은 그 모든 행위를 '나'가 하는 것이라고, '나'의 의도와 목적으로 어떤 행위를 하는 것이라고 착각합니다.

저절로 일어났다 저절로 사라지는 행위는 업이 되지 않습니다. 그러나 의도적으로 일으킨 행위는 행위의 흔적을 의식 속에 남기고, 그 흔적이 거듭된 행위를 통해 강화되면 강력한 조건화의 굴레, 업이 됩니다.

지혜로운 사람도, 어리석은 사람도 행위를 합니다. 삶은 끊임없는 행위의 연속입니다. 그러나 지혜로운 사람은 행위 하지만 행위의 흔적이 남지 않습니다. 따라서 그는 아무리 바쁘게 움직여도 아무 일도 하지 않는 것과 같습니다.

그러나 어리석은 사람은 고요하게 앉아서 마음을 집중하여 깊은 삼매 속에 들어가 있을지라도 업을 짓고 있을 뿐입니다. 행위를 하는 '나'가 있

344

는 한, 아무것도 하지 않는 것마저 무언가를 행위 하는 것이 되기 때문입니다.

53.

"허상에서 자유로운, 어디에도 얽매이지 않고 제한되지 않은 자각을 가진 지혜로운 사람은 많은 사물 가운데서 스스로 즐길 수도 있고, 산속의 동굴로 물러날 수도 있다."

우리 자신의 진정한 본질은 없다가 새로 생겨나는 것도 아니고, 있다가 다시 없어지는 것도 아닙니다. 그것은 바로 지금 여기 있는 영원불변의 존재, 늘 깨어 있는 자각의 성품입니다. 시작도 없고 끝도 없으며, 더 이상 늘어나지도 않고 줄어들지도 않습니다. 언제나 있는 이대로의 이것입니다.

이것은 이 사실을 깨닫기 이전에도 그러하였고, 이 사실을 깨달은 이후에도 또한 그러한 것입니다. 따라서 이 입장에서 보면 깨닫지 못함이나 깨달음이 조금도 다름이 없습니다. 다만 스스로 일으킨 생각에 속아서 얽매임을 받느냐, 생각에 속지 않고 자유롭게 사느냐의 차이가 있을 뿐입니다.

이 사실이 분명하면 아무리 많은 대상 사물, 복잡한 관계 속에 있을지라도 언제나 홀로 있는 것과 같고, 모든 인연을 끊고 홀로 있을지라도 고독하지 않습니다. 이것은 이것의 바깥이 없을 뿐만 아니라 이것의 안도 없습니다. 이것은 자기 하나로 충만하고 자기 하나로 만족스럽습니다.

이것은 특별히 이해할 것도 없고, 노력할 것도 없고, 얻어야 할 것도 없고, 지켜야 할 것도 없습니다. 이것은 너무나 당연하고, 너무나 자연스럽고, 너무나 명백한 것이기 때문입니다. 그래서 이것 아닌 것이 없고, 오직 이것뿐이라는 사실에 대한 자각을 자유니 해탈이라 부를 따름입니다.

54.
"영적인 스승이나 신적인 존재, 성지(聖地)를 경배하든, 아름다운 여인이나 왕, 가까운 친구를 보든, 지혜로운 사람의 마음은 흔들리지 않는다."

깨끗한 거울이 온갖 사물을 차별 없이 비추듯, 우리의 본래 마음, 순수한 의식 바탕은 모든 현상을 있는 그대로 드러냅니다. 심지어 눈에 보이지 않는 내면의 느낌, 감정, 생각까지도 그 자리에 투영됩니다.

거울에 비친 영상이 아니라 그것을 비추는 작용을 하는 것이 거울의 본체이듯, 의식 바탕에 드러나는 의식의 내용물이 우리 자신이 아니라, 그 모든 내용을 드러내고 있는 텅 빈 배경이 우리 자신입니다.

사랑과 미움은 다른 감정이지만, 사랑이 드러날 때나 미움이 찾아올 때도 언제나 바로 지금 여기 있는 텅 빈 의식 바탕, 이 자리에서 경험됩니다. 의식의 내용물이 아닌 의식 자체는 아무런 차별이 없습니다.

바다에서 파도가 일어나듯, 허공에서 아지랑이가 일어나듯, 순수한 의식에서 온갖 차별되는 현상들이 나타납니다. 모든 파도가 그대로 바다 자신이고, 모든 아지랑이가 그저 허공 하나이듯, 모든 현상이 곧 순수한 의식입니다.

이 순수한 의식, 텅 빈 의식 바탕은 어떤 상황, 어떤 경우에도 변함이 없으며 흔들리지 않습니다. 어떤 실체도 없지만 이것이야말로 유일무이한 실재입니다. 시작도 끝도 없는, '나-있음'의 존재 의식, 의식인 존재입니다.

55.

"그의 하인들이, 아들들이, 아내들이, 딸들이, 손자들 그리고 모든 친척들이 그를 비웃고 경멸할지라도, 요기는 낙심하지 않는다."

대부분의 사람들은 자기 자신을 다른 사람들과 구별되는 몸과 마음을 가진 하나의 개체로 알고 있습니다. 사람마다 독특한 개인사를 간직하고 있을 뿐만 아니라, 각자마다 비밀스러운 욕망과 습성을 가지고 있는 존재라 믿고 있습니다. 특정 부모를 통해 태어나서 성장하고, 여러 관계를 맺으며 인연 따라 자식을 낳고 기르고 살다가 죽는 존재로 알고 있습니다.

그런 사람들에게 애초부터 개인이란 존재하지 않으며, 복잡한 관계로 얽히고설킨 이 세상이 꿈과 같고 환상과 같은 것이라는 이야기는 쉽게 납득되지 않을 것입니다. 그대들은 일찍이 태어난 바가 없고 따라서 죽음이란 한낱 관념에 불과하다고 이야기하면 그야말로 무슨 개똥철학이라며 콧방귀를 뀌거나 심한 경우 그렇게 이야기하는 사람을 미치광이 취급할 것입니다.

모두가 잠들어 있는데 홀로 깨어 있거나, 모두가 술 취해 있는데 혼자 멀쩡히 있다면 때로는 깊은 외로움을 느낄 수도 있습니다. 가끔은 가장 가까운 사람과도 공유할 수 없는 이 사실에 답답함을 느낄 수도 있습니다. 그러나 그러한 감정 역시 스스로를 복잡한 관계 속의 한 개체로 보는 습성에서 비롯된 것입니다. 시간의 흐름 속에서 이해가 확장되면 저절로 안정이 됩니다.

세상의 모든 꽃들이 같은 시간에 꽃망울을 터뜨리지 않듯이, 이 진실에 눈뜨는 것도 사람마다 시절 인연이 있습니다. 이른 봄의 매화도 향기롭지만, 늦은 가을의 국화도 아름답습니다. 이 일에 관심을 가진 모든 사람은 각자 때가 되면 스스로 눈뜨고 꽃 피울 것입니다. 스스로 이 진실에 눈뜨는 순간, 그것이 이 삶의 목적이었음을 깨닫게 될 것입니다.

56.

"기쁠 때조차 그는 기쁘지 않고, 고통 속에 있을지라도 그는 고통 받지 않는다. 이 놀라운 상태는 오로지 그와 같은 이들만이 알 수 있다."

그대는 지금 어떤 상태에 있습니까?

편안한가요? 즐거운가요? 평화롭고 행복한가요? 아니면 다소 권태로운가요? 불안한가요? 알 수 없는 분노가 있나요? 우울하고 답답한가요?

그대가 어떤 느낌, 감정, 의식의 상태를 경험하든, 그것은 반드시 다른 느낌, 감정, 의식의 상태로 변화하여 사라질 것입니다. 그렇지 않나요?

모든 상태는 끊임없이 변하므로 무상합니다. 따라서 어떤 상태에도 집착하지 마십시오. 그러한 집착이 불필요한 불만족과 고통의 원인입니다.

그런데 그 무상한 느낌, 감정, 의식의 상태는 언제나 변함없는 바로 지금 여기에서 경험하고 있습니다. 바로 지금 여기는 어떤 상태와도 무관합니다.

느낌, 감정, 의식의 상태는 왔다가 곧 가지만, 바로 지금 여기는 오지도 가지도 않습니다. 모든 상태는 바로 지금 여기라는 배경, 공간에서 경험됩니다.

바로 지금 여기는 어떤 상태도 아닌 상태, 온갖 상태가 경험되는 순간순간 저 자신은 경험되지 않으면서 경험되는 상태, 절대적 상태입니다.

바로 지금 여기는 모든 이들이 동등하게 누리는 '내가 여기 있다'는 근원적인 느낌, 현존의 감각, 의식의 내용물이 텅 빈 순수한 자각의 상태입니다.

이 상태는 새롭게 얻거나 창조할 수 있는 것이 아닙니다. 이 상태는 우리의 본래 상태, 본성으로 언제나 눈앞에서 경험하고 있습니다.

이미 완전하게 현존하기 때문에 이것을 하나의 다른 상태로서 알거나 경험하고자 하면 결코 알 수도 없고 경험할 수도 없습니다. 이것이 비밀입니다.

오히려 어떤 느낌, 감정, 의식의 상태에도 집착하지 않고 무심할 때 비로소 본래 엄연히 있었던 것에 대한 자각이 자연스럽게 찾아올 수 있습니다.

본래의 상태에 대한 자각 이후 차츰차츰 말과 개념을 넘어선 이해가 확장해 나가다가, 어느 순간 모든 의문이 사라지고 명징한 지혜가 발현됩니다.

자아와 세계에 대한 모든 의문이 사라지면서 구도는 종말을 맞이하게 됩니다. 애초부터 찾는 자도, 찾을 것도, 찾는 일도 없었습니다.

그대는 시작도 끝도 없는 절대적인 현존, 언제나 바로 지금 여기 이와 같이 있음, 상대적이고 무상한 모습으로 드러나는 절대적이고 영원한 존재입니다.

57.

"의무에 대한 믿음이 그것의 실행을 위해 상대적 세계를 창조한다. 지혜로운 사람은 그 자신이 형상이 없고, 영원하며, 모든 곳에 편재하고, 티 없이 순결함을 아는 까닭에 의무와 세상을 초월한다."

돈, 이성(異性), 혈육 등의 세속적 대상에 대한 집착이 의무감을 일으키고, 그 의무감으로 인해 우리는 더욱더 상대적인 세상에 얽매이게 됩니다.

어떤 느낌, 어떤 감정, 어떤 생각 이전에 이미 있는 무한한 생명이자 존재, 의식인 자기 자신이 하나의 몸과 마음 안에 축소되어 갇혀 버리게 된 것입니다.

꿈을 꿀 때, 꿈속 세상 전체가 자기 자신의 의식이 만든 허구임에도 불구하고 그 꿈속 세상의 주체인 '나'만을 자기 자신으로 착각하는 것과 같습니다.

자기 자신이 사실은 어떤 한계도 없는 존재-의식-생명임을 즉각적이고 직접적으로 깨달아 자아가 만들어 낸 이야기 속에서 빠져나와야 합니다.

자신의 만든 거미줄에 걸리지 않는 거미처럼, 복잡한 관계의 그물망이 만들어 놓은 의무와 책임에 얽매이지 않는 자유를 누려야 합니다.

꿈속 세상의 모든 현상이 결국 꿈 하나이듯이, 자아와 모든 상대적 세계의 본질은 단일하고 동일하며 균일한 존재-의식-생명 하나입니다.

이것은 상대적인 앎과 모름, 이해의 문제가 아니라, 절대적인 인식의 비약, 깨달음의 문제입니다. 깨달음을 구하는 자아가 이 문제의 유일한 장애입니다.

그대는 바로 지금 여기의 존재이며, 의식과 무의식 모두를 포괄하고 있는 근본 의식이자, 시작과 끝이 없는 영원한 생명 그 자체입니다.

58.

"어리석은 사람은 아무것도 하지 않을 때조차도 산만함으로 동요되고, 능숙한 사람은 그의 의무를 다할 때조차도 고요하고 흔들림이 없다."

행위 하는 자가 있다면 당연히 그 행위로 인한 과보 또한 있으며, 그 행위의 과보를 받는 자 역시 있게 됩니다.

우리는 모두 각자가 행위의 주체로서 행위 하며, 그 행위로 인한 과보를 받게 된다고 믿기 때문에 언제나 선택의 문제 앞에서 주저하게 됩니다.

그러나 과연 그런가요?

눈을 통해 사물을 보는 행위의 주체가 진정 그대인가요? 온갖 육체적 감각과 감정, 생각을 일으키는 자가 진정 그대 자신이 맞나요?

온갖 작용은 저절로 일어났다 사라지지 않나요? 그런데 우리는 그 모든 작용을 '내가 한다'고 착각하고 있는 것은 아닐까요?

오히려 온갖 작용들은 저절로 일어났다 사라지지만, 그러한 작용들이 펼쳐질 수 있는 시공간, 경험의 장은 늘 바로 지금 여기로 변함없지 않은가요?

우리는 혹시 언제나 변함없이 바로 지금 여기 있음의 느낌을 '나'라는 허구적 주체로 축소하고 객관화하고 있지는 않은 것일까요?

행위자와 그의 행위, 그리고 그로 인한 과보가 따로 있는 것이 아니라, 결국 바로 지금 여기 있는 경험의 장에서 일어난 분별 망상일 뿐이지 않을까요?

끊임없이 물결치는 온갖 파도가 결국 바다를 벗어나 있지 않듯이, 겉보기엔 끝없는 변화 작용 또한 결국 언제나 변함없는 바로 지금 여기 아닌가요?

부분의 관점에서는 흘러가는 시공간 속에서 온갖 변화가 벌어지지만, 전체의 입장에서 보면 언제나 있는 그대로, 영원한 현재가 아닐까요?

59.
"실생활에서도 지혜로운 사람은 행복하다. 행복하게 앉고, 행복하게 잠자고, 행복하게 오가고, 행복하게 말하고, 행복하게 먹는다."

바로 지금 여기에 없는 것을 바라는 것이 불만족, 곧 불행입니다. 바로 지금 여기에 있는 것에 만족할 줄 아는 것이 행복입니다. 행복은 선택의 여지가 없는 바로 지금 여기에 있습니다.

앉아야 하면 앉는 것이 행복입니다. 잠들어야 하면 잠드는 것이 행복입니다. 오면 오는 것이 행복이요, 가면 가는 것이 행복입니다. 말할 때에는 말하는 것이 행복이고, 먹을 때는 먹는 것이 행복입니다.

바로 지금 여기에 없는 것은 모두가 관념, 이미지, 허상에 불과합니다. 허상을 바로 지금 여기에 있는 실재보다 원하는 것이 불행으로 가는 지름 길입니다. 불행은 스스로가 만든 것일 뿐 실재가 아닙니다.

아무런 바람이 없는 것이 행복입니다. 바로 지금 여기의 존재가 곧 지복 입니다. 매 순간순간이 완벽합니다. 모자라는 것도 없고 넘치는 것도 없습 니다. 딱 있는 이대로일 뿐입니다. 언제나 그렇습니다.

60.

"지혜로운 사람은 참나를 아는 까닭에 보통 사람들과 달리 일상생활에서 흔들리지 않는다. 그는 광활한 호수처럼 깊고 고요하다. 그의 모든 슬픔은 사라졌다."

일상생활에 흔들림이 싫어 흔들리지 않는 사람이 되려는 것이 일상생활 에 흔들리는 것입니다. 슬픔이 싫어 슬픔을 거부하려는 노력이 슬픔을 만 듭니다.

마치 자기 존재가 일상생활 속의 흔들림이나 슬픔과 별개로 존재하는 것처럼 여기지 마십시오. 깊고 고요한 호수와 그 표면의 물결은 둘이 아닙 니다.

일상생활 가운데 흔들릴 때 그 흔들림 속에 머무십시오. 슬픔이 찾아오 면 그 슬픔과 완전히 하나가 되십시오. 타자의 시선으로 그것을 바라보지 마십시오.

흔들림과 슬픔을 마주하고 움츠러들지 마십시오. 뒷걸음치지 마십시오. 거부하고 저항하지 마십시오. 다만 그저 알아차리십시오. 그저 수용하십시오.

또 흔들리는구나, 또 무너지는구나, 또 이러는구나, 울부짖는 내면의 목소리에 더 이상 귀 기울이지 마십시오. 그 절규마저 아무 판단 없이 바라보십시오.

그대는 그대의 생각보다 더 강한 존재입니다. 더 커다란 존재입니다. 모든 느낌, 감정, 생각을 수용하고도 넉넉할 만큼 광활한 존재입니다.

그대는 선택의 여지가 없는, 언제나 바로 지금 여기 있는 이대로 이것입니다. 다른 선택이 가능하리라는 망상, 헛된 희망을 버리십시오.

다만 정신을 똑똑히 차리고 지켜보십시오. 하나하나 맛을 보십시오. 흔들림과 슬픔, 비탄과 고통은 미처 해소되지 못하고 응결된 에너지일 뿐입니다.

그 에너지가 해소되는 순간, 출렁이는 물결 아래 있는 흔들림 없는 심연 (深淵)처럼, 미처 알아차리지 못했던 고요와 평화를 맞이하게 될 것입니다.

그때에야 비로소 영원한 현재인 의식, 언제나 변함없는 존재인 그대 자신을 깨닫게 될 것입니다. 본래 흔들림 없고, 슬픔이 물들일 수 없는 그대 자신을!

61.
"어리석은 사람에게는 휴식조차도 행위이다. 지혜로운 사람에게는 행위마저도 고요함의 결실을 맺는다."

행위와 비(非)-행위 이전에 그 둘을 포괄하면서도 초월한 무위(無爲)가 있습니다. 이 무위가 있기 때문에 행위도 가능하고, 행위하지 않음도 가능합니다.

이 무위를 깨닫지 못하면 언제나 행위와 비-행위 사이를 오락가락할 뿐 진정한 휴식은 없습니다.

이 무위를 깨닫는 순간, 아무리 행위 해도 행위 한 바가 없고, 아무 하는 일 없이 가만히 있어도 저절로 모든 행위가 이루어집니다.

모든 행위와 비-행위 배후에 있는 적정(寂定)의 공간, 이 무위는 앎도 아니고, 모름도 아닙니다. 그래서 무념(無念), 무상(無想)입니다.

그러나 이렇게 명백하게 있는 텅 빈 존재-의식, 순수한 의식-존재입니다. 너무나 어이없게 항상 이와 같이 있는 눈앞의 이것입니다.

62.

"어리석은 사람은 종종 그의 소유물에 반감을 보인다. 그러나 육체에 대한 애착이 떨어져 나간 사람은 집착하지도 않고 싫어하지도 않는다."

그대는 진정 무엇을 소유하고 있습니까?

예를 들어, 그대의 육체는 진정 그대의 소유인가요? 육체가 진정 그대의 소유라면 그것을 소유한 그대는 무엇인가요? 육체를 지각하고 있는 의식인가요? 그렇다면 의식은 무엇입니까?

의식에 대한 정의나 설명이 아니라 '의식'이라는 명칭으로 가리키는 것의 본질이 무엇이냐는 말입니다. 지금 '의식이 무엇일까?' 하고 한 생각을 일으키는 그것이 무엇이냐는 말입니다.

바로 지금 여기서 이 글을 보고 있는 것은 그대의 육체입니까, 의식입니까? '육체가 이 글을 보고 있다.'라고 하든, '이 글을 보고 있는 것은 의식이다.'라고 하든, 그 모두는 어디선가 일어난 한 생각입니다.

분명, 지각과 인식은 끊임없이 일어났다 사라지고 있습니다. 그러나 그러한 지각과 인식이 나타났다 사라지는 바로 지금 여기 '이것'은 나타나지도 않고 사라지지도 않습니다.

'이것'은 아무것도 소유하고 있지 않을 뿐더러 누구에게도 소유되지도 않습니다. '이것'은 집착할 수도 없고 거부할 수도 없습니다. '이것'은 어떤 것도 아니지만, 어떤 것도 '이것' 아닌 것은 없습니다.

'이것'이 무엇입니까?

63.

"어리석은 사람의 마음은 항상 생각하는 것이나 생각하지 않는 것에 집착한다. 그러나 지혜로운 사람의 마음은, 비록 생각해야 할 것을 생각할지라도, 생각하지 않음이 본성이다."

보통 사람들은 생각에 집착을 합니다. 왜냐하면 그 생각이 실체이고 진실이라고 믿기 때문입니다. 때로 생각 때문에 괴로울 때면 생각하지 않는 것에 집착합니다. 생각을 끊고 무념무상의 상태에 들어가기 위해 애를 씁

356

니다. 그 또한 생각이 실체이고 진실이라고 믿기 때문입니다.

그러나 생각의 본질을 꿰뚫어 본 사람은 그렇지 않습니다. 비유하자면 생각은 하늘에서 일어났다 사라지는 구름과 같습니다. 구름은 잠시 나타났다 사라지지만, 하늘은 언제나 있는 그대로 있습니다. 마찬가지로 끊임없이 일어났다 사라지는 생각의 바탕은 항상 변함없이 있습니다.

바로 지금 여기 이 글을 읽고 있는 이 순간, 이 글의 의미는 생각의 형태로 지각이 됩니다. 그 지각이 드러나고 있는 바탕, 배경, 공간은 다시 상대적으로 지각되지 않지만, 분명히 존재합니다. 마치 텅 빈 허공인 하늘 자체는 볼 수 없지만 구름과 같은 대상을 통해 허공의 존재를 알 수 있는 것과 같습니다.

오고 가는 생각과 상관없이 늘 바로 지금 여기에 있는 것, 그것이 존재-의식-참나입니다. 언제나 여기 있으며, 모든 것을 자각하고 있는, 진정한 자기 자신입니다. 새롭게 생겨나지도 않고, 특별한 느낌으로 지각되지도 않지만, 결코 부정할 수 없는 바로 이러함, 이 평범함일 뿐입니다.

64.

"지혜로운 사람은 직접 그의 손으로 행위 하고 있을 때조차 아무 일도 행해지지 않는 것을 본다. 그는 어린아이처럼 순수하며 아무 동기 없이 행위 한다."

많은 일이 일어났었고, 일어나고 있고, 일어날 테지만, 결국은 아무 일도 없습니다. 언제나 있는 이대로일 뿐 다른 일은 없습니다.

어리석은 사람은 자신의 의도, 자신의 행위, 자신의 업적에 의미를 부여

하지만, 그 모두가 꿈속의 일과 같음을 알지 못합니다.

이루어질 일은 이루어질 것이고, 이루어지지 않을 일은 이루어지지 않을 것입니다. 그러나 이루어지건 이루어지지 않건 결코 다른 일이 아닙니다.

언제나 있는 것이 바로 지금 여기 있습니다. 바로 지금 여기 있는 것만이 언제나 있습니다. 얻을 수도, 잃어버릴 수도 없는 것이 지금 여기 있습니다.

이 사실이 분명하다면 행위 하든 행위 하지 않든, 성공하든 실패하든, 늘어나든 줄어들든 아무 차이가 없습니다. 집착할 것 없음, 그것이 곧 자유입니다.

65.

"참나를 아는 자는 복이 있나니. 보고 듣고 느끼고 냄새 맡고 먹을 때조차 욕망에서 자유로울 뿐만 아니라 모든 상황 가운데서도 한결같다."

참나가 어떻고 무아가 어떻고 왈가왈부하기 이전에, 결코 부정할 수 없고, 무시할 수 없고, 회피할 수 없는 것은 무엇입니까?

어떤 느낌, 어떤 감정, 어떤 생각, 곧 어떤 경험이 일어나기 이전에 이미 분명하고 확실하게 있는 것은 무엇입니까?

바로 지금 여기 보고자 하여도 볼 수 없고, 듣고자 하여도 들을 수 없고, 느끼고자 하여도 느낄 수 없고, 알고자 하여도 알 수 없는 것이 있습니다.

그 도무지 알 수 없는 것을 생각 없음(無念), 모양 없음(無相), 머묾 없음(無住), 함이 없음(無爲), 나 없음(無我)이라고 부를 뿐입니다.

그것은 제 스스로는 아무것도 아니지만, 모든 것의 시원, 근본, 바탕입니다. 아무것도 아닌 것이 모든 것으로 드러나고 있습니다.

언제나 반복되는 것이지만 늘 새롭고, 늘 새롭지만 항상 이것입니다. 더이상 집착할 수도 없고, 더 이상 회피할 수도 없습니다.

이 엄연한 존재, 근원적인 의식이 참나입니다. 자아와 세계, 주관과 객관마저 포함하면서 그것을 초월해 있는 것이 참나입니다.

모든 상대성의 근원이지만, 모든 상대성을 넘어서 있는 것이 참나, 절대성입니다. 부분이 곧 전체는 아니지만, 전체를 벗어나 따로 있지 않습니다.

66.

"지혜로운 사람은 언제나 허공처럼 텅 비고 변함없는데, 자아가 어디에 있으며, 세상이 어디에 있으며, 궁극이 어디에 있으며, 궁극에 이르는 수단이 어디에 있겠는가?"

과거의 경험이 사라지고 미래의 경험이 아직 오기 전, 바로 지금 여기 무엇이 실재하고 있습니까?

모든 경험은 왔다가 지나가지만, 결코 새롭게 나타나지도 않고 다시 사라지지도 않는 것은 무엇입니까?

말과 생각이 거기에서 나왔지만, 말과 생각으로는 결코 파악할 수 없는, 말과 생각 이전의 자리, 말과 생각의 근원은 무엇입니까?

이런 황당한 질문 끝에 갑작스러운 생각의 정지, 아무 생각은 없지만 분명하게 살아 있는 침묵을 전광석화처럼 맛보아야 합니다.

그때 결코 개념화, 대상화할 수 없기 때문에 막막하지만, 스스로는 너무나 분명한 이 상태마저도 아닌 상태를 아는 바 없이 알게 됩니다.

이것이야말로 자아와 세계, 온갖 현상의 근원이지만, 자아도 아니고 세계도 아니며 온갖 현상마저도 아닌 것입니다.

67.
"모든 욕망에서 자유롭고, 자신의 본성인 지복을 체현한 사람은 영광스럽나니, 그는 참나 안에 침잠해 있다."

오고 가는 것은 나 아닌 대상이고, 참나는 시간을 초월하여 변함없이 언제나 바로 지금 여기 이렇게 있는 의식 존재입니다.

보통 사람들은 몸과 마음을 자기 자신과 동일시합니다. 그리하여 몸과 마음을 중심으로 벌어지는 역학관계, 곧 쾌와 불쾌, 행복과 불행, 삶과 죽음 등등의 사건들에 필연적으로 구속될 수밖에 없습니다.

그러나 과연 몸과 마음이 진정한 자기 자신, 참나일까요? 몸이란 결국 몸에 대한 지각, 의식이 아닐까요? 몸에 대한 지각과 의식이 없다면 몸이 독자적으로 존재할 수 있을까요? 결국 몸이란 의식 존재 아닐까요?

그렇다면 느낌, 감정, 생각, 곧 마음 또한 그렇지 않을까요? 결국 의식인 존재, 존재인 의식이 아닐까요? 몸과 마음에 대한 지각, 의식이 있을 때와 없을 때가 있지만, 의식인 존재, 존재인 의식, 의식-존재는 늘 있지 않은가요?

바로 지금 여기서 이 글을 보고 있는 그대의 경험이 일어나는 바로 이 자리, 이 의식, 이 존재 말입니다. 이 글자를 보고, 글의 의미를 이해하고, 거기에 대해 모종의 반응을 일으키는 그것 말입니다.

거기서 모든 지각, 인식, 반응이 출현하지만, 그것 자체는 결코 하나의 대상으로 파악할 수 없습니다. 도무지 파악할 수 없는 그것을 순수하다, 청정하다, 욕망에서 자유롭다, 상대적 정서를 넘어선 지복이라 표현할 뿐입니다.

참나는 우리가 마음대로 떠날 수 있거나 도달할 수 있는 것이 아닙니다. 우리가 바로 참나 자체입니다. 참나 상태란 다른 상태와 구별되는 특별한 상태가 아니라, 모든 상태를 다 포함하고 있는 상태 아닌 상태입니다.

다시 말합니다. 오고 가는 것은 나 아닌 대상이고, 참나는 시간을 초월하여 변함없이 언제나 바로 지금 여기 이렇게 있는 의식-존재입니다.

68.

"요컨대, 진리를 깨달은 위대한 영혼은 즐거움이나 해탈에 대한 욕망에서 자유롭다. 언제 어디서나 그는 아무것에도 집착하지 않는다."

진리는 허공과 같습니다. 언제 어디서나 나와 결코 분리되어 있지 않습니다. 나는 항상 그 안에 존재하며, 항상 그것으로 존재합니다. 내가 바로 허공입니다. 허공은 실체는 없지만 존재는 합니다. 없는 것처럼 있으며, 있지만 없습니다. 그것은 아무것도 아니지만 모든 것을 포용하고 있습니다.

자기 자신이 무한하면서 영원한 허공 같은 의식-존재임을 깨달은 사람은 모든 집착에서 벗어납니다. 즐거움이나 해탈의 욕망에서도 자유로워집니다. 즐거움과 해탈에 대한 추구가 바로 괴로움과 구속의 원인이기 때문입니다. 허공 같은 의식-존재인 나는 본래 괴로움에 물들지 않고 자유롭습니다.

어떤 노력과 수고, 수행을 통해 그리 되어 가는 것(becoming)이 아니라, 본래 나 자신이 애초부터 그러한 의식-존재(being)입니다. 나와 세계의 본질이 의식하는 자와 의식되는 대상을 포함하면서 초월한 허공 같은 의식, 무수한 존재자들의 실체 없는 존재입니다.

이 글을 읽고 있는 이 의식의 공간, 경험의 장(場), 바로 지금 여기 이것입니다.

69.

"스스로 순수한 의식 자체이며, 그저 이름과 생각으로 창조된 현상 세계가 존재하지 않는다는 사실을 본 사람에게 무슨 해야 할 일이 남아 있겠는가?"

천태만상의 현상 세계는 모두 이름과 모양, 그리고 그와 연관된 개념들에 의해 드러날 뿐입니다. 그러나 그 모든 다양성, 차별은 단지 절대적인 의식, 근원적인 의식, 순수한 의식 자체의 변형입니다.

마치 일정한 모양이 없는 순금에서 반지, 귀걸이, 목걸이, 팔찌 등등의 새로운 이름과 모양이 나오는 것과 같습니다. 그 다양한 이름과 모양의 장신구는 모두가 일정한 모양 없는 순금의 변형인 것입니다.

이름과 모양으로 이루어진 현상 세계는 끝없이 움직이고 변화합니다. 그것은 본질적으로 무상하고 아무런 실체가 없는 꿈이나 환상과 같습니다. 그러나 그 이름과 모양의 근원, 꿈과 환상의 바탕은 영원불변의 실재입니다.

그대는 무소부재의 의식-존재입니다. 그대는 모든 현상 배후의 목격자, 모든 현상의 근원입니다. 그대는 결코 이 현상 세계와 분리되어 있지 않습니다. 사실 현상 세계에서의 다양한 경험은 그대가 그대 자신을 경험하는 것입니다.

마치 꿈속 경험의 주인공도 꿈이고, 꿈속 경험의 대상들 역시 꿈이며, 꿈속의 모든 경험 또한 꿈인 것과 마찬가지입니다. 지금 그대라는 몸과 마음도 의식이고, 그대가 경험하는 대상들도 의식이며, 그 모든 경험 또한 의식입니다.

꿈을 꾸었지만 꿈이 실재하는 것이 아니듯, 현실을 살았지만 현실이라는 무엇이 남아 있지 않습니다. 많은 일이 일어났다 사라졌지만, 아무 일도 일어난 적 없고 사라진 적 없습니다. 언제나 바로 지금 여기 이대로입니다.

70.
"표현할 수 없는 것을 체험한 사람에게 평화는 자연스럽다. 그는 모든 현상이 다만 환상일 뿐이며, 아무것도 존재하지 않는다는 사실을 안다."

모든 대상을 보는 눈이 눈 자신만은 볼 수는 없습니다. 모든 대상을 자르는 칼이 칼 자신만은 자를 수 없습니다. 마찬가지로 모든 대상을 의식하는 의식이 의식 자신만은 의식할 수 없습니다.

그러나 다른 대상들을 보는 것을 통해 눈 자신을 확인할 수 있습니다. 다른 대상들을 자르는 것을 통해 칼 자신을 확인할 수 있습니다. 마찬가지로 다른 대상들을 의식하는 것을 통해 의식 자신을 확인할 수 있습니다.

대상이 없는 의식 자체, 절대적이고 근원적인 의식은 알 수 있는 것도 아니고 모를 수 있는 것도 아닙니다. 그저 스스로 자명한 존재 그 자체일 뿐입니다. 변화무쌍한 현상들은 결국 이 근원적인 의식—존재의 산물입니다.

일정한 형상, 내용, 실체가 없는 의식-존재가 다양한 형상, 내용, 실체를 가진 현상들로 나타납니다. 겉으로 보기에 현상들은 끝없이 변하지만 그 본질인 의식-존재는 언제나 변함없이 바로 지금 여기 이와 같이 있습니다.

따라서 현상들은 꿈이나 환상처럼 경험은 되지만 실재하지는 않는 것입니다. 스스로가 변함없는 의식-존재 자체임을, 애초부터 이미 그것이었음을 사무쳐 깨달을 때 더 이상 흔들림이 없는 마음, 근원적인 평화가 찾아옵니다.

71.
"자각의 빛 자체인 사람, 사물들의 비실재성을 본 사람에게 계율이나 무집착, 포기와 금욕 따위가 무슨 의미가 있겠는가?"

모든 객관 대상은 그것을 지각하고 인식하는 주체를 벗어나 독립적으로 존재하지 않습니다. 대상의 존재 여부는 결국 그것을 지각하고 인식하는 주체, 곧 '나'의 판단에 달려 있습니다. '나'를 떠나서는 어떤 대상도 독자적으로 존재하지 않는다는 말입니다. 그렇다면 '나'는 무엇인가요?

우선 우리가 '나'와 동일시하는 몸과 마음 또한 하나의 지각 대상, 인식 대상임을 잘 살펴보십시오. '나'가 지각하고 인식하니까 '나'의 몸과 마음이 있음을 압니다. 몸과 마음 또한 다른 객관 대상들과 마찬가지로 '나'에 의해 지각되고 인식되는 한낱 객관 대상일 뿐입니다. 그렇다면 '나'는 무엇인가요?

결국 자기 스스로는 지각되거나 인식되지 않지만, 다른 모든 대상을 지각하고 인식하는 것, '것'이라 말하지만 지각되고 인식되지 않기 때문에 '것'이라 부를 수조차 없는 것, 이것을 의식, 자각, 성품, 마음, 생명, 존재, 신 등등 온갖 이름으로 부르지만 어떤 이름도 아닌 것이 참 '나'입니다.

이것은 바로 지금 여기 이 순간 이렇게 있습니다. 지금 이 글을 보고 읽고 생각하는 바로 지금, 바로 여기, 바로 이렇게 작용하고 있습니다. 어떤 실체는 없지만 분명 실재하며 작용하고 있습니다. 이것은 있다/없다, 옳다/그르다 등 모든 상대적 분별을 포함하면서도 초월해 있습니다.

여기에서는 모든 것이 긍정되면서 동시에 모든 것이 부정됩니다. 모든 것이 이것이지만, 어떤 것도 이것 자체는 아닙니다. 어떤 것도 집착하지 않지만 동시에 어떤 것도 거부하지 않습니다. 여기에서는 어떤 규칙도, 포기와 금욕도 없지만, 방종이나 탐닉 또한 없습니다.

모든 현상이 언제나 이것으로 말미암고 이것으로 있는 것, 그것이 자유자재(自由自在)입니다.

72.

"무한의 빛으로 빛나며, 상대적 존재를 지각하지 않는 사람에게 기쁨이나 슬픔, 구속이나 해탈이 어찌 있겠는가?"

자아와 세계는 지금 어디에서 드러나고 있습니까? 지금 여기 자아가 있다는 느낌의 근거와 저기 바깥에 세계가 있다는 느낌의 근거가 서로 다른가요? 그 느낌 속에 가만히 있어 보십시오.

온갖 천차만별의 지각과 인식의 뿌리는 결국 바로 지금 여기 이렇게 있음, 근원적인 존재-의식이 아닌가요? 어떤 경험 이전에 이미 이것이 있기에 모든 지각과 인식이 가능한 것 아닌가요?

이것을 추론하지 말고 바로 지금 당장 여기서 확인하십시오. 이것을 확인하려는 의도를 일으키기 이전에 이미 분명한 것이 있지 않습니까? 무엇이라 형상화, 개념화할 수 없지만, 부정할 수 없는 무엇이 있지 않습니까?

이 비(非)-형상이면서 무(無)-형상인 것, 비-개념이면서 무-개념인 것이 모든 형상과 개념의 근원이 아닌가요? 모든 현상과 개념은 여기에서 일어났다가 다시 여기, 이것 안으로 사라지지 않나요?

마치 고요한 연못에 문득 바람이 불자 수면 위로 물결이 일어났다가 바람이 잦아들면 다시 물결이 고요해지는 것과 같습니다. 어떤 형태의 물결이든 그 물결의 본질은 언제나 물일 뿐입니다.

73.

"참나를 깨닫기 전까지는 윤회 가운데 환영(幻影)이 계속된다. 그러나 깨달은 사람은 '나'라는 생각 또는 '내 것'이라는 생각 없이 살아간다."

경험은 있지만 경험하는 자와 경험되는 대상은 없습니다. 경험하는 자도 없고, 경험되는 대상도 없다면 그 경험은 꿈이나 환상, 그림자와 같습니다. 경험했지만 경험하지 않은 것과 다를 바 없습니다.

꿈을 꾸면서 꿈속의 '나'는 꿈속의 '대상'들을 경험하지만, 꿈을 깨고 나면 꿈속의 '나'도 본래 없었고, 꿈속의 '대상'도 본래 없었습니다. 그저 꿈이었을 뿐입니다. 경험했지만 경험하지 않은 것입니다.

우리가 깨어서 경험하는 현실 역시 마찬가지입니다. 엄연히 현실 경험의 주체인 '나'도 있는 것 같고, 경험의 객체인 '대상'도 있는 것 같습니다. 그러나 '나'와 '대상'은 경험 안에서 상호의존적으로 존재할 뿐입니다.

경험의 본질은 자기 의식적인 의식, 자각(Awareness)입니다. 바로 지금 여기 이렇게 있음, 현존(Presence)입니다. '나'와 '대상'은 그 자각이자 현존, 현존이자 자각, 순수한 의식의 빛 안에 나타난 환영입니다.

실재하는 것은 오직 이 자각-현존, 이 의식-존재뿐이라는 사실을 체득하는 것이 참나를 깨닫는 것입니다. 참나란 바로 지금 여기 드러나고 있는 이 환영을 벗어나 따로 없다는 사실을 사무치는 것이 궁극의 깨달음입니다.

어느 성자는 이렇게 말했습니다.
"이 세상은 환영이다. 브라만 홀로 실재한다. 브라만은 세상이다."

74.

"참나는 불멸이며 고통을 넘어서 있음을 아는 사람에게 지식이 어디 있고, 세상이 어디 있으며, '나는 육체다.' 혹은 '육체는 내 것이다.'와 같은 생각이 어디 있겠는가?

언제나 늘 있었던 것이 바로 지금 여기 이렇게 있습니다. 바로 지금 여기 이렇게 있는 것은 시간을 초월해 있는 영원한 현재입니다. 모든 대상 사물과 느낌, 감정, 생각들은 언제나 바로 지금 여기에 있을 뿐입니다.

시간의 흐름에 따라 뭔가 생겨나고, 머물다, 사라지는 것 같겠지만, 사실은 생겨나는 것도 없고, 머무는 것도 없고, 사라지는 것도 없습니다. 그저 바로 지금 여기 생겨남이 있고, 머묾이 있고, 사라짐이 있을 뿐입니다.

바로 지금 여기 있는 것이 언제나 늘 있는 것입니다. 이 있음, 이 현존의 공간 안에 모든 현상은 꿈이나 환상처럼, 물거품이나 그림자처럼 나타났다 사라집니다. 그러나 이 있음은 나타나지도 않고 사라지지도 않습니다.

이것에 사무친 사람에게는 더 이상 바랄 것도 없고, 집착할 것도 없습니다. 그것이 고통의 소멸이며, 대상 사물로부터의 해탈입니다. 그때 천차만별의 현상 세계가 나머지 없는 한 덩이의 전체로서 온전해집니다.

75.

"어리석은 사람은 생각을 없애는 것과 같은 행위들을 그만두자마자 곧장 변덕스러운 기분과 욕망의 희생자로 전락한다."

명상과 같은 수행을 통해서 깨달음에 이를 수는 없습니다. 그렇다고 그러한 수행을 하지 않음으로써 깨달음에 이르는 것도 아닙니다. 의도적인 행위와 의도적인 무위는 동일한 착각에서 비롯된 마음의 움직임에 불과합니다.

바로 지금 여기 있는 그대로의 나 자신으로 있는 것에 도달할 수 있는 길은 없습니다. 바로 지금 여기 있는 그대로의 나 자신으로 있는 것에서 벗어날 수 있는 길 또한 없습니다. 이것이 비밀 아닌 비밀입니다.

바로 지금 여기 있는 그대로의 나 자신은 하나의 느낌이 일어나기 이전, 하나의 감정이 생겨나기 이전, 하나의 생각이 떠오르기 이전, 하나의 행위를 일으키기 이전에 이미 존재하고 있습니다.

그것은 하나의 느낌으로, 하나의 감정으로, 하나의 생각으로, 하나의 행위로 대상화하여 파악하거나 경험하거나 소유하거나 개선할 수 있는 것이 아닙니다. 그저 바로 지금 여기 있는 그대로의 나 자신으로 있을 뿐입니다.

이 텅 비어 있음, 아무 실체 없음, 고요함, 그러나 이와 같이 살아 있음, 의식하고 있음, 존재하고 있음입니다. 도무지 알 수 없지만 너무나 분명한 눈앞의 이것입니다. 마음속 혼란이 멈추면 저절로 드러나는 것입니다.

의도적이고 반복적인 수행을 통해서는 오히려 이 존재의 자연스러운 상태, 의식의 본래적 상태를 깨닫기가 더욱 어렵습니다. 특정한 의식존재 상태의 추구는 결코 결승점에 도달하지 못하는 정신적 마차 경주와 같습니다.

이미 도달해 있는 곳을 향해 아무리 치달려도 한 걸음도 더 나아가지 못합니다. 이미 도달해 있다는 사실을 깨닫지 못하는 한, 끝없는 다람쥐쳇바퀴를 벗어날 수 없습니다. 그것이 근본적인 착각, 무지요, 어리석음입니다.

76.

"어리석은 사람은 진리를 듣는다 할지라도 자신의 망상을 포기하지 않는다. 노력과 억제를 통해 겉으로는 평온해 보일지라도, 속으로는 여전히 감각 대상을 갈망하고 있다."

진리는 한마디 말끝에 깨달을 수 있습니다. 말의 내용을 이해해서가 아니라, 말을 통해 문득 그 말이 나오는 근원, 그 말을 듣고 있는 진정한 자기 자신을 불현듯 확인함으로써 깨닫게 되는 것입니다. 그동안 자기 자신도 모르게 집착하고 있던 망상에서 벗어나는 순간, 의식의 질적인 비약, 근본적인 변형이 일어나는 것입니다.

그 질적인 비약과 근본적인 변형의 경험이 없기 때문에 추론과 억측만 할 뿐이요, 추론과 억측에 의지하고 있기 때문에 질적인 비약과 근본적인 변형의 경험을 하지 못하는 것입니다. 스스로 질적인 비약과 근본적인 변형의 경험을 하지 못한다면, 진리의 허상을 좇느라 바로 지금 여기 있는 이대로의 진리를 깨닫지 못할 것입니다.

진리를 깨닫기 위해 그대가 할 수 있는 일은 없습니다. 진리를 깨닫기 위해 그대가 해야 할 일은 없습니다. 진리는 어떤 수단과 노력을 통해 획득하거나 도달할 수 있는 것이 아닙니다. 진리는 그대에게서 시간적으로나 공간적으로 떨어져 있는 것이 아닙니다. 진리와 진리 아닌 것의 경계가 있다면 그것은 결코 진리가 아닙니다.

따라서 진리는 바로 지금 여기 있는 그대로의 그대 자신, 바로 '이것'입니다. 그대는 한시도 그대 자신이 아니었던 적이 없습니다. 진정한 그대는 내가 나임을 아는 '그것'입니다. 내가 나인 줄 아는 앎은 앎의 내용이 전혀 없는 순수한 앎입니다. 그 순수한 앎은 순수한 존재 그 자체입니다. 그대는 순수한 존재-의식, 영원한 현존입니다.

77.

"세상 사람들의 눈에는 행위하고 있는 것처럼 보일지라도, 지혜로운 사람은 아무 행위도 하지 않는다. 깨달음을 통해 노력을 떨쳐 버렸기에, 그는 어떤 행위나 말을 할 이유가 없다."

행위 그대로가 비(非)-행위이자 무(無)-행위입니다. 끝없는 변화 그대로가 영원히 변치 않는 바로 지금 여기 이것입니다. 모든 일이 벌어졌지만 결국 아무 일도 일어나지 않았습니다.

분명히 과거도 있고 현재도 있고 미래도 있지만, 동시에 과거도 없고 현재도 없고 미래도 없습니다. 분명히 태어났지만 실제로는 태어난 바 없으며, 분명히 죽지만 결코 죽지 않습니다.

아무리 보아도 하나도 본 것이 없고, 아무리 들어도 하나도 들은 것이 없습니다. 아무리 말을 해도 한마디도 말한 바가 없고, 아무리 생각해도 한 생각도 한 바가 없습니다.

입 열기 이전에 이미 다 말해 버린 셈이고, 손가락 까딱하기 이전에 이미 다 이루어진 셈입니다. 너무나 분명히 드러나 있기에 마치 숨겨진 것 같고, 숨겨진 채로 완전히 드러나 있습니다.

가든 오든 앉든 눕든 말하든 침묵하든 움직이든 가만히 있든, 모두 같으면서 다르고, 다르면서 모두 같습니다. 옳은 것은 옳기 때문에 그른 것이 되고, 그른 것은 그른 그대로 옳은 것이 됩니다.

영겁의 세월이 오직 지금 이 순간일 뿐이며, 지금 이 순간이 그대로 영원입니다. 어디를 가도 결국 다른 것이 없고, 다른 것이 없는 가운데 모든 것이 있습니다. 얻는 것도 없고, 잃는 것도 없습니다.

언제 어디서나 이와 같고, 이와 같을 뿐입니다.

78.

"언제나 변함없고 두려움 없는 지혜로운 사람에게는 어둠도 없고, 빛도 없으며, 잃어버릴 것도 없다. 아무것도 없다."

깨달음에는 '이것이 깨달음이다.'라고 할 것이 전혀 없습니다. 특별한 능력이 생기거나 남다른 의식 상태 속에 항상 머물러 있는 것도 아닙니다. 오히려 깨달음에 대한 여러 가지 선입견들이 깨달음의 유일한 장애물입니다. 진정한 수행이란 그러한 선입견들이 장애물임을 바로 보는 것일 뿐입니다.

모든 허상이 사라질 때, 마지막까지 남아 있는 그것이 진실입니다. 느낌과 감정, 생각, 의식의 상태는 끝없이 변화하지만, 그 모든 변화의 밑바탕에는 언제나 변함없는 것이 있습니다. 그 변함없는 것이 온갖 변화로 스스로를 현시하고 있습니다. 눈앞의 이것이 바로 그것입니다.

이해할 것도 없고, 체험할 것도 없습니다. 얻어야 할 것도 없고, 잃어야 할 것도 없습니다. 향해 가야 할 곳도 없고, 뒤돌아 나와야 할 곳도 없습니다. 그저 바로 지금 여기, 있는 그대로의 자기 자신, 바로 이것입니다. 아무것도 아니고, 아무것도 없는 이것이 그것입니다.

79.

"인내심과 분별력, 두려움 없음, 이런 것들이 요기에게 무슨 소용이 있겠는가? 그의 본성은 묘사될 수 없으며 개인성을 벗어나 있다."

하나를 선택하는 순간, 나머지 모든 것을 포기하는 셈이 됩니다. 그러므로 하나마저 내려놓을 때, 나머지가 없는 전체를 얻은 바 없이 얻게 됩니다. 이것이 진리는 얻을 수 있는 대상이 아니라는 말의 참뜻입니다. 진리는 항상 바로 지금 여기 있는 이대로입니다.

둘이 없다면 얻을 수 있는 하나마저 없습니다. 어떤 것도 지키거나 유지하기 위해 애쓸 것이 없습니다. 그렇다고 무기력과 무분별의 구덩이 속에 빠져 있지도 않습니다. 무차별의 전체성 가운데 온갖 차별의 개체성을 잃지 않으며, 유한한 개별자를 통해 무한한 보편자가 드러납니다.

중세의 신비가 마이스터 에크하르트는 이렇게 말했습니다.
"내가 하나님을 바라보는 그 눈을 통해 하나님은 나를 바라본다."

80.

"천국도 없고, 지옥도 없으며, 삶 가운데 해탈조차 없다. 요컨대, 의식이 텅 비어 있거늘 무엇을 더 말할 수 있겠는가?"

선시(禪詩) 가운데 이런 구절이 있습니다.

"대나무 그림자 계단을 쓸어도 먼지가 일어나지 않고
달빛이 연못 바닥까지 뚫어도 물에는 흔적이 없네."

모든 것이 다 있는 이대로 아무것도 없는 것이며, 아무것도 없는데 또 이렇게 모든 것이 다 있습니다. 이것은 생각의 대상, 사려와 분별의 문제가 아닙니다. 한 생각 일으키기 이전에 이미 분명한 무엇에 대한 직관, 깨달음의 문제입니다.

자기 손등을 꼬집어 보십시오. 분명 이전까지 없었던 아픔이라는 감각이 있을 것입니다. 그런데 과연 아픔만 홀로 있나요? 잘 살펴보십시오. 조금 지나면 아픔은 사라질 것입니다. 아픔은 사라졌지만 뭔가 변함없는 것이 거기 있지 않습니까?

이것은 어떤 실체 없이 텅 비어 있는 것 같지만 생생하게 살아 있는 것입니다. 하나의 대상처럼 오고 가거나 나타났다 사라지지 않고 항상 바로 지금 여기 이와 같이 있습니다. 그것이 바로 의식, 현존, 자각, 존재, 생명, 무아, 참나입니다.

81.

"지혜로운 사람은 충족을 갈망하지도 않고 부족을 슬퍼하지도 않는다. 그의 마음은 고요하며 불멸의 감로수로 가득 차 있다."

이것을 어찌 더 가득 채울 수 있겠습니까? 이것을 어찌 더 잃어버릴 수 있겠습니까? 조금이라도 얻을 수 있거나 잃을 수 있다면 진정 이것은 아닙니다. 이것은 언제나 바로 지금 여기 있는 그대로입니다.

이 사실을 사무쳐 깨달은 사람은 더 이상 갈등이 없습니다. 비록 완전히 소멸되지 않은 옛 습관의 경향성으로 잠시 흔들릴 수는 있겠지만, 곧 언제나 변함없는 바로 지금 여기 이것(이곳)으로 돌아올 수 있습니다.

이 신비를 어찌 말과 글로 표현할 수 있겠습니까? 이 기적을 어찌 말과 생각 가운데서 따로 찾는 이들에게 전할 수 있겠습니까? 아아, 그들은 보여줘도 보지 못하고, 들려줘도 듣지 못합니다.

소멸의 두려움에 떨고 있는, 물 위의 물거품 같은 것이 우리 존재입니다. 그러나 물거품이 사라진다 해도 그것이 어디로 가겠습니까? 그것이 생겨났던 바로 그곳으로 그저 돌아갈 뿐입니다.

그대는 불멸의 의식, 불후의 존재 그 자체입니다.

82.
"욕망에서 벗어난 사람은 착한 사람을 칭찬하거나 나쁜 사람을 비난하지 않는다. 행복과 불행 가운데서 똑같이 만족하기에 그는 어떤 것도 바꾸려 하지 않는다."

완전한 멈춤에서 움직임이 나왔고, 움직임이 궁극에 이르면 완전한 멈춤에 이르게 됩니다. 지금 움직이고 있는 이대로 완전히 멈추어 있고, 완전히 멈추어 있는 가운데 모든 움직임이 일어나고 있습니다.

선이 일어나는 그 자리에서 악이 출현하며, 악이 사라지는 그 자리에서 선이 나타납니다. 행복이 나온 곳에서 불행도 나오며, 불행이 사라지는 그 자리로 행복도 사라집니다.

어떤 것도 둘은 없습니다. 하나에서 둘이 나오지만, 둘은 결국 하나로 돌아갑니다. 모든 것이 하나로 돌아가면 하나마저도 없습니다. 없는 것이 이렇게 있는 것이고, 있는 것은 이렇게 없는 것입니다.

어떤 시비분별도 일어나기 이전, 그 자리는 어떤 노력도 필요 없는 자연스러운 존재의 상태, 어떤 조작도 필요 없는 의식의 본래 상태입니다. 다른 모든 상태는 그 존재-의식의 변형에 불과합니다.

따라서 억지로 할 것도 없지만, 억지로 하지 않을 것 또한 없습니다. 가게 되면 가고, 오게 되면 오며, 보게 되면 보고, 듣게 되면 듣고, 느끼게 되면 느끼고, 알게 되면 알 뿐입니다. 저절로 그러합니다.

83.

"지혜로운 사람은 윤회를 싫어하지도 않고 참나를 욕망하지도 않는다. 그는 기쁨과 슬픔에서 자유로우며, 죽은 것도 아니고 살아 있는 것도 아니다."

그대가 태어나기 위해서는 그대가 이미 존재하고 있어야 한다는 사실을 아십니까? 그대가 태어나기 이전, 즉 그대의 존재가 부재하려면 그 부재를 경험할 그대가 먼저 있어야 합니다. 마찬가지로 그대가 죽어 사라지기 위해서도 그대의 죽음과 부재를 경험할 그대가 그 이후에도 존재해야 합니다.

그대 자신의 진정한 본질은 새롭게 태어나거나 죽을 수 없습니다. 이것은 황당무계한 생각이 아니라 엄연한 그대 자신의 체험입니다. 그대는 단한 순간도 존재하지 않은 적이 없습니다. 그대가 그대의 부재를 경험한다는 것은 어불성설입니다. 그대의 본질은 영원한 존재, 무한한 의식 그 자체입니다.

그대의 본질은 허공과 같습니다. 허공은 낮이 되면 밝고, 밤이 되면 어둡습니다. 그러나 허공 자체는 밝지도 어둡지도 않습니다. 봄이 오면 따뜻

376

하고, 여름이 오면 무덥고, 가을이 오면 쌀쌀하고, 겨울이 춥습니다. 그러나 허공은 따뜻하지도, 무덥지도, 쌀쌀하지도, 춥지도 않습니다.

그대의 본질도 그와 같습니다. 현상적으로는 깨어 있을 때와 깊이 잠들어 있을 때가 다르지만 그 본질은 결코 다르지 않습니다. 겉보기에는 태어남과 늙어 감, 병듦과 죽음이 다르지만 그 본질은 변함이 없습니다. 이 사실에 대한 분명한 자각이 깨달음, 곧 해탈입니다.

84.

"지혜로운 사람은 갈망이 없이 살아간다. 그는 자식이나 아내, 다른 사람에 대한 집착이 없으며, 감각의 대상들을 욕망하지 않을 뿐만 아니라, 자신의 육체마저 신경 쓰지 않는다."

현상적으로 보자면 깨달음은 일회적인 사건이 아니라, 일련의 과정입니다. 깨달음은 인식의 확장과 질적인 변화를 가져오는 정서적, 인지적, 영적 체험의 연속을 통해 점진적으로 이루어집니다.

외부에서 내부로, 지각과 인식의 대상에서 지각과 인식 그 자체로, 형상에서 비(非)-형상 또는 무(無)-형상으로, 생각에서 생각 아님 또는 생각 없음으로, 주의와 관심이 서서히 이동해 가는 과정입니다.

그 과정은 때로는 매우 지리하고 고통스러우며 혼란스러울 수도 있습니다. 낯선 경험들에 대한 두려움과 기존의 자아상이 허물어지는 혼란으로 과거의 익숙한 습관으로 회귀하려는 충동이 일어나기도 합니다.

그러나 도무지 알 수 없는 진리에 대한 헌신과 사랑으로 물러섬 없이 그 고통스러운 기간을 견뎌 내면, 어느 날 문득 인식과 지각의 상대적 이원성에서 벗어나 스스로가 무한한 전일성(全一性) 자체임을 자각하게 됩니다.

분리, 이원성, 대립, 갈등, 생멸, 변화는 무지개나 신기루와 같이 존재할 뿐 실체가 없음이 확연해집니다. 그 확신의 정도만큼 모든 현상을 있는 그대로 받아들이게 되고, 그 받아들임만큼 확신은 확고해집니다.

어떤 일이 일어나든 일어나지 않든 결코 다른 일이 아닙니다. 얼음이 물에 녹아 사라지듯, 자연스러운 생명의 흐름 속으로 녹아든 자아는 다시는 이전의 상태로 돌아가지 못합니다. 나는 의식-존재-생명 그 자체입니다.

85.

"지혜로운 사람은 마음대로 돌아다니면서, 주어지는 대로 먹고 살며, 해가 지면 그 자리에서 쉬지만, 가슴속은 늘 만족스럽다."

바로 지금 여기 이 순간이 진리입니다. 그것이 어떤 모양, 어떤 느낌, 어떤 상태일지라도 바로 그것만이 진리입니다. 그 진리에 순복하고 그것과 하나 되는 이가 지혜로운 사람입니다.

진리는 한계를 가지고 있지 않습니다. 그러므로 모든 것이 진리입니다. 진리는 비(非)-진리라는 대립쌍을 가지고 있지 않습니다. 진리 아닌 것이 있을 수 있다면 진리가 아닙니다.

모든 상대성, 이원성, 갈등과 대립을 초월하는 것이 진리입니다. 그것은 모든 상대성, 이원성, 갈등과 대립을 배제함으로써 초월하는 것이 아니라, 그 모든 것을 자기 안에 수용함으로써 넘어서는 것입니다.

바로 지금 여기 이 순간 모든 것이 진리입니다. 날씨는 싸늘해지고 거리의 낙엽은 바싹 말라 갑니다. 일상의 배경과 같은 권태 위로 소소한 행복은 혜성처럼 잠시 나타났다 사라집니다.

누군가는 태어나지만, 또 다른 누군가는 죽게 될 것입니다. 누군가는 웃고, 또 다른 누군가는 울 것입니다. 누군가는 커다란 성취감 속에 만족하고, 또 다른 누군가는 크나큰 상실감 속에 절망할 것입니다.

그저 그럴 뿐입니다. 그래도 서로 다른 일이 아닙니다. 그 모든 것이 진리입니다. 따뜻한 봄날 나뭇가지 위에 꽃망울을 피우던 그 힘이 쓸쓸한 가을날 나뭇잎을 붉게 물들이고 낙엽 지게 합니다.

진리에는 경계선이 없다는 사실을 깨달을 때, 그대가 바로 진리입니다. 그대와 진리는 결코 둘이 아닙니다. 진리인 나, 나인 진리입니다. 언제 어디서 항상 진리로, 진리만이 살아 있습니다.

86.

"자기 자신의 존재 속에 뿌리 내리고 탄생과 재생에 무심한 위대한 영혼은 자신의 몸이 죽고 사는 것에 신경 쓰지 않는다."

죽은 이에게 들려주는 〈염불문〉에 다음과 같은 게송이 있습니다.

태어나서는 어디에서 왔다가,
죽어서는 어디로 가는가?
태어남이란 한 조각 뜬구름이 일어나는 것이요,
죽음이란 한 조각 뜬구름이 사라지는 것이네.

뜬구름 자체는 본래 실체가 없나니,
살고 죽고 오고 가는 것 또한 그러하다네.
그러나 한 물건이 항상 홀로 드러나 있어
담담히 삶과 죽음을 따르지 않네.

태어났지만 온 곳이 없고, 죽지만 가는 곳이 없습니다. 없는 것(곳)에서 왔다가 없는 것(곳)으로 돌아가니, 오는 것도 없고 가는 것 또한 없습니다. 나고 죽고 오고 가지만, 남도 없고 죽음도 없고 옴도 없고 감도 없습니다.

그러나 그 가운데 분명 태어나지도 않고 죽지도 않으며, 오지도 않고 가지도 않는 '무엇'이 있습니다. 그 '무엇'이야말로 우리 존재의 본질, 근원입니다. 현상적으로는 분명 살고 죽지만, 본질에 있어서는 불생불멸입니다.

뜬구름 같은 자아와 세계는 허공 같은 의식·존재의 공간 안에 잠시 나타났다가 사라집니다. 의식의 대상들, 상대적 존재들은 생멸변화 하지만, 의식 자체, 존재 자체는 생멸이 없고 변화가 없습니다.

우리의 진정한 정체성, 참나는 몸과 마음이 아니라, 그 몸과 마음은 물론 세계 전체가 나타나고 있는 광활한 의식의 공간, 무한한 존재의 장(場)입니다. 항상 바로 지금 여기 있는 자각의 성품입니다.

87.
"지혜로운 사람은 홀로 서며, 아무것도 신경 쓰지 않으며, 어떤 소유물도 가지고 있지 않다. 그는 마음대로 행위 하며, 이원성에서 자유로우며, 모든 의문은 산산조각 났다. 그는 진실로 축복받았다."

어리석은 사람들은 바로 지금 여기 이렇게 저절로 있는 자기 자신의 존재성을 알지 못합니다. 바로 지금 여기 이렇게 있는 이 존재의 성품, 이 자연스러운 의식, 이 살아 있음의 느낌 말입니다.

진리와 그것에 대한 깨달음이란 대단하고 특별한 무언가가 아닙니다. 너무나 당연하고 당연한 사실에 대한 인식, 너무나 당연하고 당연하기에 오히려 무시하고 간과했던 사실에 대한 인정일 뿐입니다.

바로 지금 여기 이렇게 있는 존재의 느낌, 자연스러운 의식, 살아 있음이야말로 모든 느낌과 감정, 생각 이전의 근본 바탕입니다. 이것은 모든 현상이 나타날 수 있는 깨끗한 허공, 스크린과 같습니다.

이것이야말로 다른 인연들에 의지하지 않고 독립적으로 존재하는 것이자, 모든 상대적인 느낌, 감정, 생각 너머의 것이며, 모든 것이 여기에서 드러나고 사라지지만 제 스스로는 드러나지도 사라지지도 않는 근본 바탕입니다.

이 사실에 대한 분명한 체인(體認), 체득(體得)이야말로 진정한 깨달음입니다. 그리고 이 사실에 대한 체험적 인식을 통해 기존의 인지 구조와 행동 양식이 서서히 변해 가는 것이 깨달음 이후의 과정입니다.

참으로 흥미로운 것은, 깨달음 이후의 과정 끝에 도달한 결론이 깨달음 이전의 깨닫지 못한 바로 그 상태라는 사실입니다. 깨달음 이후의 과정이란 처음 출발했던 바로 그 자리로 돌아오는 여정이었습니다.

그때야 비로소 매 순간순간, 한 걸음 한 걸음마다 언제나 바로 지금 여기 이 자리라는 사실에 놀라움을 감추지 못하게 됩니다. 둘이 사라지면 하나마저도 남아 있지 않습니다. 하나마저 서지 못하는 그 자리가 그대의 참 나입니다.

88.

"지혜로운 사람은 '내 것'이라는 감각이 없다. 그에게는 흙과 돌과 금이 동일하다. 그의 가슴을 묶고 있던 매듭은 풀렸다. 그는 탐욕과 무지에서 자유롭다."

우리는 보통 육체 경계선을 기준으로 그 안을 자기 자신이라 생각하고 그 밖을 내가 아닌 세계라고 규정합니다. 그러나 엄밀하게 관찰하면 자아와 세계를 나누는 경계선은 순전히 관념적인 것이며, 사실에 있어서 자아와 세계는 나뉘어 있지 않습니다.

자아와 세계는 언제나 동시에 전체적으로 드러났다가 동시에 전체적으로 사라지는 의식 위의 경험에 불과합니다. 자아와 세계는 단일하고 동일한 의식이 주관과 객관으로 분리되면서 경험되는 것으로, 그 본질에 있어서는 어젯밤에 꾼 꿈과 같습니다.

자아와 세계, 주관과 객관 모두가 동일하고 단일한 의식, '참나'라면, 모든 것이 '참나'이므로 달리 '참나'는 없는 셈입니다. 이것이 무아(無我)가 바로 진아(眞我)요, 진아가 바로 무아인 이유입니다. 모두가 '나'이므로 '나'도 없고 '나의 것'도 없습니다.

바로 그러할 때, 실상(實相)에 대한 무지(無知)에서 비롯된 탐욕, 탐욕에서 비롯된 무지가 저절로 해소되기 시작합니다. 스스로를 얽어매어 놓았던 관념의 속박, 매듭에서 서서히 풀려나면서 해방감과 자유로움을 실감하게 됩니다. 나는 언제나 그냥 나입니다.

89.

"가슴속에 아무런 욕망도 없고, 모든 것에 만족하고 무심한 자유로운 영혼과 비교할 만한 사람이 누가 있겠는가?"

본래 완전무결하게 주어져 있는 이 의식·존재·생명을 비로소 새삼스럽게 알아차리는 것이 깨달음의 첫 관문입니다. 너무나 오랫동안 감각과 생각에 의한 무의식적인 분별에 익숙해 있다가, 문득 그 모든 분별 너머 단일하고 전일한 의식·존재·생명을 직접 체험하는 것입니다.

광대무변한 의식·존재·생명의 첫 체험 이후 한동안 여전히 그것을 체험한 '나', 또는 그것과 상대하고 있는 자아의 존재감이 남아 있습니다. 그래서 마치 진리의 세계와 현실의 세계, 두 개의 세계가 있어 그 사이를 오락가락하는 듯한 불편함, 부자유스러움이 있게 됩니다.

그렇게 애매모호한 상황 속에서도 자신이 발견한 진리, 의식·존재·생명에 계속 주의를 기울이고 있다 보면, 차츰 자신도 모르게 얽매여 있는 관념, 무의식적 습관들을 스스로 알아차리고 서서히 거기에서 풀려나게 됩니다. 이 과정에서 자칫 과거의 습기, 업력에 다시 끌려갈 수도 있습니다.

그러다 다시 문득 우리의 인간적인 속성, 전체와 분리된 부분이자 유한한 생명을 가진 개체라는 견고한 자아상이 일순간 허공 가운데의 신기루나 안개처럼 느껴지면서, 자기 자신이 본래 무한한 허공과 같은 의식·존재·생명 그 자체임을 철두철미하게 깨달아 확신하게 됩니다.

결국 진리, 실제로 존재했던 것은 언제나 바로 지금 여기 있는 그대로의 자기 자신인 의식·존재·생명뿐이었습니다. 이것은 깨달았다고 해서 새롭게 얻거나, 깨닫지 못했다고 해서 갖지 못하는 특별한 능력이나 경지, 의식 상태가 아닙니다. 그것은 결코 변함없는 우리의 본성, 세계의 실상입니다.

90.

"오직 욕망에서 자유로운 사람만이 아무것도 아는 것 없이 알고, 아무것도 말하는 것 없이 말하고, 아무것도 보는 것 없이 본다."

지금 당장 아무것도 보지 말고, 아무것도 듣지 말고, 아무것도 느끼지 말고, 아무것도 생각하지 말아 보십시오.

그렇게 할 수 있습니까?

보고 싶지 않아도 저절로 보이고, 듣고 싶지 않아도 저절로 들리고, 느끼고 싶지 않아도 저절로 느껴지고, 생각하고 싶지 않아도 저절로 생각이 일어납니다.

'나'라는 주체, 자아가 있어서 보고 듣고 느끼고 생각하는 것이 아닙니다. 이렇게 보고 듣고 느끼고 생각할 수 있기 때문에 그런 행위를 하는 '나'가 있다고 여길 뿐입니다.

볼 줄 알고, 들을 줄 알고, 느낄 줄 알고, 생각할 줄 아는 각각의 능력이 있는 것이 아니라, 단일하고 동일한 힘, 의식·존재·생명이 보는 것으로, 듣는 것으로, 느끼는 것으로, 생각하는 것으로 드러납니다.

어젯밤 꾸었던 꿈을 떠올려 보십시오. 꿈속에서 보고 듣고 느끼고 생각한 모든 것이 꿈이었습니다. 작용의 주체도 꿈이었고, 작용의 객체도 꿈이었으며, 작용 그 자체마저 꿈이었습니다.

마찬가지로 깨어 있는 상태에서 많은 것들 보고 듣고 느끼고 생각하지만, 사실 그 주체도 의식·존재·생명이요, 그 객체도 의식·존재·생명이며, 그 작용 전체 또한 다름 아닌 의식·존재·생명입니다.

실제로는 보는 자도 없고, 보이는 대상도 없고, 보는 일도 없지만, 꿈에서와 같이 보는 자도 있고, 보이는 대상도 있고, 보는 일도 있습니다. 듣고 느끼고 생각하는 일 또한 마찬가지입니다.

따라서 아무리 보아도 실제로는 아무것도 본 것이 없고, 아무리 들어도 실제로는 아무것도 들은 것이 없고, 아무리 느껴도 실제로는 아무것도 느낀 것이 없고, 아무리 생각해도 실제로는 아무것도 생각한 것이 없습니다.

91.

"거지든 왕이든 욕망이 없는 사람은 훌륭하다. 그는 더 이상 사물을 좋다거나 나쁘다는 관점에서 보지 않는다."

모든 것을 둘로 나누어 보는 한, 욕망이 없을 수는 없습니다. 제한되고 분리된 존재는 대상의 소유나 자기 자신의 확장을 통해 만족을 추구하게 마련입니다. 대상에 대한 욕망의 추구는 우리의 허망한 자아가 더 굳건한 안정감을 획득하기 위한 집착의 몸부림에 지나지 않습니다.

그러나 욕망은 충족되는 경우에도, 충족되지 않는 경우에도 모두 고통의 근원이 됩니다. 욕망이 충족되지 않았을 때는 그 바람만큼의 불만족이 고통을 줄 것이지만, 욕망이 충족되었다 할지라도 얼마 지나지 않아 또 다른 욕망이 출현함으로써 끝없는 추구의 쳇바퀴에서 벗어날 수가 없기 때문입니다.

모든 현상 너머의 비이원성, 전일성을 체감해야만 욕망에서 자유로울 수 있습니다. 욕망을 억제하거나 끊어 버리기 위해 애써 노력하는 것이 아니라, 욕망의 성취와 좌절이 서로 대립되고 모순되는 것이 아님을 깨달아야 합니다. 그럴 때 비로소 욕망에서 초연해지고 그 집착에서 벗어날 수 있습니다.

좋은 것도 따로 없고, 나쁜 것도 따로 없습니다. 좋은 것이 때로 나쁜 것이 되고, 나쁜 것이 때로 좋은 것으로 변합니다. 누군가에게 좋은 것이 다른 누군가에게는 나쁜 것이고, 누군가에게 나쁜 것이 또 다른 누군가에게는 좋은 것입니다. 진실로 그러할 때 모든 것을 있는 그대로 받아들일 수 있습니다.

진정한 그대 자신은 어떤 대상의 획득과 상실을 통해 더 늘어나지도, 더 줄어들지도 않습니다. 진정한 그대 자신은 모든 것을 포함하고 수용하고 있지만, 그 어떤 것에도 의지하거나 의존해 있지 않습니다. 진정한 그대 자신은 조금도 넘치거나 모자란 것이 없이, 언제나 있는 그대로 완전합니다.

92.
"삶의 목표에 도달했고 신실함을 체득한 요기에게는 방탕한 행위도 없고, 절제도 없고, 진리에 대한 욕망조차 없다."

이미 도달해 있는 장소에 이르기 위한 방법은 없습니다. 그 사실을 알지 못하고 그 자리에 이르기 위해 애쓰고 노력하면 할수록 오히려 그 자리에서 스스로 멀어집니다.

이미 참나인데 다시 참나가 될 수는 없습니다. 무언가가 되려는 충동이 일어나는 순간, 본래의 참나는 그 욕망에 가려져 보이지 않게 됩니다. 참나는 하나의 대상이 아닌 바로 지금 여기 이것입니다.

멈추십시오. 완전히 멈추십시오. 한 생각도 일으키지 말고 그 자리에 꼼짝 마십시오. 주의를 바로 지금 여기 눈앞에 자연스럽게 두십시오. 모든 것을 허용하고 있는 눈앞의 의식 존재로 있어 보십시오.

어쩌면 그 단 한 번의 멈춤, 난생처음 마음을 쉬는 경험을 통해, 언제나 눈앞에 있었지만 미처 알아차리지 못했던, 순수한 의식 순수한 존재를 체감할지도 모릅니다.

적정(寂靜)의 의식 공간, 한계가 없는 자각의 성품, 너무나 평범하지만 광활한 살아 있음에 서서히 눈뜨게 될지도 모릅니다. 모든 차별 현상 너머(배후)의 단일하고 동일한 근원을 깨닫게 될지도 모릅니다.

그대는 이미 그대가 있는 이 자리에 있습니다. 그대는 언제나 그대 자신입니다. 그대는 단 한 순간도 그대가 있는 바로 지금 여기를, 그대 자신을 벗어날 수 없습니다.

그러나 그대가 바로 지금 여기 이 자리에서 일으키는 상상, 관념을 좇아가는 순간, 그대는 바로 지금 여기 그대 자신으로 있으면서, 그대 자신을 상실하고 헛된 망상 속을 헤매게 될 것입니다.

93.

"욕망과 고통에서 자유롭고, 참나 안에 안주하며 만족하는 사람의 내적 체험을 어떻게 그리고 누구에게 설명할 수 있겠는가?"

참나의 체험은 언제나 바로 지금 여기에서 경험하고 있습니다. 보통 사람들의 예상과 달리 참나의 체험은 특별한 경험, 특이한 의식의 상태나 경지가 아닙니다. 너무나 당연하고 평범한 바로 지금 이 순간의 의식·존재·생명입니다.

우리가 흔히 말하는 체험이란 특정 시점에 경험이 시작되고, 한동안 경험의 내용이 지속되다가, 다시 그 경험이 사라지는 과정을 말합니다. 그러나 참나, 참된 자기 자신의 체험은 시작도 없고 변화도 없고 끝도 없어야 합니다.

참나의 체험은 언제나 지금 여기 나로서 존재한다는 느낌, 근원적인 존재의 감각입니다. 그것은 순수한 의식 자체이자 모든 경험의 기본 토대로서 생생하게 살아 있음입니다. 아무 내용이 없이 텅 비었으나 깨어 있는 자각입니다.

누구도 이러한 참나의 체험을 하지 않는 사람이 없는데, 그 사실을 깨닫는 사람은 많지 않습니다. 대부분의 사람들은 자신이 지금 하고 있는 참나의 체험보다, 그 체험 위에 덧씌워진 감각 지각이나 생각에 집착하기 때문입니다.

우연히 바람결에 날려 온 꽃향기를 느낀다고 할 때, 꽃향기의 경험은 시작·유지·변화·소멸의 과정이 있지만, 그 경험의 바탕에는 냄새 맡을 줄 아는 능력, 자각의 성품이 언제나 있었다는 사실을 대부분은 알아차리지 못합니다.

아니, 추론을 통해 이해는 할 수 있을지언정 그것을 진실로 체감하지는 못하는 것 같습니다. 자기 자신의 참된 정체성이 바로 그 근원적인 능력,

근본적인 자각, 의식이자 존재이며 생명 자체라는 사실을 깨닫지 못하는 것 같습니다.

언제나 경험하고 있으며, 도무지 벗어날 길이 없는 자기 자신의 존재, 바로 지금 여기서 활동하고 있는 의식, 시작도 끝도 없는 영원한 생명, 그대 자신을 누가 어떻게 설명해 줄 수 있겠습니까? 자기를 남에게서 찾지 마십시오.

94.

"지혜로운 사람의 상태는 결코 달라지지 않는다. 곤히 잠들어 있어도, 그는 잠자지 않는다. 몽상에 잠겨 누워 있어도, 그는 꿈꾸지 않는다. 눈을 뜨고 있어도, 그는 깨어 있지 않다."

그대의 본래 상태, 참나의 상태는 억지로 말하자면 어떤 상태도 아닌 상태입니다. 어떤 상태도 아닌 상태이기 때문에 모든 상태가 바로 그대의 본래 상태, 참나의 상태입니다.

어떤 상태도 아닌 상태, 순수하고 청정한 의식-존재 가운데 잠들어 있는 상태, 꿈꾸는 상태, 깨어 있는 상태가 인연 따라 펼쳐집니다. 그대의 본래 상태는 그 세 가지 경계 속에서도 달라지지 않습니다.

그대가 꿈도 없는 깊은 잠 속에서 자아와 세계 모두를 망각한 무의식의 상태에 있었다는 것을 어떻게 알 수 있을까요? 잠 속에서 생각하는 자아는 없었습니다. 그러나 잠이라는 경계를 목격한 목격자는 있었습니다.

그대가 꿈속을 헤맬 때, 꿈속의 자아는 그대의 참나가 아닌 거대한 꿈의 일부입니다. 그대의 참나는 그 거대한 꿈 전체이자 그 꿈을 목격하고 있는 목격자입니다. 경험하는 자가 그대로 경험되는 대상입니다.

그대가 깨어서 활동할 때도 잠과 꿈속의 목격자는 여전히 깨어 있는 상태를 목격하고 있습니다. 그대는 그대의 자아와 세계를 매 순간 끊어짐 없이 자각하고 있습니다. 그대의 본래 모습이 바로 자각 자체입니다.

따라서 그대의 진정한 모습, 참나는 잠들지도, 꿈꾸지도, 깨어 있지도 않습니다. 그러나 동시에 잠도 들고, 꿈도 꾸고, 깨어 있기도 합니다. 그대는 언제나 활짝 깨어 모든 대상을 비추고 있는 목격자, 자각 자체입니다.

조심할 것은 목격자, 자각 자체는 목격되는 대상들, 자각의 대상들 바깥에 달리 존재하지 않는다는 사실입니다. 다시 말하지만, 경험하는 자가 그대로 경험되는 대상이며, 경험되는 대상이 그대로 경험하는 자입니다.

95.

"깨달은 사람은 생각하면서도 생각이 없고, 감각을 지각하면서도 지각이 없고, 지성을 가지고 있으면서도 마음이 텅 비어 있고, 자아의식을 가지고 있으면서도 자아의식이 없다."

불이법(不二法), 비이원성은 이법(二法), 이원성으로 구현(具現)됩니다. 불이법, 비이원성이라는 법칙이나 원리, 실체가 따로 있다면 그것이야말로 이법, 이원성입니다. 이법, 이원성 그대로가 불이법, 비이원성입니다.

절대성은 모든 상대성으로 스스로를 현현(顯現)합니다. 상대성을 벗어나서 따로 절대성이 있다면 그것은 여전히 상대성을 벗어나지 못한 것입니다. 상대성의 근원, 본질이 바로 절대성 자체입니다.

깨달음이란 이원성이 그대로 비이원성이요, 상대성이 그대로 절대성이라는 사실에 대한 발견, 모든 이원적이고 상대적 현상이 그대로 단일하고 동일한 실재의 발현(發現)이라는 사실에 대한 체감과 체득입니다.

따라서 깨달음 안에서 모든 대립과 모순은 통일되고, 온갖 역설은 직설적으로 진리를 표현하는 말이 됩니다. 생각하는 것과 생각하지 않는 것이 둘이 아니므로, 생각하는 것이 그대로 생각하지 않는 것입니다.

태어나는 것이 그대로 태어나지 않는 것이요, 죽는 것이 그대로 죽지 않는 것입니다. 내가 있는 것이 그대로 내가 없는 것이요, 내가 없는 것이 그대로 내가 있는 것입니다. 둘이 없으면 하나도 없습니다.

하나도 없는 자리에서 둘을 사용합니다. 때로 생각하기도 하고 하지 않기도 하고, 인연 따라 태어나기도 하고 죽기도 하며, 내가 있다고 여기기도 하다가 가끔은 내가 없다고 느끼기도 합니다. 그것이 자유입니다.

96.

"마음이 고요한 사람은 행복하지도 않고 불행하지도 않으며, 무심하지도 않고 집착하지도 않으며, 해탈하지도 않고 해탈을 구하지도 않는다. 그는 이도 저도 아니다."

이 일에 대한 모든 말은 틀린 말, 거짓말, 잘못된 말입니다. 이 말 역시 그러합니다. 이 말이 나오기 이전, 이 생각이 일어나기 이전은 말과 생각으로 헤아리거나 그릴 수 없습니다.

더 이상 알 수도 없고 모를 수도 없습니다. 더 이상 가까이 다가갈 수도 없고 멀어질 수도 없습니다. 더 이상 가질 수도 없고 잃어버릴 수도 없습니다. 더 이상 좋을 수도 없고 나쁠 수도 없습니다.

언제나 바로 지금 여기 있습니다. 너무나 당연하고 자연스럽습니다. 진정한 나 자신이기에 '나'라는 느낌이 전혀 없습니다. 아무것도 아니지만 모든 것으로 드러나 있습니다. 있는 것도 아니고 없는 것도 아닙니다.

말을 따라 생각을 일으키지 마시고, 말이 지각되고 생각이 인식되는 바로 그 자리, 그 텅 빈 공간에(으로) 머무십시오. 전후좌우 사방팔방 그 어느 곳으로도 나아가지 마십시오. 바로 그 자리입니다.

97.
"축복 받은 사람은 산란한 가운데서도 고요하다. 명상에 들어 있어도 그는 명상하지 않는다. 무지 속에서도 그는 명징한 채로 남아 있다. 배움이 있더라도 그는 아무것도 아는 것이 없다."

이것은 산란함과 고요함 모두의 근본 바탕이자 그 배후의 변함없는 배경입니다. 마치 연극 무대의 텅 빈 공간과 같습니다. 무대 장치와 조명, 등장인물과 그들이 벌이는 온갖 사건들이 쉼 없이 변화하는 그 와중에도 빈 공간은 언제나 아무 일 없이 그 자리에 있습니다.

명상 가운데 여러 가지 의식의 변성, 변화를 경험할지라도 이 근본 바탕, 배경과 같은 의식은 변함이 없습니다. 삼매의 평화로움, 환희, 고요함을 모두 지각하지만 그 지각의 근원인 이 근본 바탕, 순수한 의식 자체는 지각되지 않습니다. 다만 지각이 없다는 지각이 있을 뿐입니다.

따라서 현상적으로 보면 그것은 아무 내용이 없는 의식, 텅 빈 자각, 무지와 비슷해 보이지만, 그것은 무지마저 선명하게 비추고 있는 명징한 의식의 빛 자체입니다. 앎에도 모름에도 물들지 않는 순수한 의식, 청정한 마음입니다. 그것은 배움이나 수행의 결과로 얻어지는 것이 아닙니다.

그것은 그저 바로 지금 여기 이렇게 있는 눈앞의 사실 이 자체입니다. 매 순간순간 끊임없는 현상의 변화 자체가 그대로 영원불변한 진리의 모습입니다. 한순간이 곧 영원이고, 영원이 곧 한순간입니다. 그리고 그것이 그대 자신의 진정한 정체성, 참나입니다.

98.

"해탈한 사람은 욕망이 없다. 그는 어떤 상황에서도 참나에 안주한다. 그는 행위와 의무라는 개념에서 자유롭다. 그는 언제 어디서나 동일하다. 그는 자신이 했거나 하지 않은 일에 대해 걱정하지 않는다."

해탈한 사람은 없습니다. 해탈한 사람이 있다면 그는 해탈에 다시 구속된 사람일 뿐입니다. 해탈은 특정한 사람이 소유할 수 있는 대상이 아닙니다. 해탈을 소유할 사람이 없을 때, 소유될 해탈도 없고, 해탈이라는 관념 자체도 없습니다. 진정한 해탈은 해탈이라는 관념에서마저도 해탈하는 것입니다.

해탈에 대한 욕망마저 사라져 버렸을 때, 어떤 욕망도 힘을 쓸 수 없습니다. 욕망에 대한 끌림도 저항도 없을 때, 욕망은 욕망이 아니게 됩니다. 욕망은 그저 원초적인 생명 에너지일 뿐입니다. 다양한 형태로 분출되었다가 끝없이 자신의 본래 상태로 회귀하는 영원한 생명력입니다.

그대는 참나입니다. 이 세상은 참나입니다. 모든 것은 참나입니다. 언제나 어디서나 오직 참나뿐입니다. 따라서 참나마저 따로 없습니다. 참나마저 설 수 없는 그 자리에서 온갖 다양하고 차별된 현상이 펼쳐집니다. 낱낱의 현상이 참나이므로, 결국 낱낱의 현상도 없고, 참나도 없는 것입니다.

모든 것은 꿈이나 환상, 번갯불이나 이슬, 신기루나 그림자와 같은 존재일 뿐입니다. 존재는 있지만 존재자는 없습니다. 모든 것은 바로 지금 여기 이 순간 이 자리에서만 겨우 존재하는 듯한 것입니다. 있지만 사실은 있지 않은 것, 없지만 분명 있는 것처럼 보이는 것, 그것이 존재입니다.

99.
"그는 칭찬을 받아도 기뻐하지 않고, 비난을 받아도 화내지 않는다. 그는 삶에 집착하지도 않고, 죽음을 두려워하지도 않는다."

언제나 바로 지금 여기 이와 같은 것이 참나입니다.

마치 눈앞의 텅 빈 허공과 같이, 밝음과 어둠 어디에도 물들지 않고, 높고 낮음 어떤 차별도 해당하지 않고, 창조와 파괴가 그 안에서 벌어지지만 스스로는 결코 영향 받지 않습니다.

바로 지금 이것이 그것입니다.

생각하면 도리어 알 수 없고, 생각을 쉬면 명백히 드러나 있습니다. 이것을 얻으려 하면 어디에서도 구할 수 없지만, 그 마음을 멈추면 이미 그대 자신이 그것이었습니다.

그대는 그대 자신을 향해 한 걸음도 더 나아갈 수 없습니다. 그대가 아무리 노력해도 다시 그대 자신이 될 수는 없습니다. 그대가 그대 자신을 소유하기 위해서 할 수 있는 일은 아무것도 없습니다.

그대는 이미 그것입니다.

100.

"마음이 고요한 사람은 사람들이 많은 곳을 피하지 않으며 황야나 숲을 찾지도 않는다. 그는 어떤 곳, 어떤 상황에서도 한결같이 고요하다."

그대의 본질, 그대의 진정한 정체성, 그대의 본래 모습은 텅 비어 아무 모양이 없지만 생생하게 살아 있는 의식·존재·생명입니다. 그대는 모든 현상과 사건 배후의 근본적인 침묵·평화·지복입니다.

이것은 특정 환경이나 상황을 바꿈으로써 얻을 수 있는 조건적인 상태가 아닙니다. 조건적인 상태는 그 속성상 안정되지 못하고 끝없이 변화할 수밖에 없으므로 영원불변의 진리, 참나가 아닙니다.

그대 자신을 특정 환경이나 상황, 조건과 대립해 있는 개체로 인식하는 한, 그대는 그대의 본질, 진정한 정체성, 참나를 깨닫지 못할 것입니다. 자기 자신을 망각한 결과, 불안과 불만족의 고통에서 자유롭지 못할 것입니다.

단 한 순간만이라도 생각의 움직임을 멈추고 바로 지금 여기 눈앞의 단순한 사실로 돌아오십시오. 그저 바로 지금 여기에 있음, 이렇게 모든 경험이 자각되고 있음에 머물러 보십시오.

'나'라는 자아의식보다도, 어떤 감각적 느낌보다도, 어떤 생각보다도 먼저 있는 것이 있습니다. 결코 상대적 대상으로 지각할 수 없고, 생각으로 파악할 수 없는 것이 있습니다. 그것이 무엇일까요?

이것은 질문이 아닙니다.

19장
참나 속에서의 휴식

참나의 영광 가운데 머물러 있는 내게
참나가 어디 있고 무아가 어디 있겠습니까?
선과 악, 혼란함과 명징함이 어디 있겠습니까?

1.

자나카 왕이 말했다.

"진리의 집게로 나는 가슴속 가장 깊숙한 곳에 박힌 생각의 가시를 뽑아 버렸습니다."

진리는 결코 말이나 생각으로 표현할 수 없습니다. 진리는 건네줄 수도 없고, 건네받을 수도 없습니다. 진리가 있다는 말도 틀린 말이지만, 진리가 없다는 말 또한 틀린 말입니다. 진리는 우리의 사고 영역을 모두 포함한 채로 초월해 있습니다. 따라서 진리에 대한 모든 언급은 임시방편일 뿐입니다.

진리에 대한 가르침은 그대가 가지고 있던 기존의 견해를 대신할 새로운 견해가 아닙니다. 진리에 대한 가르침은 때를 벗겨 내기 위한 비누거품과 같습니다. 비누거품은 결국 때와 함께 맑은 물에 씻겨 내려가야 합니다. 진리에 대한 가르침의 유일한 목적은 그대의 잘못된 견해를 녹이고 제거하는 것입니다.

진리에 대한 가르침에 귀를 기울이십시오. 진정한 가르침은 바로 그 경청(傾聽), 귀 기울여 듣는 바로 거기에 있습니다. 가르침에 사용된 언사(言辭)는 그대가 단 한 번도 주의 깊게 살펴보지 않은 그 듣는 자, 너무나 자연스러운 그대의 존재, 언제나 깨어서 작용하고 있는 그것을 가리키고 있을 뿐입니다.

진리에 대한 가르침을 잘못 듣지 마십시오. 이미 가지고 있는 견해로 판단하거나 분석하거나 종합하지 마십시오. 들리는 가르침의 내용보다 바로 지금 듣고 있음 자체에 머물러 있으십시오. 가르침은 나타났다 사라지지만 듣는 자, 그대의 존재는 언제나 바로 지금 여기 이렇게 아무 변화 없이 있습니다.

그대에게 아무런 견해가 남아 있지 않을 때, 비로소 그 자리에 언제나 있었던 진리가 나타납니다. 진리는 얻음이 아니라 잃음으로써, 어디론가 나아감이 아니라 돌아옴으로써, 행위와 노력이 아니라 멈춤과 깨달음으로써 발견될 수 있습니다. 언제나 바로 지금 여기 있는 것, 그것이 바로 그대, 곧 진리입니다.

2.

"찰나의 영광 가운데 머물러 있는 내게 법(法, Dharma)이 어디 있고 업(業, Karma)이 어디 있으며, 물질적 부와 분별력, 이원성과 비이원성이 어디 있겠습니까?"

지금 이 글을 보면서 여전히 뭔가 다른 것을 찾고 있다면, 그대는 이 경전과 저의 말을 전혀 이해하지 못한 셈입니다.

어디에도 의지함 없이 저 홀로 존재하는 것, 둘이 아니고 둘이 없는 것을 어떤 감각이나 이해를 통해 알 수는 없습니다.

그저 이것이 그것이고, 그대가 그것이라고 말할 수밖에 없지만, 이 말 역시 마지못해 그럴 뿐 아무 소용이 없는 말입니다.

진정한 그대 자신의 존재는 시작이 없었다는 사실을 탐구해 보십시오. 진정한 그대 자신의 의식은 언제나 변함이 없다는 사실을 돌아보십시오.

그대의 갈망이 극에 다다라 더 이상 나아갈 수 없을 때, 어쩌면 문득 생각의 한계를 뛰어넘어 무한과 하나 될 인연이 벌어질지도 모릅니다.

오직 그대만이 그대 자신을 구원할 수 있습니다.

3.

"참나의 영광 가운데 머물러 있는 내게 과거와 미래, 현재가 어디 있으며, 시간과 공간이 어디 있겠습니까?"

과거가 존재할 수 있는 유일한 시공간은 바로 지금 여기, 내 눈앞입니다. 과거는 기억이라는 형태로 바로 지금 여기, 내 눈앞에서 살아 있을 뿐입니다. 미래 또한 상상이라는 형태로 바로 지금 여기, 내 눈앞에서 펼쳐집니다. 현재는 현재라는 고정된 시점이 있는 것이 아니라, 언제나 바로 지금 여기, 내 눈앞을 가리키는 이름에 불과합니다.

그대와 그대 눈앞의 시공간이 따로 있는 것이 아니라, 그대가 바로 그대 눈앞의 시공간 자체입니다. 그대 눈앞의 시공간은 그대 바깥의 객관 현실일 뿐만 아니라, 그대로 그대의 내면, 정신세계 자체입니다. 내면과 외면이 분리되어 따로 있는 것이 아니라 바로 지금 여기, 그대 눈앞만이 유일한 실재입니다. 바로 지금 여기, 그대 눈앞이 그대의 본래 모습, 참나입니다.

바로 지금 여기, 그대 눈앞은 생각할 필요가 없는 유일한 실재입니다. 그곳에 가려 해도 갈 수 없고, 벗어나려 해도 벗어날 수 없습니다. 어떤 말과 글, 생각과 행동으로도 이것을 나타낼 수 없지만, 그 모든 것이 이것을 벗어나 따로 있지도 않습니다. 너무나 평범하고 자연스러운 존재의 상태이기에 거의 모든 사람이 이것을 알아차리지 못합니다.

무한과 영원은 마치 없는 것 같고 알지 못하는 것 같습니다. 완전히 공개되어 있기 때문에 오히려 숨겨져 있는 것 같고, 너무나 잘 알고 있기 때문에 도리어 모르는 줄 착각합니다. 이것을 얻으려 하는 자는 결코 얻지 못하고, 그 마음을 쉬어 버린 자는 이것을 잃어버린 적이 없습니다. 이것이 비밀 아닌 비밀이요, 반전(反轉) 중의 반전입니다.

4.

"참나의 영광 가운데 머물러 있는 내게 참나가 어디 있고 무아가 어디 있겠습니까? 선과 악, 혼란함과 명징함이 어디 있겠습니까?"

(1) 입을 열자마자 틀렸습니다. 생각을 일으키자마자 어긋났습니다.

(2) 입을 열어도 다른 일이 아닙니다. 생각을 일으켜도 이 일을 벗어나지 않았습니다.

이 두 가지 모순된 언사 가운데 어떤 것이 옳고, 어떤 것이 옳지 않을까요?

이 일을 스스로 밝히지 못했다면 두 가지 모두가 옳지 못하고, 이 일을 분명히 밝혔다면 두 가지 모두가 옳습니다. 이 일을 깨닫지 못하면 옳은 것이 모두 옳지 못한 것이 되고, 이 일을 철저히 깨달았다면 옳지 않은 것이 모두 옳은 것이 됩니다.

이 일은 그대 자신 안에 있으면서 동시에 밖에 있습니다. 그대 자신 안에 포함되어 있으면서 그대 자신을 포함하고 있습니다. 이 일은 알려지는 대상이자 동시에 아는 자 자체입니다. 대상을 바라보는 그 시야 가운데 보는 자 또한 함께 있습니다.

바로 지금 여기 도무지 의심할 수 없는 그대 자신의 존재입니다. 자기 존재를 의심한다면 그것이 가장 확실한 자기 존재의 증명이 될 것입니다. 존재의 상대적 유무(有無)를 따지기 이전에, 어떻게도 손댈 수 없는 근원, 바탕, 배경, 원점이 그것입니다.

태초에 그것이 있었습니다.

5.

"참나의 영광 가운데 머물러 있는 내게 잠자는 상태나 꿈꾸는 상태, 깨어 있는 상태가 어디 있으며, 그것들을 넘어선 네 번째 상태(Turiya), 그리고 두려움이 어디 있겠습니까?"

텅 빈 허공 가운데 한낮의 상태와 황혼, 그리고 한밤이 갈마듭니다. 태양이 환히 밝은 한낮이나, 저녁 어스름의 황혼 녘이나, 별빛조차 없는 깜깜한 한밤에도 텅 빈 허공은 아무런 영향을 받지 않습니다. 한낮일 때도, 황혼 녘일 때도, 한밤중일 때도 텅 빈 허공이 아닌 적이 없지만, 텅 빈 허공 자체에는 한낮도, 황혼도, 한밤도 없습니다.

우리의 본래 모습, 순수한 의식-존재-생명은 그러한 텅 빈 허공과 같습니다. 그 순수한 의식-존재-생명의 공간 가운데 깨어 있는 상태, 꿈꾸는 상태, 깊이 잠든 상태가 번갈아 찾아오지만, 실재하는 것은 오직 순수한 의식-존재-생명뿐입니다. 그것을 네 번째 상태라 부르기도 하지만, 나머지 세 가지 상태를 벗어난 다른 상태가 있는 것은 아닙니다.

깨어 있는 상태, 꿈꾸는 상태, 깊이 잠든 상태는 환영입니다. 오직 순수한 의식-존재-생명만이 존재합니다. 그리고 순수한 의식-존재-생명은 그대로 깨어 있는 상태이자, 꿈꾸는 상태이며, 깊이 잠든 상태입니다. 아무 상태도 아닌 상태가 모든 상태로 드러납니다. 어떤 존재도 아닌 것이 모든 존재로 나타납니다. 이것이 신비입니다.

모든 것은 끝없이 새롭게 형성되면서 이미 완성되었고, 불완전한 이대로 이미 완전합니다. 모든 사람은 깨닫지 못한 그대로 완벽하게 깨달아 있으며, 천차만별로 분리된 이대로 온전히 합일되어 있습니다. 이 세상은 흥망성쇠를 거듭하겠지만 본래 시작도 없고 끝도 없습니다. 사람들은 계속 태어나고 또 죽겠지만 나고 죽음이 다하는 일은 없습니다.

이 사실을 투철히 깨달았던 한 사람은 이렇게 말했습니다.

"다 이루었다." (요한복음, 19:30)

6.

"참나의 영광 가운데 머물러 있는 내게 먼 곳과 가까운 곳, 안과 밖, 크고 작음이 어디 있겠습니까?"

제가 있는 이곳 부산에서 대구는 약 100km 떨어져 있고, 서울은 약 400km 떨어져 있습니다. 그렇다면 대구는 가깝고, 서울은 멀다고 할 수 있습니다. 그러나 실제로는 부산, 대구, 서울이 바로 지금 여기 내 눈앞을 벗어나 객관적이고 독립적으로 있을 수는 없습니다.

'여기는 부산이다.', '대구는 100km 떨어져 있다.', '서울은 400km 떨어져 있다.'는 모두 바로 지금 여기 내 눈앞에서만 존재하는 생각, 분별적 인식입니다. 이 생각, 이 분별을 떠나서 그 모든 것이 실제로 있는 것이 아니라는 사실을 자세히 살펴보십시오.

우리가 실제, 실재, 실체라고 여기는 모든 것은 생각일 뿐입니다. 데카르트가 "나는 생각한다. 고로 나는 존재한다."라고 분명히 설파했듯, 나는 곧 생각일 뿐입니다. 나뿐만 아니라, 모든 것이 생각을 벗어나서, 감각 지각과 인식을 떠나서 있을 수 없는 한, 모든 것 역시 생각일 뿐입니다.

감각되고 인식된다고 해서 실체가 있다거나 실제로 존재하는 것이 아니라는 사실은 꿈을 꿔 본 사람이면 쉽게 알 수 있습니다. 꿈속에서도 분명 꿈속의 자아와 세계, 그리고 그 사이의 온갖 경험을 감각하고 인식했지만, 사실에 있어서 꿈 자체가 실재하는 것은 아닙니다.

우리가 깨어 있는 상태에서 경험하는 온갖 차별 현상 역시 꿈속의 경험과 조금도 다르지 않은 허상, 가상의 경험일 뿐입니다. 따라서 꿈에서 깨어나듯 이 허상, 가상의 경험에서 깨어나면, 그동안 경험했던 많은 것들이 실제로는 아무것도 경험하지 않은 셈이 됩니다.

바로 그때 허상이면서 가상의 경험일 뿐인 상대성의 그림자에 가려져 있던 실상, 절대성을 자각할 수 있는 인연이 펼쳐집니다. 꿈속의 모든 경험이 결국 모두 꿈 하나일 뿐이듯, 천차만별의 차별 현상이 그대로 둘 없는 하나, 하나마저 세울 수 없는 무한의 표현임을 깨닫게 됩니다.

7.

"참나의 영광 가운데 머물러 있는 내게 삶과 죽음이 어디 있고, 세속과 세속적 관계가 어디 있으며, 산란함과 고요함이 어디 있겠습니까?"

변화를 지각하고 인식하기 위해서는, 결코 변화하지 않는 것이 먼저 있어야 한다는 사실을 잘 살펴보십시오.

(…)

예를 들어 어떤 소리가 드러나려면 그 이전에 고요가, 침묵이 우선해야 합니다. 고요와 침묵이 선행하지 않는다면 소리는 결코 출현할 수 없습니다.

또한 어떤 소리가 사라지려면 소리 이후에도 고요와 침묵이 남아 있어야 합니다. 고요와 침묵이 남아 있지 않으면 소리는 결코 사라질 수 없습니다.

(…)

그렇다면 삶 이전을 먼저 경험하지 않고서는 결코 삶을 경험할 수 없으며, 죽음 이후를 경험하지 못한다면 결코 죽음을 경험할 수 없다는 사실을 알 것입니다.

(…)

삶과 죽음이라는 변화가 가능하려면 그 배후에 삶과 죽음이 없는 것이 먼저 있어야 합니다.

(…)

그것이 바로 지금 여기 이렇게 있습니다.

8.

"참나 가운데 영원히 안주하는 내게는 인생의 목적에 대해 말할 필요도, 수행에 대해 말할 필요도, 나아가 진리에 대해 말할 필요도 없습니다."

깨달음은 추구하는 것이 아니라 멈추는 것입니다.

단 한 순간이라도 떠날 수 있는 것, 그것과 그것 아닌 것으로 나뉠 수 있는 것, 있을 때와 없을 때가 따로 있는 것이라면, 그것은 깨달음, 진리, 참나가 아닙니다.

그렇다면 깨달음, 진리, 참나는 바로 지금 여기 이것입니다. 있는 그대로의 나 자신, 눈앞의 현상 세계 전체 그대로입니다. 사실은 이런 말과 개념마저 필요 없습니다.

너무나 당연하고 자연스러운 것입니다. 그래서 조금도 생각할 필요가 없습니다. 이것인가, 저것인가 따질 필요도 없습니다. 얻었나, 잃었나 확인할 필요마저 없습니다.

그래서 저절로 멈추게 되고, 안정되고, 스스로 밝아집니다. 억지로 할 것도 없지만, 억지로 하지 않을 것도 없습니다. 모든 의문은 사라지고 흔들림 없는 확신이 찾아옵니다.

자유는 공짜(free)입니다.

20장
삶 속에서의 해탈

나는 순수한 참나인데, 환상이 어디 있고,
실재가 어디 있겠습니까?
집착이 어디 있고, 무욕이 어디 있겠습니까?
중생이 어디 있고, 신이 어디 있겠습니까?

1.

자나카 왕이 말했다.

"티끌 한 점 없이 맑고 깨끗한 참나 가운데, 다섯 가지 물질적 요소나 육체가 어디 있겠습니까? 감각 기관이나 마음이 어디 있으며, 텅 빈 공이나 절망이 어디 있겠습니까?"

다섯 가지 물질적 요소가 그대로 참나, 그대의 본성입니다. 육체가 바로 참나, 그대의 본성입니다. 보고 듣고 냄새 맡고 맛보고 느끼는 감각 기관이 그대로 참나, 그대의 본성입니다. 온갖 분별과 망상을 일으키는 마음이 바로 참나, 그대의 본성입니다. 텅 빈 공은 물론 가득 찬 현상 세계가 그대로 참나, 그대의 본성입니다. 절망뿐만 아니라 기쁨과 환희도 역시 참나, 그대의 본성입니다.

오직 참나, 그대의 본성만이 존재합니다. 진정 참나만, 그대의 본성만 존재한다면 참나, 그대의 본성이라고 할 자와 할 것도 없습니다. 따라서 있는 것이 그대로 없는 것이고, 없는 것이 그대로 있는 것입니다. '있다'와 '없다'는 동일하고 단일한 사실이 서로 다른 모습을 취한 것일 뿐입니다. 이 점이 분명하다면 해야 할 일이 아무것도 없는 한편, 하지 않을 일 또한 아무것도 없습니다. 그것이 자유입니다.

2.

"이원성에서 자유로운 내게 경전이 어디 있고, 깨달음이 어디 있겠습니까? 무심이 어디 있고, 만족과 욕망에서 자유로움이 어디 있겠습니까?"

멈추십시오!
완전히 멈추십시오!

내려놓으십시오!
모두 내려놓으십시오!

아무것도 보아야 할 것이 없습니다. 아무것도 들어야 할 것이 없습니다. 아무것도 냄새 맡아야 할 것이 없습니다. 아무것도 맛봐야 할 것이 없습니다. 아무것도 느껴야 할 것이 없습니다. 아무것도 알아야 할 것이 없습니다.

바로 지금 당장 눈앞의 이것입니다.

아무것도 아니기 때문에 아무리 찾아도 찾지 못했던 것입니다. 항상 완전히 드러난 채로 있기 때문에 찾는 마음이 남아 있는 한 결코 찾을 수 없습니다. 그 찾는 마음이 저절로 쉬어지면, 찾지 못한 그것이 바로 이미 다 찾은 것입니다.

이것이 이미 드러난 비밀, 비밀 아닌 비밀입니다.

생각이 일어나려면 그 생각보다 먼저 생각 아닌 것이 있어야 합니다. 느낌이 나타나고 사라지려면 느낌 아닌 것이 버젓이 있어야 합니다. 아무 모양이 없고 아무 한계가 없는 것을 하나의 제한된 대상으로 찾고 구하지 마십시오.

영리한 자에게는 오히려 어려워 보이겠지만, 어리석은 자에게는 너무나 쉬운 일입니다.

3.

"참나는 아무런 속성이 없는데, 앎과 무지가 어디 있겠습니까? '나'와 '내 것'이 어디 있겠습니까? 구속이나 해탈이 어디 있겠습니까?"

진정한 깨달음, 완전한 깨달음은 특정한 체험, 상태, 경지를 획득해서 그것을 자신이 원하는 만큼 또는 영원히 유지하는 것이 아닙니다.

일반적으로 모종의 영적 체험, 주로 주객의 분리가 없는 합일의식 내지 문득 자아가 사라지는 경험이 깨달음의 첫 관문이나 방아쇠 역할을 합니다. 너무나 당연했던 분리의식, 각자의 존재성을 가진 만물 가운데서 하나의 개체인 자아가 고군분투하는 것이 삶이었는데, 일순간 그 분리의식, 인생의 무게와 번민이 홀연 사라지는 체험은 여간 매력적인 것이 아닐 수 없습니다.

그러나 그러한 체험은 여전히 체험의 내용과 체험을 한 사람, 체험 이전과 그 이후로 나뉘는 이원적 사고방식, 분리의식의 산물입니다. 본래 아무 문제 없이 드러나 있던 온전한 참나, 자신의 본성을 새삼스레 한 번 자각했을 뿐인데, 그동안 익숙했던 이원적 사고방식과 분리의식으로 인해 체험의 당사자인 자아는 그 순간에 경험되는 심신의 특별한 변화에만 관심을 갖게 됩니다.

의식에 기록된 체험의 내용이란 그것이 의식에 포착된 이상 고유의 한계, 형태를 가진 대상에 불과한 것일 뿐입니다. 그리고 한계와 형태를 가진 대상이라면 필연적으로 생겨났다가 잠시 유지되다가 곧 변하고 결국 사라집니다. 그렇기 때문에 이 사실을 이미 겪어 본 사람은 참나, 진리란 결코 하나의 대상 경계가 아니라고 힘주어 말하는 것입니다.

하지만 여전히 분리의식 가운데 있는 사람들은 어떤 체험을 한 경우 뭔가를 얻었다는 착각 때문에, 그 체험이 변화하고 소멸하면 그 반대급부로 뭔가를 잃어버렸다는 생각에 허둥대거나 혼란에 빠지게 됩니다. 특정한 상태를 깨달음으로 상정하면 그 이외의 상태는 저절로 깨닫지 못함이라는 상태가 되어, 두 가지 상태 사이에서 오락가락하면서 오히려 마음이 안정되지 않게 됩니다.

어찌 보면 의식의 성장과정, 깨달음의 길에서 이러한 오해와 착각은 거의 불가피한지도 모릅니다. 너무나 뿌리가 깊은 이원적 사고방식, 분리의식은 한두 차례의 갑작스러운 체험을 통해 완전히 극복되기는 대단히 어렵기 때문입니다. 그러나 진정으로 진실, 진리를 알고자 하는 열망으로 가득 찬 사람이라면 포기할 줄 모르는 열정과 헌신으로 자신의 한계, 실수를 넘어서게 될 것입니다.

그리하여 마치 완벽한 동그라미를 그리려면 붓이 처음 출발했던 바로 그 지점으로 정확히 돌아와야 하듯이, 의식의 초점이 의식되는 대상 경계에서 의식하고 있는 자기 자신, 조금의 간극 없는 의식 자체로 돌아와야 합니다. 그것이 나머지가 없는 깨달음, 둘이 없는 깨달음, 깨달음마저 없는 깨달음, 조금도 색다를 것 없는 있는 그대로의 자기 자신에 대한 깨달음입니다.

4.

"오직 하나만 있을 뿐인데, 업(業)과 그 과보(果報)가 어디 있겠습니까? 삶 속에서 해탈하거나 죽음에서 해탈하는 것이 어디 있겠습니까?"

오직 '하나'만 있으면 그 '하나'를 알 다른 하나는 없습니다. 진실로 오직

'하나'만 있다면 그 '하나'마저 없는 것입니다. '하나'라는 것을 하나의 대상, 하나의 관념으로 파악하면 그것은 둘이지 '하나'가 아닙니다.

온갖 사물 하나하나, 모든 사건 하나하나가 그대로 '하나'입니다. '하나'는 부분이면서 그대로 전체입니다. '하나'는 그 내부도 없지만, 그 외부도 있을 수 없습니다. 내외가 있다면 그것은 결단코 '하나'일 수 없습니다.

또한 '하나'는 먼저와 나중이 있을 수 없습니다. 과거와 현재, 그리고 미래로 나뉠 수 있다면 그것을 '하나'라 할 수 없습니다. '하나'는 나의 내부와 외부, 시간과 공간에 두루 있어 없는 곳이 없습니다.

'하나'는 바로 지금 당장의 이것입니다. 여기서 하나, 둘, 셋, 넷……, 천차만별이 벌어지지만 그 모두가 결국 '하나'를 벗어나 있지는 않습니다. 업과 운명, 생사와 해탈도 결국은 바로 지금 당장의 이것일 뿐입니다.

바로 지금 당장 이대로 '하나'입니다.

5.

"여기에는 아무도 없는데, 행위를 하는 자나 그 결과를 받는 자가 어디 있겠습니까? 생각의 시작이나 끝이 어디 있으며, 직접적인 앎이나 그것의 반영(反影)이 어디 있겠습니까?"

바로 지금 여기에는 아무도 없습니다.

'나'라는 것이 존재한다면 그것이 과연 무엇인지 구체적으로 탐구해 보십시오. '나'라고 할 만한 것이 있습니까? 예를 들어, 새끼발가락의 간지러움과 같은 육체적 감각이 느껴진다고 할 때, 그 육체적 감각이 '나'인가요? 아니면 그 육체적 감각을 느끼는 그것이 '나'인가요?

발가락의 간지러움 같은 육체적 감각은 잘 느껴지지만, 그것을 느끼는 '나'가 느껴지나요? 감각을 느끼는 '나'라고 할 만한 대상이 거기에 있나요? 자세히 살펴보면 거기엔 '나'라고 할 만한 무엇은 아무것도 없습니다. 그러나 아무것도 없다는 그것, 어떤 것(a thing)이 아닌 것이 있습니다.

'나' 아닌 나, '나' 없는 나, 참나, 아무것도 아닌 것, 아무것도 없는 그것이 언제나 바로 지금 여기 이렇게 있습니다. 모든 것은 변했는데, 이것은 늘 변함없이 이렇게 있습니다. 이것이 있기에 그 모든 변화가 나타날 수 있었습니다. 존재의 근원적 바탕, 의식·존재·생명이 있습니다.

행위 하는 자와 그가 한 행위, 그리고 그 결과와 그것을 수확하는 자 모두가 이 한 바탕 위(안)에 있습니다. 아니, 한 바탕으로서 있습니다. 그것들은 한 바탕 위(안)에, 한 바탕으로서 있기 때문에 전혀 분리가 없습니다. 따라서 행위 하는 자도, 행위도, 그리고 그 결과와 그것을 받는 자도 따로 없습니다.

하나의 생각이 일어나기 이전에도 이것이 있었고, 하나의 생각이 일어나도 이 한 바탕 위(안)에서 일어나고, 하나의 생각이 사라져도 이것, 이 한 바탕은 여기 이대로 있습니다. 바로 지금 실험해 보고, 경험해 보십시오. 그대가 평생 동안 단 한 순간이라도 이것, 이 한 바탕을 떠난 적이 있는지.

이것은 알 수도 없지만, 모를 수도 없는 것입니다. 눈이 눈 스스로를 볼 수 없고, 칼이 칼 스스로를 자를 수 없는 것과 같습니다. 보는 것이 눈이고, 자르는 것이 칼입니다. 진실은 어떤 실체나 대상에 있는 것이 아니라,

그 기능, 그 작용에 있습니다. 바로 지금 여기 무엇이 작용하고 있습니까?

창 밖 나뭇가지 끝 꽃이 붉습니다.

6.

"나의 본성 가운데 둘이 없거늘, 세상이 어디 있고, 해탈을 염원하는 사람이 어디 있겠습니까? 명상하는 사람이 어디 있고, 깨달은 사람이 어디 있겠습니까? 속박된 사람이 어디 있고, 해탈한 사람이 어디 있겠습니까?"

바로 지금 여기 전체로 드러나 있는 것이 그대의 본성입니다. 꿈속에서 꿈속의 모든 것이 꿈 하나이듯이, 깨어 있는 상태에서도 눈앞의 모든 것이 그대의 본성 하나입니다. 오직 그대의 본성, 의식-존재-생명만이 실재입니다.

진리, 깨달음을 추구한다는 것은 물속에 있으면서 다시 물을 찾는 꼴이며, 소를 타고 있으면서 다시 소를 찾는 격입니다. 바로 지금 여기 있는 것이 그것인 줄 알지 못하기에, 바로 지금 여기 없는 것을 찾고 있는 것입니다.

바로 지금 여기 이것이 그것입니다.

이것은 애초부터 나눠진 바 없이 온통 한 덩어리인 채로 조금도 분리가 없습니다. 텅 비었으나 빈틈없이 꽉 차 있어 조금도 흔들림이 없습니다. 없는 듯 하지만 분명히 있고, 있는 것 같지만 아무리 찾아봐도 아무것도 없습니다.

바로 지금 여기 이것이 그것입니다.

알려고 하고, 잡으려고 하고, 경험하려고 하는 마음의 충동이 본래 하나인 걸 둘로 만듭니다. 알려고 하고, 잡으려고 하고, 경험하려고 하는 마음의 충동이 저절로 멈추면 그때 비로소 문득 이것이 그것임을 자각하게 됩니다.

멈추십시오. 고요히 있으십시오. 그리고 가만히 자신의 존재를 자각해 보십시오. 그 자각이 곧 자신의 존재 자체입니다. 존재가 바로 자각 자체입니다. 거기에 둘은 없습니다. "고요히 있으라, 그리고 내가 곧 신임을 알라."

바로 지금 여기 이것이 그것입니다.

7.
"나는 하나인데, 창조와 파괴가 어디 있겠습니까? 수단과 목적이 어디 있겠습니까? 구도자와 그의 성취가 어디 있겠습니까?"

그대는 하나입니다. 그대는 둘이 아닙니다. 그대는 둘이 없습니다. 그대 바깥에 있는 것처럼 보이는 모든 대상 사물도 그대와 더불어 하나입니다. 결코 둘이 아닙니다. 그대 바깥에 있는 것처럼 보이는 어떤 대상 사물도 그대 없이 홀로 존재할 수 없기 때문입니다.

그대가 있기에 대상 사물이 있습니다. 대상 사물이 있기에 그대도 있습니다. 그대와 대상 사물은 하나입니다. 그대와 대상 사물은 둘이 아닙니다. 그대가 바로 대상 사물이고, 대상 사물이 바로 그대 자신입니다. 그대와 대상 사물은 둘이면서 하나이고, 하나이면서 둘입니다.

그대는 그대가 아니고, 대상 사물은 대상 사물이 아닙니다. 하나는 하나
가 아니고, 둘은 둘이 아닙니다. 그대도 없고, 대상 사물도 없습니다. 하나
도 없고, 둘도 없습니다. 그대도 아니고 대상 사물도 아니며, 하나도 아니
고 둘도 아닌 것이 진정한 그대, 참나입니다.

바로 지금 그대 눈앞의 이것이라 말하지만, 이 말 역시 틀렸습니다. 아
닙니다. 자연스러운 존재의 상태, 다양한 의식 상태와 모든 현상 배후의
지극히 당연하고 평범한, 순수하고 투명한 의식이라 말하지만, 이 말 또한
충분치 않습니다. 만족스럽지 않습니다.

이것은 결코 말할 수 없습니다. 차라리 침묵하는 것이 더 낫습니다. 이
것은 결코 드러낼 수 없습니다. 이미 숨김없이 전체가 드러나 있습니다.
이것은 결코 알 수 없습니다. 바로 그 알지 못하는 줄 아는 그것입니다. 이
것은 결코 체험할 수 없습니다. 바로 그 체험이기 때문입니다.

8.

"나는 순수한 자각인데, 아는 자가 어디 있겠습니까? 아는 과정이 어디 있고, 알려
지는 것 또는 앎 자체가 어디 있겠습니까? 유(有, anything)가 어디 있고, 무(無, nothing)
가 어디 있겠습니까?"

여러 가지 색깔로 그림을 그리려고 하면 아무 색깔이 없는 하얀 도화지
가 먼저 있어야 합니다. 어떤 색깔이든지 하얀 도화지의 바탕이 있어야 드
러날 수 있습니다. 그러나 바탕인 하얀 도화지는 색깔을 이용해 그려 낼
수는 없습니다. 아무리 그려 내 보았자 그것은 색깔이지 바탕인 하얀 도화

지가 아닙니다. 바탕인 하얀 도화지는 결코 그려 낼 수 없지만, 모든 색깔이 그 바탕인 하얀 도화지를 떠나 있지 않습니다.

순수한 자각, 텅 비어 있는 의식·존재·생명 역시 그러합니다. 그것이 언제나 변함없이 있기에 다양한 의식의 상태와 현상의 경험이 가능합니다. 의식의 내용물, 자각의 대상들은 끝없이 오고 가지만, 투명한 의식, 순수한 자각은 언제나 바로 지금 여기 이렇게 있습니다. 이 의식, 이 자각을 하나의 대상으로 알려고 하고 경험하려고 한다면, 그것은 마치 색깔을 가지고 하얀 도화지 바탕을 그리려는 꼴과 같습니다.

이것은 없는 듯이 있는 것이고, 모르는 것처럼 알고 있는 것입니다. 아무것도 없다는 판단의 밑바탕에 이것이 있고, 아무것도 모르겠다는 분별의 근원에 이것이 있습니다. 이것은 있음과 없음을 모두 포괄하고 있고, 앎과 모름에 구속받지 않습니다. 완전하게 드러나 있기 때문에 오히려 숨겨진 것 같고 찾기가 어렵습니다. 바로 지금 눈앞에서 모양, 소리, 냄새, 맛, 느낌, 앎을 제외하고 나면 무엇이 남아 있을까요?

바로 지금 이것입니다.

9.
"내가 고요함 그 자체인데, 산란이나 집중이 어디 있고, 깨달음이나 망상이 어디 있겠습니까? 기쁨이나 슬픔이 어디 있겠습니까?"

그대의 진정한 본질, 참나는 모든 것을 자각하는 그것이지, 자각되는 그것이 아닙니다.

그대는 보는 자이기 때문에 결코 하나의 대상으로 보이지 않습니다. 그대는 듣는 자이기 때문에 결코 하나의 대상으로 들리지 않습니다. 그대는 냄새 맡는 자이기 때문에 결코 하나의 대상으로 냄새 맡아지지 않습니다. 그대는 맛보는 자이기 때문에 결코 하나의 대상으로 맛볼 수 없습니다. 그대는 느끼는 자이기 때문에 결코 하나의 대상으로 느낄 수 없습니다. 그대는 아는 자이기 때문에 결코 하나의 대상으로 알 수 없습니다.

그러나 분명 그대는 보고 있고, 듣고 있고, 냄새 맡고 있고, 맛보고 있고, 느끼고 있고, 알고 있습니다. 지각되고 인식되는 몸과 마음은 결코 그대의 진정한 본질, 참나가 아닙니다. 몸과 마음을 지각하고 인식하는 그것이 그대의 진정한 본질, 참나입니다. 바로 지금 여기 이것입니다. 생각이 일어나는 근본 바탕이기에 생각할 필요가 없고, 느낌이 일어나는 근원이기 때문에 아무 느낌조차 없습니다. 바로 지금 여기 있는 이대로 이것입니다.

그대의 진정한 본질, 참나는 아무 모양도 없고, 소리도 없고, 냄새도 없고, 맛도 없고, 느낌도 없고, 앎도 없습니다. 아무런 한계나 속성이 없습니다. 텅 비어 있고, 고요하고, 흔들림이 없습니다. 그러나 분명 살아 있고, 의식하고 있고, 기능하고 있습니다. 모든 현상과 경험의 배후에 엄연히 있는, 결코 의심할 수 없는 그대 자신의 존재의 감각, 투명한 의식, 순수한 자각이 그대의 진정한 본질, 참나입니다.

바로 지금 그대로 그것이건만, 지각되고 인식되는 대상에만 관심이 가 있어 이대로가 그것인 줄 깨닫지 못합니다. 어떤 대상에도 주의를 기울이지 않고, 주의 그 자체, 자각 그 자체로 머물면 바로 그것입니다. 이미 그것이고 본래 그것이기에 어떤 조작, 수행, 과정을 거칠 필요 없이 단박에 그것입니다. 멈추면 비로소 보이게 됩니다. 찾는 것을 포기하는 순간, 이미 있는 것에 대한 자각이 찾아옵니다. 바로 이것입니다.

10.

"생각이 없는 나에게 상대적인 것이 어디 있고, 초월적인 것이 어디 있겠습니까? 행복이나 불행이 어디 있겠습니까?"

생각이란 무엇일까요? 지금 당장 미키마우스를 생각해 보십시오. 대부분 어렵지 않게 두 개의 큰 귀와 동그란 코, 빨간 반바지를 입은 귀여운 생쥐의 이미지를 떠올릴 수 있을 것입니다.

그 이미지, 그 생각이 어디에서 나타났습니까? 그 이미지, 그 생각을 떠올리기 이전에 그 자리에는 과연 무엇이 있었습니까? 이미지와 생각이 일어나는 자리를 생각할 수 있다면 그것은 또 다른 이미지, 생각에 불과합니다.

생각은 생각 없는 곳에서 일어납니다. 생각 없는 곳은 당연히 생각할 수 없습니다. 생각 없는 곳, 생각할 수 없는 곳에서 끝없이 생각이 일어났다가 바로 그곳으로 사라집니다.

데카르트는 "나는 생각한다. 고로 나는 존재한다."라고 말했습니다. '나'의 존재는 곧 생각이라는 말입니다. '나'뿐만 아니라, '세계' 역시 생각입니다. 만약 생각이 없다면 '나'와 '세계'는 어디 있습니까?

생각, 지각와 인식의 소산일 뿐인 '나'와 '세계'가 엄연한 현실성, 존재감을 갖는 이유는 생각 아닌 것, 생각 없는 것, 생각할 수 없는 것이 엄연히 현실적으로 존재하기 때문입니다.

생각은 나타났다 사라지고 왔다가 가지만, 생각 아닌 것, 생각 없는 것, 생각할 수 없는 것은 나타나지도 않고 사라지지도 않으며, 오지도 않고 가지도 않습니다. 그것이 무엇입니까?

'그것이 무엇입니까?'라는 생각을 좇아 또 다른 생각을 이어가지 말고, 그 자리에 멈추십시오. 그것이 무엇입니까? 멈추십시오. 바로 그 자리, 그 것입니다. 생각이 일어나는 바로 그 자리, 생각이 사라지는 바로 그 자리입니다.

다시 미키마우스를 생각해 보십시오. 미키마우스의 이미지는 나타나지만, 그 이미지가 나타나는 자리는 나타나지 않았습니다. 이미 드러나 있었습니다. 미키마우스의 이미지는 사라지지만, 그 자리는 사라지지 않습니다.

언제나 바로 지금 여기 이렇게 있습니다.

11.

"나는 순수한 참나인데, 환상이 어디 있고, 실재가 어디 있겠습니까? 집착이 어디 있고, 무욕이 어디 있겠습니까? 중생이 어디 있고, 신이 어디 있겠습니까?"

그대는 진정 누구, 혹은 무엇입니까?

특정한 이름과 특정한 신체, 특정한 개성을 가진 심신(心身) 유기체가 진정한 그대의 정체성입니까? 아니면 그 특정한 심신 복합체를 자기 자신으로 인식하고 있는 순수한 자각, 앎입니까? 자기 자신을 지각하고 인식하는 그것은 무엇입니까?

그대는 그대 자신을 알고 있습니다. 그때, 알 수 있는 그대 자신, 알려지는 그대 자신이 진정한 그대의 정체성, 참나인가요? 아니면 그대 자신을 아는 그것이 진정한 그대의 정체성, 참나인가요? 그대 자신까지 지각하고 인식하는 그것은 무엇입니까?

환상이 있다면 그 환상의 근거가 바로 그 자각, 그 앎의 성품입니다. 실재가 있다면 그 실재의 근거 역시 그 자각, 그 앎의 성품입니다. 집착 역시 그러하고, 무욕 또한 그러합니다. 모든 중생의 근거 또한 그것이고, 모든 초월적 존재의 뿌리 역시 마찬가지입니다.

오직 이 자각, 이 앎의 성품, 이 근본 바탕, 이 근원 의식, 이 존재, 이 생명만이 있습니다. 바로 지금 여기 그대 눈앞의 이것입니다. 이것이야말로 앎과 모름을 넘어선 절대적인 자각, 보편적인 의식, 순수한 참나입니다. 그대는 언제나 변함없는 이 '나'입니다.

12.

"영원히 변함없고 나뉠 수 없으며, 참나 안에 확고하게 안주한 내게 방종이나 절제가 어디 있겠습니까? 해탈이나 구속이 어디 있겠습니까?"

그대의 진정한 본질, 참나는 바로 지금 여기 눈앞의 현상 전체를 포함하고 있는 의식-공간입니다. 의식인 공간이자 공간 같은 의식이 그대의 진정한 본질, 참나입니다. 꿈속의 자아와 세계가 모두 꿈이라는 단일한 본질로 귀결되듯이, 깨어 있는 의식 상태의 모든 현상 전체도 결국 의식이라는 단일한 본질일 뿐입니다.

그렇다면 의식은 무엇인가요?

바로 지금 이렇게 보고 듣고 느끼고 아는 작용입니다. 자아와 세계, 어떤 현상도 보고 듣고 느끼고 아는 이 작용, 이 의식을 벗어나 있지 않습니다. 모두가 의식의 대상, 볼 수 있고, 들을 수 있고, 느낄 수 있고, 알 수 있는 것들입니다. 그런데 그렇게 보고 듣고 느끼고 아는 의식, 그 의식 자체를 의식할 수 있습니까?

의식하지 않을 수 있을까요?

그대는 결코 스스로는 의식되지 않지만 모든 것을 의식하고 있는 순수한 의식, 투명한 의식, 살아 있는 의식입니다. 모든 존재자의 동일한 배경인 존재성(Being-ness) 자체입니다. 다양한 개체들 각자가 자기 스스로를 '나'라고 믿어 의심치 않는 절대적 정체성의 근원, '나 있음(I am)'입니다. 그대는 영원한 생명, 불멸의 참나입니다.

바로 지금 여기, 이것으로 확고하게 안주하십시오.

13.

"나는 한계가 없는 절대인데, 가르침이 어디 있고, 경전이 어디 있겠습니까? 제자가 어디 있고, 스승이 어디 있겠습니까? 삶에서 성취해야 할 지고의 선(善)이 어디 있겠습니까?"

바로 지금 이것입니다.

어떤 대상보다 먼저 이미 여기에 있는 것, 그것만이 진리입니다. 하나의 느낌을 지각하기 이전, 하나의 생각을 인식하기 이전, 이미 느낌이나 생각으로 파악할 수 없는 '무엇'이 언제나 변함없이 바로 지금 여기 있습니다.

이것을 어찌 입을 열어 설명할 수 있겠습니까? 이것을 어찌 글로 적어 표현할 수 있겠습니까? 이것을 어찌 배울 수 있으며, 어찌 가르칠 수 있겠습니까? 이것을 어찌 노력을 통해 성취할 수 있겠습니까?

그대가 이미 그것인데!

14.
"존재가 어디 있고, 비(非) 존재가 어디 있겠습니까? 이원성이 어디 있고, 비-이원성이 어디 있겠습니까? 더 이상 말할 것이 어디 있겠습니까? 나에게는 아무 일도 일어나지 않습니다."

바로 지금 여기에는 아무도 없습니다. 아무것도 없습니다. 아무 일도 없습니다.

하지만 그대가 엄연히 존재한다고요? 대상 사물이 분명히 존재한다고요? 보고 듣고 느끼고 아는 일이 확실히 존재한다고요?

그 근거가 무엇입니까?

그대의 몸과 마음에 대한 지각과 인식, 다른 대상 사물에 대한 지각과 인식, 그대와 대상 사물 사이에서 일어난 경험에 대한 지각과 인식이 그 근거 아닙니까?

그러므로 그러한 지각과 인식이 사라진 깊은 잠 속에서는 그대도 없었고, 대상 사물도 없었고, 그 둘 사이에서 벌어지는 어떤 경험도 없었습니다.

그러나 그 상태가 완전한 허무, 절대적인 무의식 상태는 아닙니다. 아무도 없었고, 아무것도 없었고, 아무 일도 없었다는 순수한 자각은 있었기 때문입니다.

그 순수한 자각이 바로 지금 여기 이렇게 있습니다.

이 순수한 자각이 있기에, 그대도 존재하고, 대상 사물도 존재하고, 그 둘 사이에서 벌어지는 다양한 경험도 존재합니다.

모든 현상이 바로 이 순수한 자각이고, 이 순수한 자각이 그대로 모든 현상입니다. 오직 이것만이 있습니다. 오직 이것밖에 없습니다.

바로 지금 여기에는 아무도 없습니다. 아무것도 없습니다. 아무 일도 없습니다.

부록

〈아쉬타바크라 기타〉 전문

심성일 옮김

아쉬타바크라 기타

1장

1.

늙은 왕 자나카(Janaka)가 젊은 아쉬타바크라(Ashtavakra)에게 물었다.

"어찌해야 앎을 성취할 수 있으며, 어찌해야 해탈을 성취할 수 있으며, 어찌해야 무심(無心)을 성취할 수 있습니까? 부디 이 모든 것을 말씀해 주십시오."

2.

아쉬타바크라가 대답하였다.

"그대가 해탈을 성취하고자 한다면, 감각 대상들에 대한 욕망을 독(毒)과 같이 피하라. 그대의 주의를 감로(甘露)와 같은 관용, 진실, 자비, 만족과 진리에 기울여라."

3.

"그대는 땅도 아니고, 물도 아니고, 불도 아니고, 공기도 아니고, 심지어 허공조차 아니다. 해탈이란 그대 자신이 이 모든 것의 목격자인 자각(自覺)일 뿐임을 아는 것이다."

4.

"그대가 만일 자신이 육 체라는 동일시에서 벗어나 자각 안에 머문다면, 즉시 구속에서 벗어나 만족하며 평화로워질 것이다."

5.

"그대는 브라만이나 다른 계급에 속하지 않으며, 어떤 단계에 있지도 않으며, 눈으로 볼 수 있는 무엇이 아니다. 그대는 손댈 수 없고, 형상이 없는, 모든 것의 목격자이다. 그러므로 행복하라."

6.
"옳음과 그름, 즐거움과 고통은 오로지 마음속에만 존재할 뿐, 그대와 아무 상관이 없다. 그대는 행위자가 아니며, 그 결과를 받는 자도 아니다. 따라서 그대는 언제나 자유롭다."

7.
"그대는 존재하는 모든 것의 유일무이한 목격자이며, 언제나 자유롭다. 문제는 그대가 자신을 목격자가 아닌, 목격되는 것으로 여긴다는 것이다."

8.
"그대가 '나는 행위자다.'라고 믿는 것은 커다란 검은 독사(毒蛇)에게 물린 것과 같다. '나는 행위자가 아니라 목격자다.'라는 해독제를 마셔라. 그러면 행복해지리라."

9.
"'나는 단일하고 순수한 자각이다.'라는 이해의 불로 무지(無知)의 숲을 태워 버려라. 그러면 고통에서 자유롭고 행복하리라."

10.
"그대는 한계 없는 자각, 지고의 기쁨이다. 그 안에서 이 현상 세계가 마치 새끼줄이 뱀으로 보이는 환영처럼 나타나고 있다. 그러므로 행복하라."

11.
"그대가 만약 자유롭다고 생각한다면 그대는 자유롭다. 그대가 만약 구속되어 있다고 생각한다면 그대는 구속되어 있다. '그대는 바로 그대가 생각하는 것이다.'라는 말은 진실이다."

12.

"그대의 참된 본성은 완전하고 자유로우며 모든 곳에 두루 펼쳐져 있는 의식, 어디에도 집착하지 않고 움직이지 않으며 고요한 유일한 목격자이다. 오로지 잘못된 믿음, 환상 때문에 그대가 세상 속에 있는 것처럼 보일 뿐이다."

13.

"그대 자신이 변함없고 의식하고 있으며 비이원적인 자각임을 명상하라. 그대가 분리되어 있는 한 개인이며 안과 밖이 있다는 생각을 포기하라."

14.

"나의 아들아, 그대는 오랫동안 '나는 육체다.'라는 습관적인 생각에 묶여 있었다. '나는 자각이다.'라는 지혜의 칼로 그것을 자르고 행복하라."

15.

"그대는 이미 자유롭고 자명(自明)하며 청정하고 고요하다. 수행을 통해 스스로를 평화롭게 만들려고 노력하는 것이 그대의 구속이다."

16.

"이 세상은 그대로서 충만하며 그대 안에 존재하고 있다. 그대는 순수한 자각이다. 그러므로 그대가 육체라는 편협한 개념을 포기하라."

17.

"그대는 무조건적이고 변함없는, 모양도 없고 움직임도 없는, 굳건하고 헤아릴 수 없는, 아무것도 욕망하지 않는 자각이다. 그러므로 순수한 의식으로 확고하게 머물러 있으라."

18.
"형상은 실제가 아니고 오로지 형상 없는 것만이 영원한 것이라는 사실을 알라. 일단 그대가 이 사실을 알게 된다면 다시는 환상 속에 떨어지지 않으리라."

19.
"마치 거울이 그것이 반영하는 이미지 안과 밖에 존재하는 것처럼, 궁극의 참나는 육체의 내부에 존재하는 동시에 외부에도 존재한다."

20.
"마치 동일한 허공이 병 안과 밖에 존재하는 것처럼, 영원히 끊어지지 않는 하나가 모든 사물의 안과 밖에 존재한다."

2장

1.
자나카 왕이 말했다.
"나는 티끌 한 점 없이 깨끗하고 평온한, 순수한 의식, 자각입니다. 이제까지 나는 허상에 속아 왔습니다."

2.
"내가 이 육체를 비추는 것처럼, 그렇게 나는 온 세상을 비추고 있습니다. 그러므로 나는 모든 것이거나 아무것도 아닙니다."

3.
"이제 스승님의 자비로운 가르침을 통해 육체와 이 세상을 포기해 버리

자, 참나를 분명하게 인식하게 되었습니다."

4.

"마치 물결과 물거품이 물과 다르지 않은 것처럼, 이 모든 세상은 참나에서 출현했으며, 참나와 다르지 않습니다."

5.

"옷감을 자세히 살펴보면 단지 실뿐이듯이, 이 모든 세상은 오직 참나일 뿐입니다."

6.

"사탕수수 즙에서 추출된 설탕에 단맛이 두루 배어 있듯이, 참나 안에서 생성된 이 세계는 온전히 참나로 충만합니다."

7.

"참나를 알지 못하는 까닭에 세상이 나타나고, 참나를 알게 되면 세상은 사라집니다. 그것은 마치 새끼줄이 뱀처럼 보이는 것과 같습니다. 새끼줄을 잘못 보게 되면 뱀이 나타나지만, 새끼줄을 제대로 보게 되면 뱀은 사라집니다."

8.

"빛이야말로 나의 본질이며, 나는 다름 아닌 바로 그 빛입니다. 어떤 것이 나타날지라도 그것은 단지 그 안에서 빛나는 나일 뿐입니다. 세상의 모든 모습은 오로지 나의 빛입니다."

9.

"마치 진주 조가비 안에서 은이 빛나는 것처럼 보이고, 새끼줄이 뱀으로 보이며, 햇빛의 장난으로 사막의 지평 위에 물의 신기루가 보이듯, 무지 때문에 내 안에 이 헛된 세상이 나타나는 것은 실로 놀라운 일입니다."

10.
"항아리가 흙으로 돌아가고, 물결이 물로 돌아가며, 장신구들이 금으로 돌아가듯이, 내게서 비롯된 이 세상은 마침내 내 안으로 침잠할 것입니다."

11.
"얼마나 놀라운가요! 창조주 브라만에서 가장 작은 풀잎에 이르기까지, 온 우주가 파괴될지라도 파괴되지 않은 채 언제나 있는 그대로 남아 있을 참나에게 경배합니다."

12.
"얼마나 놀라운가요! 육체를 가지고 있는 것처럼 보이지만, 어느 곳에서 오지도 않고 어느 곳으로 가지도 않으며, 언제나 현존하며 온 세상 만물의 근저에 있는 참나에게 경배합니다."

13.
"얼마나 놀라운가요! 감각으로 지각되고 마음으로 인식되는 이 세상에서 내 능력 밖에 있는 것은 아무것도 없습니다. 언제나 온 세상을 떠받치고 있으면서도 그것에 영향 받지 않는 참나에게 경배합니다."

14.
"얼마나 놀라운가요! 아무것도 소유하지 않았지만 모든 것을 소유하고 있으며, 말과 생각의 범위를 넘어서 있는 참나에게 경배합니다."

15.
"아는 자와 알려지는 대상, 그리고 앎은 실제로는 존재하지 않습니다.

이들 셋은 미혹과 무지로 인하여 흠 하나 없이 청정한 참나 안에서 나타납니다."

16.
"이원성이야말로 모든 괴로움의 근본적인 원인임에 틀림없습니다. 눈에 보이는 모든 것은 실재가 아니며, 나는 단일하고 순수한 의식임을 깨닫는 것만이 그에 대한 유일한 해결책입니다."

17.
"나는 순수하고 무한한 자각이지만, 무지로 인하여 자기 자신이 한계와 부수적인 속성들을 가지고 있다고 상상해 왔습니다. 끊임없이 이 사실을 되돌아보면서 나는 분리 없는 절대적 참나 안에 안주합니다."

18.
"나에게는 구속도 없고 해탈도 없습니다. 그러한 환상은 그 기반을 잃어버리고는 사라졌습니다. 이 세상은 내 안에서 나타났지만, 진실로 내 안에 세상은 존재하지 않습니다."

19.
"이 육체까지 포함한 이 세상은 명백히 실존하는 것이 아닙니다. 오직 순수한 의식, 참나만이 존재합니다. 이제 이 사실이 확고해졌는데, 어떤 허상들이 있을 수 있겠습니까?"

20.
"육체, 천국과 지옥, 구속과 해탈, 그리고 두려움, 이 모든 것은 순전히 허상일 뿐입니다. 그러한 것들이 순수한 자각인 나와 무슨 상관이 있겠습니까?"

21.

"겉보기에 무수한 '나'들과 '너'들로 이루어진 군중 속에서도 나는 이원성을 보지 않습니다. 마치 황량한 사막처럼 변해 버린 세상에서 나의 관심을 끌 것이 무엇이 있겠습니까?"

22.

"육체는 내가 아닐 뿐만 아니라, 내 것 또한 아닙니다. 나는 목숨을 가진 존재마저 아닙니다. 나는 자각입니다. 오직 삶에 대한 갈망이 나를 구속할 뿐입니다."

23.

"나라고 하는 무한한 바다에 문득 생각의 바람이 불어오면 세상이라는 다양한 물결이 일어납니다. 하지만 그것들은 다름 아닌 나이고, 결국 나로 다시 돌아옵니다."

24.

"생각의 바람이 나라는 무한한 바다 속으로 가라앉으면 무역상과 같은 개별적 존재는 세상이라는 배와 함께 침몰합니다."

25.

"얼마나 놀라운가요! 나 자신이라는 무한한 바다 가운데서 존재들의 물결이 일어나서는 서로 충돌하고 잠시 함께 놀다가 그들의 본성을 따라 사라집니다."

3장

1.

아쉬타바크라가 말했다.

"이제 그대가 참나는 진실로 하나이며 파괴되지 않는다는 것을 알았다면, 어떻게 부귀를 얻는 데 조금이라도 관심을 가질 수 있겠는가?"

2.

"마치 은빛으로 빛나는 진주 조가비를 은으로 착각하고 탐착을 일으키는 것처럼, 진실로 자신의 본질을 알지 못하는 까닭에 바깥 대상들에 집착하는 것이다."

3.

"그대는 마치 바다 위의 물결처럼 그대 자신 안에서 모든 것이 일어났다 사라진다는 것을 깨달았다. 그런데 어째서 다른 사람들처럼 사물을 뒤쫓아 헤매고 있는가?"

4.

"그대 자신이 순수한 자각, 말로 형언할 수 없는 아름다움이라는 사실을 깨달았는데도, 어떻게 부정(不淨)한 성적(性的) 대상에 계속 욕망을 느끼는가?"

5.

"자기 자신 안에 모든 존재가 있고, 모든 존재 안에 자기 자신이 있음을 깨달은 자가 여전히 소유에 대한 집착을 가지고 있다는 것은 참으로 이상한 일이다."

6.

"궁극의 비이원성을 깨닫고, 사람을 절대적으로 자유롭게 하는 진리 안에 확고하게 자리 잡은 사람이 여전히 욕망에 이끌리는 삶을 살아간다는 것은 참으로 이상한 일이다."

7.

"세속의 대상에 대한 집착에서 비롯된 욕망이 앎의 적인 줄 알고 있으며, 이미 매우 쇠약해져 죽음에 가까운 사람이 여전히 감각의 즐거움을 갈망하는 것은 참으로 이상한 일이다."

8.

"이 세상이나 다음 세상의 일에 무관심하고, 영원한 것과 무상한 것을 식별할 수 있으며, 해탈을 갈망하는 사람이 여전히 육체의 소멸을 두려워하는 것은 참으로 이상한 일이다."

9.

"자신의 참나에 안주하고 있는 현자는 칭찬을 받든 비난을 받든 기뻐하지도 않고 성내지도 않는다."

10.

"자기 자신의 몸과 마음의 움직임을 다른 사람의 몸과 마음의 움직임처럼 지켜보고 있는 위대한 영혼을 어떻게 칭찬과 비난이 방해할 수 있겠는가?"

11.

"이 세상이 순수한 환상임을 깨닫고, 그것에 대한 어떠한 관심도 없는데, 어떻게 흔들림 없는 마음을 가진 사람이 죽음에 직면하여 두려워하겠는가?"

12.

"해탈에 대한 욕망마저도 초월하고, 자기 자신을 아는 것만으로도 만족하는 위대한 영혼을 어느 누구와 비교할 수 있겠는가?"

13.

"모든 대상이 본질적으로 공(空)임을 아는 굳건한 마음을 가진 사람이 어떻게 하나의 대상을 붙잡거나 거부하려 하겠는가?"

14.

"모든 세속적인 욕망을 포기하고 상대성을 초월하여 어떤 것에도 집착하지 않고 살아가는 이는 시간의 흐름 속에서 어떤 사건들이 지나가더라도 기뻐하지도 않고 괴로워하지도 않는다."

4장

1.

자나카 왕이 말했다.

"예, 그렇습니다. 참나 안에 굳건히 자리 잡은 사람은 단지 삶이라는 놀이를 순수한 즐거움으로 즐길 뿐입니다. 그는 짐수레를 끌고 있는 짐승처럼 세상 속에서 갈팡질팡하는 사람과는 같지 않습니다."

2.

"인드라와 같은 천상의 신들도 이 지고의 체험을 갈망하지만, 일단 그곳에 도달한 위대한 요기(yogi)는 그 상태에 머문다 할지라도 들뜨지 않습니다."

3.

"지고의 참나에 안주하고 있는 사람은 선과 악에 영향 받지 않습니다. 마치 하늘이 연기에 의해 물들지 않는 것과 같습니다. 비록 우리 눈에는 그렇게 보일지라도."

4.

"온 세상이 참나임을 알고 있는 위대한 영혼이 있는 그대로 삶을 살아가는 것을 누가 방해할 수 있겠습니까?"

5.

"브라만에서 풀잎에 이르기까지 네 종류의 존재 가운데 오직 자기 자신이 모든 사물과 존재의 참나임을 깨달은 자만이 욕망과 혐오에서 자유로울 수 있습니다."

6.

"자기 자신이 둘 없는 하나, 세상의 주인이라는 사실을 아는 사람은 드뭅니다. 이것을 아는 사람은 어떤 것도 두려워하지 않습니다."

5장

1.

아쉬타바크라가 말했다.

"그대는 어떤 것에도 구속되어 있지 않다. 그대는 순수하다. 거기에 포기해야 할 무엇이 있는가? 그러므로 이 거짓된 연관성을 해소하고 참나와 하나가 되라."

2.

"이 세상은 그대에게서 일어난다. 마치 바다에서 물거품이 일어나듯이. 그러므로 그 모든 것이 단지 그대 자신임을 알고 참나와 하나가 되라."

3.

"이 세상이 그대 눈앞에 보일지라도 그 모든 것은 실체가 없는 것이다.

그대는 티 하나 없이 깨끗하며, 이 세상은 새끼줄이 뱀으로 보이는 것과 같은 환영이다. 이것을 알고 참나와 하나가 되라."

4.

"그대 자신이 괴로움과 즐거움, 희망과 절망, 삶과 죽음에서 있는 그대로 완전하며 변함없음을 알고 참나와 하나가 되라."

6장

1.

자나카 왕이 말했다.

"나는 허공처럼 무한하고, 이 세상은 하나의 주전자와 같습니다. 이것이 앎입니다. 그러므로 이 세상을 포기할 필요도 없고, 수용할 필요도 없고, 파괴할 필요도 없습니다."

2.

"나는 가없는 바다와 같고 현상적인 세상은 그것의 물결과 같습니다. 이것이 앎입니다. 그러므로 그것을 포기할 필요도 없고, 수용할 필요도 없고, 파괴할 필요도 없습니다."

3.

"나는 진주 조가비와 같고 이 세상은 그 안에서 나타난 허상의 은빛과 같습니다. 이것이 앎입니다. 그러므로 그것을 포기할 필요도 없고, 수용할 필요도 없고, 파괴할 필요도 없습니다."

4.

"나는 모든 존재 안에 있고, 모든 존재는 내 안에 있습니다. 이것이 앎입니다. 그러므로 그것을 포기할 필요도 없고, 수용할 필요도 없고, 파괴할 필요도 없습니다."

7장

1.

자나카 왕이 말했다.

"나 자신이라는 무한한 바다 가운데 이 세상이라는 배가 제멋대로 부는 바람에 이끌려 이리저리 떠다닙니다. 하지만 그것이 내 안에 혼란을 일으키지는 않습니다."

2.

"나 자신이라는 무한한 바다 가운데 이 세상은 물결처럼 제멋대로 일어났다 사라집니다. 하지만 그것이 나를 더 늘어나게 하거나 줄어들게 하지는 않습니다."

3.

"나 자신이라는 무한한 바다 가운데 이 세상은 꿈처럼 나타납니다. 하지만 나는 지극히 고요하며 아무런 형상도 없이 남아 있습니다."

4.

"내 진정한 본질은 대상들 가운데 있지 않을 뿐만 아니라, 어떤 대상도 내 진정한 본질 가운데 있지 않습니다. 그것은 무한하고 오염되지 않았으며, 욕망과 집착에서 벗어나 평화롭습니다. 이와 같이 나는 존재합니다."

5.

"나는 순수한 의식이며 이 세상은 마치 마술사가 벌이는 쇼와 같습니다.

그러므로 어찌 어떤 것을 받아들인다거나 거부한다는 생각이 일어날 수 있겠습니까?"

8장

1.

아쉬타바크라가 말했다.

"마음이 어떤 것은 욕망하고 어떤 것은 슬퍼하는 한, 어떤 것은 거부하고 어떤 것은 집착하는 한, 어떤 것은 기뻐하고 어떤 것은 불쾌해하는 한, 거기 속박이 있다."

2.

"마음이 어떤 것도 욕망하거나 슬퍼하지 않고, 어떤 것도 거부하거나 집착하지 않고, 어떤 것도 기뻐하거나 불쾌해하지 않을 때, 거기 해탈이 있다."

3.

"마음이 어떠한 감각적 경험에 얽매일 때, 바로 거기 속박이 있다. 마음이 어떠한 감각적 경험에도 얽매이지 않을 때, 바로 거기 해탈이 있다."

4.

"'나'라는 느낌이 있을 때, 거기 속박이 있다. '나'라는 느낌이 없을 때, 거기 해탈이 있다. 이를 알아 어떤 것도 집착하거나 거부하지 마라."

9장

1.

아쉬타바크라가 말했다.

"성취된 것과 아직 성취되지 않은 것은 누구에게 속하는 것인가? 이렇게 대립되는 것들은 언제쯤 완전히 해소되는가? 그리고 그것들은 어디에 머무는가? 이를 알아 아무런 욕망 없이 모든 것을 놓아 버리고 무심한 눈으로 세상을 대하라."

2.

"오, 나의 아들아! 세상의 모습을 관찰함으로써 삶에 대한 갈망, 즐거움에 대한 갈망, 앎에 대한 갈망을 소멸한 사람은 진실로 드물고 축복받은 자이다."

3.

"모든 현상은 무상하고 세 종류(자아, 대상, 자연재해)의 고통에 둘러싸여 있다. 그것은 어떤 실체도 없고 일시적이며 하찮은 것이므로 포기되어야 한다. 그것을 확고히 결심한 뒤에야 평화를 얻는다."

4.

"사람들에게 이원성의 양극단들이 없었던 시절이 언제 있었던가? 상반되는 것들을 뒤로하고 떠나라. 충만함 속에 머물면서 다가오는 모든 것에 스스로 만족하는 사람은 완전함을 얻는다."

5.

"위대한 현인, 성자, 구도자들 사이에도 서로 의견이 다르다. 이를 본 사람이라면 누군들 지식에 대해 무심해지고 고요해지지 않을 수 있겠는가?"

6.

"세속적인 것에 무심하고 평온하며, 그 자신의 진정한 본질─의식의 본질에 대한 완전한 앎을 성취하여, 다른 사람들을 생사윤회에서 벗어나게 만드는 사람이야말로 진정한 스승이 아니겠는가?"

7.

"우주 삼라만상의 무수한 변화가 단지 근원적인 요소의 다양한 변형일 뿐임을 본다면, 그대는 즉시 모든 속박에서 벗어나 그대 자신의 본성에 안주한다."

8.

"욕망이 세상을 창조한다. 이를 알아 그것을 포기하라. 욕망을 버리는 것은 세상을 버리는 것이다. 이와 같이 집착하지 않음으로써 그대는 있는 그대로 남아 있을 것이다."

10장

1.

아쉬타바크라가 말했다.

"적(敵)인 감각적 욕망과 불운을 불러오는 세속적인 부, 그리고 그 둘의 원인이 되는 선업(善業)마저 포기하고 모든 것에 무심해져라."

2.

"친지와 땅, 재산과 집, 아내와 재능, 그리고 다른 모든 소유물을 3일이나 5일 정도 지속되는 꿈이나 마술사의 쇼처럼 보라."

3.

"집착이 있는 곳에 (윤회하는) 세상이 있다. 집착 없음에 확고하게 머물러라. 욕망에서 벗어나라. 그러면 행복을 얻을 것이다."

4.

"속박의 본질은 다름 아닌 욕망이다. 그리고 그것의 소멸을 해탈이라 부른다. 세속적인(변화하는) 것에 집착하지 않아야 영원한 지복에 이를 수 있다.”

5.

“그대는 둘이 없는 하나의, 의식하고 있으며 순수한 자각 그 자체이다. 이 세상은 의식이 없을 뿐만 아니라 실재하지 않는다. 무지(無知)조차 있는 것이 아니다. 그렇다면 알아야 할 무엇이 더 남아 있는가?”

6.

“그대의 집착에도 불구하고, 그대는 그대의 왕국, 자녀, 아내, 육체, 즐거움을 세세생생 잃어버렸다.”

7.

“부와 쾌락, 덕행이 충분할지라도, 음울한 이 세상의 숲 가운데 있는 마음은 결코 그 안에서 휴식을 얻지 못하리라.”

8.

“그대는 얼마나 많은 생애 동안 몸과 마음과 말로 지은 행위들로 인해 고통을 겪어 왔는가? 이제는 멈출 때다.”

11장

1.

아쉬타바크라가 말했다.

“존재에서 비존재로 형태가 변화하는 것은 사물의 본성에 속한다. 이것을 깨달은 자에게는 흔들림 없음과 고요함, 지복이 자연스럽게 따른다.”

2.

“여기 이 세상의 모든 것이 참나의 창조물이며 오직 참나만이 존재한다는 사실을 확실히 깨달은 사람은 평화 속에 녹아들어 더 이상 어떤 것에도 집착하지 않게 된다."

3.
"행복과 불행이 이전 행위의 결과로 인해 오고 간다는 사실을 분명히 깨달은 사람은 만족하게 된다. 그는 바랄 것도 없고 실망할 것도 없다."

4.
"쾌락과 고통, 삶과 죽음이 이전의 행위의 결과로 인해 오고 간다는 사실을 분명히 깨달은 사람은 아무것도 성취할 것이 없다. 그는 행위 없음에 머물며, 행위 할 때조차 집착 없음에 머문다."

5.
"괴로움이 다름 아닌 생각에서 비롯될 뿐이라는 사실을 분명히 깨달은 사람은 모든 걱정에서 벗어난다. 그는 어디서나 평화롭고 아무것도 바라는 바 없이 만족하게 된다."

6.
"나는 이 몸이 아니고, 이 몸도 나의 것이 아니다. 나는 순수한 자각이다. 이것을 분명히 깨달은 사람은 이 생(生)에 해탈을 얻어 과거의 행위를 기억하거나 미래를 걱정하지 않는다. 거기엔 절대만이 있다."

7.
"풀잎 한 포기에서 지고의 신(神) 브라만에 이르기까지 나만 홀로 존재할 뿐 다른 것은 없다. 이것을 분명히 깨달은 사람은 욕망에서 벗어나 순수하고 평화로워지므로 과거에 소유했거나 아직 소유하지 않은 것들에 무심해진다."

8.

"이 다양하고 놀라운 세상은 실제로 존재하지는 않는다. 이것을 분명하게 깨달은 사람은 순수한 자각으로 아무것도 없음의 고요함 속에 머문다."

12장

1.

자나카 왕이 말했다.

"제일 먼저 나는 육체적 행위에 무심해졌습니다. 그런 다음 쓸데없는 말에 무심해졌으며, 마침내 생각 그 자체에 무심해졌습니다. 이제 나는 진정 있는 그대로의 나 자신으로 머물러 있습니다."

2.

"소리나 다른 감각 지각들이 나의 주의를 끌지 못할 뿐만 아니라, 참나는 감각의 대상이 아니라는 사실을 앎으로써 이제 나의 마음은 자유롭고, 산란하지 않으며, 하나에 집중되어 여기 이 자리에 있습니다."

3.

"노력은 여러 가지 환상들로 중첩된 산란한 마음을 집중시키려 할 때만 요구된다는 사실을 보았기에, 나는 있는 그대로의 나 자신으로 머물러 있습니다."

4.

"거부할 것도 없고, 집착할 것도 없습니다. 기쁨도 없고, 슬픔도 없습니다. 오, 신이시여! 나는 지금 여기 있습니다."

5.

"다양한 단계들이 있는 삶과 아무 단계가 없는 삶, 마음의 대상에 대한 명상과 포기, 이것들이 단지 마음을 산란하게 할 뿐이라는 사실을 발견하였기에, 나는 지금 있는 그대로의 나 자신으로 여기 있습니다."

6.
"행위 하는 것과 행위 하지 않는 것 모두가 무지(無知)에서 비롯되었다는 사실을 알기에, 이제 나는 있는 그대로의 나 자신으로 여기 있습니다."

7.
"생각할 수 없는 하나에 대해 생각하는 것은 여전히 생각에 의지해 있는 것입니다. 그 생각을 포기함으로써 나는 있는 그대로의 나 자신으로 지금 여기 있습니다."

8.
"이것을 성취한 사람은 인생의 목적을 성취한 것입니다. 본성이 이러한 사람은 해야 할 일을 한 사람입니다."

13장

1.
자나카 왕이 말했다.
"아무것도 가지지 않은 타고난 본성, 내면의 자유는 삶 가리개만 소유하고 있는 자들도 얻기 어려운 것입니다. 그래서 나는 획득과 포기를 둘 다 버림으로써 기쁨 속에 있습니다."

2.
"몸은 온갖 수행들로 지쳤고, 입은 온갖 경전들로 신물이 나고, 마음은 온갖 명상들로 무감각해졌습니다. 이 모든 것에서 벗어나, 나는 있는 그대로의 나 자신으로 살고 있습니다."

3.

"어떤 행위도 실제로는 이뤄진 적이 없다는 것을 깨달았기에, 나는 모든 상황 가운데 그저 할 일을 하면서 존재할 뿐입니다."

4.

"자신의 육체에 집착하는 수행자들은 특정한 행위를 하거나 하지 않는 입장에서 생각하는 까닭에 속박을 일으킵니다. 그러나 나는 어떤 것도 집착하거나 거부하지 않음으로써 있는 그대로의 나 자신으로 있습니다."

5.

"앉든 서든, 움직이든 가만히 서 있든, 잠을 자든 꿈을 꾸든, 나에게는 아무런 이득도 없고 손해도 없습니다. 따라서 나는 모든 상황 가운데 있는 그대로의 나 자신으로 존재합니다."

6.

"잠을 잔다고 해서 어떤 것을 잃지도 않으며, 노력한다고 해서 어떤 것을 얻지도 않습니다. 그러므로 나는 모든 상황에서 얻음과 잃음이라는 관점에서 벗어나 있는 그대로 존재합니다."

7.

"즐거움과 괴로움은 계속해서 오고 간다는 사실을 경험을 통해 이해함으로써, 나는 모든 상황에서 좋다는 느낌도, 싫다는 느낌도 없이 있는 그대로 존재합니다."

14장

1.

자나카 왕이 말했다.

"비록 겉으로 보기엔 다른 사람들처럼 잠들어 있는 것처럼 보일지라도, 세상에 대한 관심이 완전히 사라지고, 마음이 본래부터 텅 비어 오로지 무심한 가운데 생각할 뿐인 사람은 진실로 깨어 있습니다."

2.

"내 욕망이 모두 녹아 사라지고 나면, 어디에 나의 부(富)와 친구들, 감각 대상에 대한 유혹이 있을 수 있겠습니까? 경전과 지식이 무슨 소용이 있겠습니까?"

3.

"지고의 참나, 목격자, 하나를 깨달았기에, 나는 속박과 자유에 무심합니다. 나는 해탈을 구하지 않습니다."

4.

"온갖 상태 속에 있어도 내면에 의문이 사라진 사람, 겉으로 보기엔 바보나 광인처럼 환상의 산물 사이를 움직이는 사람은 오직 그와 같은 사람만이 알아볼 수 있습니다."

15장

1.

아쉬타바크라가 말했다.

"순수한 마음을 가진 사람은 평범한 가르침에도 깨달을 수 있다. 그렇지 않다면 평생 동안 지식을 추구할지라도 여전히 갈피를 잡지 못한 채로 남게 된다."

2.

"감각의 대상들에 무심한 것이 해탈이고, 감각의 대상들에 끌리는 것이 구속이다. 이것이 진실이다. 이제 그대 좋을 대로 하라.”

3.

“이전에는 말 잘하고 똑똑하며 활동적인 사람이었더라도, 이 진실을 자각한 이후에는 말이 없고 멍청하며 게으르게 변한 것 같다. 그러므로 세속적인 것에 집착하는 사람들은 그것을 피하려 한다.”

4.

“그대는 이 몸이 아니고, 이 몸 또한 그대의 것이 아니다. 그대는 행위자도 아니고, 그 행위의 결과를 받는 자도 아니다. 그대는 오직 순수한 의식, 자각, 아무것도 필요치 않은 영원한 목격자일 뿐이다. 그러므로 그대는 자유롭고 행복하다.”

5.

“집착과 혐오는 마음의 속성들이다. 그대는 마음이 아니다. 그대는 의식 그 자체이다. 변하지 않고, 나뉘지 않으며, 흠 하나 없는 무분별의 자각 그 자체이다. 그러므로 그대는 자유롭고 행복하다.”

6.

“모든 존재는 그대 가운데 있고, 그대는 모든 존재 가운데 있음을 알라. 개체적 정체성과 ‘내 것’이라는 느낌에서 벗어나 지복 속에 머물러라.”

7.

“바다에서 물결이 일어나듯, 이 세상은 그대 안에서 창조된다. 의심할 여지 없이, 그대는 의식 그 자체이다. 그러므로 걱정할 필요가 없다.”

8.

“믿음을 가져라. 나의 아들아! 그대의 경험을 믿어라. 이 경험을 의심하지 마라. 그대는 자각, 참나, 유일자이다. 그대는 자연의 인과법칙 너머에 있다."

9.

"물질적 요소로 구성된 이 육신은 나타나서, 잠시 머물러 있다가, 다시 사라진다. 참나는 오지도 않고 가지도 않으며, 심지어 머무르지도 않는다. 그런데 왜 육신을 신경 쓰겠는가?"

10.

"이 육신이 세상의 종말까지 유지되든 오늘 당장 사라지든, 순수한 자각인 그대 자신에게 얻거나 잃을 것이 무엇이 있겠는가?"

11.

"이 세상은 대양의 물결처럼 그대 안에서 저절로 일어났다 사라질 뿐이다. 그대는 그로 인해 얻을 것도 없고 잃을 것도 없다. 그대는 바다이다."

12.

"나의 아들아, 그대는 오직 순수한 의식일 뿐이며 이 세상은 그대와 분리되어 있지 않다. 그대가 바로 이 세상이다. 그렇다면 누가, 그리고 어떻게, 왜 그것을 받아들이거나 거부하겠느냐?"

13.

"변함없고 고요하며 청정하고 무한한 의식인 그대에게 어떻게 탄생과 업(業), 자아가 있을 수 있겠는가?"

14.

"그대가 무엇을 지각하든, 그것은 바로 그대이며 그대 자신일 뿐이다. 금반지, 금팔찌 그리고 금목걸이가 모두 금 하나로 만들어졌듯이."

15.

"'이것이 나다.' 그리고 '저것은 내가 아니다.'와 같은 모든 분별을 버려라. 모든 것이 참나임을 알고 분별하지 않으면 행복해지리라."

16.

"이 세상은 오로지 그대의 무지로 인해 실제인 것처럼 보이는 것이다. 실제로는 오직 그대만이 존재한다. 그대와 따로 떨어져 존재하는 세간이나 출세간은 없다."

17.

"이 세상은 꿈이나 환상처럼 실제가 아니며 존재하지 않는다는 사실을 분명히 알게 되면, 그는 욕망에서 벗어나 평화롭게 모든 것을 받아들인다."

18.

"여기, 존재의 바다에는 오직 하나만이 있었고, 있으며, 있을 것이다. 그대에게는 구속도 없으며 또한 해탈도 없다. 그러므로 행복하고 충만하게 살아라."

19.

"'옳다'와 '그르다'라는 생각으로 마음을 혼란스럽게 만들지 마라. 그대는 순수한 의식이다. 고요히 참나의 지복 속에 머물러라."

20.

"모든 명상을 완전히 포기하라. 마음속에 어떤 것도 붙잡고 있지 마라. 그대는 본래부터 자유롭다. 그러니 마음을 집중하는 것이 그대에게 무슨 쓸모가 있겠는가?"

16장

1.

아쉬타바크라가 말했다.

"나의 아들아! 그대는 많은 경전을 외우거나 그에 대해 토론할 수도 있 겠지만, 그 모든 것을 잊어버리기 전까지는 결코 진리를 알 수 없을 것이 다."

2.

"그대는 행위의 결과나 명상의 상태를 즐길 수 있겠지만, 여전히 모든 경험 너머에 있으며 그 안에서는 모든 욕망이 사라지는 그것을 갈망할 것 이다."

3

"모든 사람이 불행하고 고통 받는 까닭은 끊임없이 노력하기 때문이다. 하지만 아무도 이 사실을 깨닫지 못한다. 오직 때가 무르익은 사람만이 이 러한 가르침을 듣고 자유로워진다."

4.

"행복은 눈을 깜빡이는 것마저 귀찮은 일이라 여길 정도로 몹시 게으른 사람의 몫이다. 오직 그 사람만이 행복하다."

5.

"마음이 '나는 이것을 했다.', '나는 이것을 하지 않았다.'와 같은 대립쌍 에서 자유로울 때, 그 사람은 공덕(功德)이나 부(富), 감각적 쾌락과 해탈에 초연해진다."

6.

"감각의 대상을 혐오하는 사람은 그것을 회피하려 한다. 그것을 욕망하는 사람은 탐닉하게 된다. 그러나 혐오하지도 욕망하지도 않는 사람은 회피하려 하지 않으며 탐닉하려 하지도 않는다."

7.
"분별력이 없는 상태인 욕망이 있는 한, 대상에 대한 끌림과 거부가 있을 것이다. 그것이 윤회의 뿌리이자 가지다."

8.
"탐닉은 집착을 낳고, 혐오는 절제를 낳는다. 그러나 지혜로운 사람은 어린아이처럼 그 대립쌍에서 자유롭다. 그러므로 확고해진다."

9.
"세상에 집착하는 사람은 그것을 포기하는 것이 그의 불행을 해결해 줄 것이라 생각한다. 그러나 어떤 것에도 집착하지 않는 사람은 자유로우며 세상 속에 있더라도 불행하지 않다."

10.
"해탈을 자기 자신의 것, 한 개인의 성취라고 주장하는 사람은 깨달은 사람이 아닐 뿐만 아니라 구도자마저도 아니다. 그는 여전히 고통 받는 자일 뿐이다."

11.
"그대가 모든 것을 잊어버리지 않는다면, 쉬바(Shiva)나 비슈누(Vishnu), 브라흐마(Brahma)와 같은 신들이 그대를 가르친다 하더라도, 그대는 결코 참나를 알지 못할 것이다."

17장

1.

아쉬타바크라가 말했다.

"깨달음을 성취하고 요가의 열매를 거둬들인 사람은 만족하며 집착에서 자유로울 뿐만 아니라 고독 속에서도 편안하다."

2.

"진리를 아는 사람은 이 세상 가운데 있어도 결코 문제가 되지 않는다. 왜냐하면 온 세상이 자기 자신만으로 가득 차 있기 때문이다."

3.

"참나 안에 안주한 사람은 어떤 감각의 대상에도 즐거워하지 않는다. 마치 유향(乳香)나무 잎을 맛본 코끼리가 멀구슬나무 잎을 즐기지 않는 것처럼."

4.

"자신이 이미 맛본 즐거움에 연연해하지 않을 뿐만 아니라 아직 맛보지 않은 즐거움에도 집착하지 않는 사람은 세상에 드물다."

5.

"즐거움을 원하거나 해탈을 원하는 사람은 이 세상에서 흔히 볼 수 있지만, 그 모든 것에 무심한 사람은 진실로 드물다."

6.

"오직 극소수의 고결한 사람만이 의로움, 부유함, 즐거움, 해탈, 그리고 삶과 죽음에 대한 집착과 혐오에서 자유롭다."

7.

"그는 이 세상이 사라지는 것도 바라지 않을 뿐더러 이 세상이 지속되는 것도 신경 쓰지 않는다. 그는 어떤 일이 닥치든 지복 속에서 행복하게 살아간다."

8.

"이러한 깨달음으로 충만하여 참나 안에 안주한 그는 마음을 비우고 평화롭게 그저 보고 듣고 느끼고 냄새 맡고 맛보며 살아간다."

9.

"그에게 이 세상, 윤회의 바다는 말라 버렸으므로 집착도 혐오도 없다. 그의 시선은 텅 비었고, 감각들은 고요하며, 행위는 아무 목적이 없다."

10.

"그는 잠들어 있지도 않을 뿐만 아니라 깨어 있지도 않다. 그는 눈을 뜨고 있지도 않고 감고 있지도 않다. 이와 같이 그는 언제 어디서나 지고의 상태 가운데 머문다."

11.

"해탈한 사람은 언제나 참나에 안주하며 마음이 순수하다. 그는 언제 어디서나 욕망에 사로잡히지 않고 살아간다."

12.

"보고 듣고 냄새 맡고 맛보고 느끼고 말하고 움직일지라도 위대한 영혼은 억지로 애쓰려 하지도 않고, 애쓰지 않으려 하지도 않는다. 그는 진실로 자유롭다."

13.

"해탈한 사람은 언제 어디서나 욕망에서 자유롭다. 그는 비난하지도 않고 칭찬하지도 않으며, 주지도 않고 받지도 않으며, 기뻐하지도 않고 성내지도 않는다. 그는 언제 어디서나 무심하고 자유롭다."

14.

"관능적인 이성의 유혹 앞에서나 자신의 죽음이 다가오는 순간에도 위대한 영혼은 마음이 흔들리지 않고 참나에 안주해 있다. 그는 진실로 자유롭다."

15.

"그러한 사람에게 행복과 불행, 남자와 여자, 성공과 실패는 서로 다른 것이 아니다. 그는 모든 것을 평등하게 본다."

16.

"이 세상에 대한 집착에서 자유로운 사람은 공격적이지도 않고 순종적이지도 않으며, 자만하지도 않고 겸손하지도 않으며, 놀라지도 않고 불안해하지도 않는다."

17.

"해탈한 사람은 감각의 만족을 혐오하지 않을 뿐만 아니라 그것을 갈망하지도 않는다. 그는 무심한 가운데 성취함과 성취하지 못함 사이에서 줄곧 자기 자신을 즐긴다."

18.

"텅 빈 마음으로 절대적인 상태에 확고하게 머물러 있는 사람은 내면의 고요함과 고요하지 못함, 선과 악 등의 양자택일을 넘어서 있다."

19.

"'나'와 '내 것'이라는 생각에서 자유롭고, 아무것도 존재하지 않는다는 사실을 절대적으로 확신하며, 내면에서 모든 욕망이 사라진 사람은 행위하는 가운데서도 행위 하지 않는다."

20.

"생각하는 마음이 녹아 사라진 사람은 형언할 수 없는 상태를 성취한다. 그는 망상과 꿈, 무지의 정신적 투사에서 자유롭다."

18장

1.

아쉬타바크라가 말했다.

"지복 그 자체인 그것, 본래 고요하고 빛나는 그것, 그것을 앎으로 인해 이 세상이 꿈임을 드러내는 그것을 찬양하라."

2.

"여러 가지 즐거움의 대상을 얻음으로써 모든 쾌락을 누릴 수 있겠지만, 그 모든 것을 포기하기 전까지는 진실로 행복할 수 없으리라."

3.

"여전히 해야만 할 일이 있다는 생각의 맹렬한 불꽃에 마음을 덴 사람에게 적정(寂靜)의 감로수가 비처럼 쏟아지지 않는다면 어떻게 행복이 있을 수 있겠는가?"

4.

"이 우주는 단지 의식 속 하나의 생각일 뿐이다. 실제로는 그것은 공(空)이다. 존재와 비(非)존재의 참된 본성을 보는 자는 결코 존재하기를 멈추지 않는다."

5.

"절대적이고, 애쓸 필요 없고, 시간을 초월해 있고, 청정무구한 참나는 어떤 제한도 없을 뿐만 아니라 그대에게서 조금도 떨어져 있지 않다. 그대는 항상 그것이다."

6.

"간단히 망상을 제거하고 참나를 알아차림으로써 그의 시야가 구름 걷히듯 한 이들은 모든 고통을 즉각 떨쳐 버린다."

7.

"모든 것은 그저 허상일 뿐이며 참나는 영원히 자유로움을 알게 되면, 현명한 사람은 어린아이처럼 살아간다."

8.

"그 자신이 절대임을 확실히 알고, 존재와 비존재가 오직 허상일 뿐임을 알았다면, 아무런 욕망이 없는 그에게 배우고 말하고 행해야 할 것이 뭐가 있겠는가?"

9.

"모든 것이 참나임을 깨달아 침묵하게 된 요기에게 '나는 이것이다.'라거나 '나는 저것이다.'와 같은 생각들은 자취를 감춘다."

10.

"침묵을 발견한 요기는 마음이 산만하지도 않고 하나에 집중되어 있지도 않으며, 앎이 지나치지도 않고 무지하지도 않으며, 즐겁지도 않고 고통스럽지도 않다."

11.

"천상에 있든 빈곤하든, 얻든 잃든, 사람들 사이에 살든 숲 속에 홀로 있든, 조건에서 풀려난 요기에게는 아무런 차이가 없다."

12.

"종교적 공덕, 감각적 즐거움, 세속적인 부, 이것과 저것의 차별−이것들은 '내가 이것을 했다.'와 '내가 이것을 하지 않았다.'라는 대립쌍에서 자유로운 요기에게는 아무런 의미가 없다."

13.

"살아 있는 동안 해탈한 요기는 이 세상에 어떠한 의무도 없고, 가슴속에 어떠한 집착도 없다. 그의 삶은 그 없이 계속된다."

14.

"세상의 욕망 너머에 머무는 위대한 영혼에게는 망상도 없고, 우주도 없고, '그것'에 대한 명상도 없고, 나아가 그것들에서 해탈하는 일조차 없다. 이 모든 것은 단지 허상일 뿐이다."

15.

"이 모든 것을 꿰뚫어 본 사람은 그가 지각하는 세상을 부정하려 할지도 모른다. 그러나 모든 욕망이 사라진 사람이 무엇을 할 수 있겠는가? 그는 아무것도 볼 것이 없음을 본다."

16.

"지고의 브라만을 본 사람은 '나는 브라만이다.'를 명상한다. 그러나 모든 생각을 초월하고 둘이 없음을 본 사람이 무슨 생각을 할 수 있겠는가? 그는 오직 참나만을 알 뿐이다."

17.

"내면의 산란함을 본 사람은 그것을 통제하려 할 것이다. 그러나 자신이 참나임을 깨달은 사람은 산란하지 않다. 성취할 것이 없는데 그가 무엇을 하겠는가?"

18.

"참된 깨달음에 안주한 사람은 보통 사람처럼 살아가더라도 그들과는 다르다. 그는 몰입하지도 않고 산란하지도 않을 뿐만 아니라 자신에게 아무런 더러움도 없음을 본다."

19.

"존재와 비-존재를 넘어선, 지혜롭고 만족하며 아무런 욕망이 없는 사람은, 비록 세상 사람들의 눈에는 행위 하는 것처럼 보일지라도, 아무 행위도 하지 않는다."

20.

"지혜로운 사람은 그저 해야 할 일만 꾸준히 해 나갈 뿐, 행위 할 것인지 행위 하지 않을 것인지 고민하지 않는다."

21.

"바람에 흩날리는 마른 낙엽처럼, 해탈한 사람은 욕망에서 벗어나 구속받지 않고 자유롭게 삶을 떠다닌다."

22.

"윤회하는 세상을 초월한 사람에게는 기쁨도 없으며 슬픔도 없다. 그는 고요한 마음으로 몸을 가지지 않은 사람처럼 살아간다."

23.

"참나 안에서 기뻐하는 사람, 마음이 평온하고 티끌 하나 없는 사람은 어떤 것도 포기하려 하지 않을 뿐만 아니라 거기에 없는 것을 그리워하지도 않는다."

24.

"마음이 텅 비어 본래 상태에 있는 사람은 자기 마음대로 행동하더라도 자랑스러워하거나 거짓으로 겸손한 척 하지 않는다. 그는 해야 할 일을 할 뿐이다."

25

"'이것은 육체가 하는 것이지, 나 순수한 참나가 하는 것이 아니다.'라고 알고 행동하는 사람은 아무리 많은 행동을 할지라도 실제로는 행동하는 것이 아니다."

26.

"살아 있는 상태에서 해탈한 사람은 왜 그렇게 행동하는지 말할 수 없으면서 행동하지만 바보는 아니다. 그는 세상 속에 살더라도 행복하다."

27.

"끝없는 마음의 움직임들을 충분히 경험했기에 현명한 사람은 쉬게 된다. 그는 생각하지도 않고, 알지도 않고, 듣지도 않고, 보지도 않는다."

28.

"내면의 고요함과 산란함을 넘어선 사람은 해탈을 열망하지 않을 뿐더러 구속도 생각하지 않는다. 온 세상이 존재하는 듯 보일지라도 허상일 뿐임을 깨달은 그는 브라만 그 자체로서 지금 여기에 존재한다."

29.

"자신이 개별적인 자아라고 믿는 사람은 육체가 쉬고 있을 때에도 끊임없이 움직인다. 자신이 개별적 자아가 아니라는 사실을 깨달은 사람은 육체가 움직이는 가운데서도 아무것도 하지 않는다."

30.

"해탈한 사람의 마음은 즐겁지도 않지만 괴롭지도 않다. 그 마음은 흔들림이 없고, 욕망도 없고, 의문도 없다."

31.

"해탈한 사람의 마음은 명상하거나 행위 하기 위해서 노력하지 않는다. 명상과 행위는 어떤 동기나 대상 없이 그냥 일어난다."

32.

"어리석은 사람은 참된 진리를 들으면 당황한다. 지혜로운 사람은 진리를 들으면 내면으로 물러나 겸허하기에 어리석은 것처럼 보인다."

33.

"어리석은 사람은 마음을 집중하기 위해 명상을 하거나, 생각을 멈추기 위해 많은 노력을 한다. 그러나 지혜로운 사람은 참나에 안주한 채, 마치 잠이 든 사람처럼 해야 할 일이 없다."

34.

"어리석은 사람은 행위 하든 행위 하지 않든 간에 평화를 발견하지 못한다. 지혜로운 사람은 단지 진리를 깨닫는 것만으로도 흔들림 없이 안정된다."

35.

"스스로가 본래 참나, 순수한 자각, 사랑이자 완전함, 온갖 다양성을 넘어서 청정무구 그 자체임에도, 세상 사람들은 명상과 수행을 통해 그것을 알 수 없을 것이다."

36.

"어리석은 사람은 결코 반복적인 수행을 통해서 해탈을 얻을 수 없다. 단순한 이해를 통해 함이 없음과 시간을 넘어선 자유에 들어가는 이는 복이 있다."

37.

"브라만을 알려고 하기 때문에, 어리석은 사람은 결코 브라만이 될 수 없다. 지혜로운 사람은 지고의 브라만이다. 왜냐하면 그는 아무 욕망도 없고 아무것도 알지 못하기 때문이다."

38.

"참나에 굳건히 서 있지 못하면서 구원을 열망하기에, 어리석은 사람은 세상의 환영을 지속한다. 지혜로운 이는 그 모든 불행의 뿌리를 잘라 버린다."

39.

"어리석은 사람은 평화를 발견하지 못한다. 왜냐하면 그것을 원하기 때문이다. 지혜로운 사람은 진리를 안다. 그러기에 그는 늘 고요하다."

40.

"대상에 의지하여 아는 사람에게 어떻게 참나에 대한 앎이 있을 수 있겠는가? 지혜로운 사람은 분리되어 있는 대상들을 보지 않고 오직 불변의 참나만 본다."

41.

"어리석은 사람은 마음을 가지고 마음을 통제하려고 애쓴다. 얼마나 어리석은가! 참나 안에서 기뻐하는 지혜로운 사람은 굴복시켜야 할 마음이 없다. 그러므로 언제나 자연스럽게 존재한다."

42.

"어떤 사람들은 무언가가 있다고 믿고, 다른 사람들은 아무것도 없다고 믿는다. 드문 것은 둘 중 어느 것도 믿지 않는 사람이고, 그리하여 그는 고요하다."

43.

"허약한 지성을 가진 사람들도 참나가 순수하고 둘이 없는 하나라고 생각할 수는 있다. 그러나 그들은 망상에 빠져 있기 때문에 실제로 참나를 알지는 못한다. 그러므로 그들은 불행한 채로 삶을 살아간다."

44.

"해탈을 추구하는 사람의 마음은 내면에서 안식처를 찾을 수 없다. 그러나 해탈한 사람의 마음은 안식처가 없다는 바로 그 사실로 인해 언제나 욕망에서 자유롭다."

45.

"겁 많은 사람들은 감각적인 경험을 호랑이만큼이나 두려워한다. 그들은 피난처를 찾아 동굴 속에 들어가 생각을 끊고 일념집중으로 세상을 잊으려고 노력한다."

46.

"무심한 사람에게 감각적 경험들은 사자를 만난 코끼리와 같다. 그것들은 곧장 도망가거나 그럴 수 없다면 아첨꾼처럼 그에게 봉사한다."

47.
"참나 속에 녹아들어 아무런 의심이 없는 사람은 수행이나 해탈이 필요 없다. 보고 듣고 느끼고 냄새 맡고 맛보며 그는 있는 그대로 행복하게 살아간다."

48.
"그의 마음이 텅 비어 장애가 없는 사람은 진리를 듣는 것만으로 해야 할 일도 없고, 하지 말아야 할 일도 없을 뿐만 아니라, 함이 없음마저도 없음을 안다."

49.
"순수한 사람은 해야 할 일이 오면 무엇이든 좋거나 나쁘다는 생각 없이 한다. 그의 행위는 마치 어린아이의 그것과 같다."

50.
"어떤 것에도 의지하지 않는 사람은 행복을 얻는다. 어떤 것에도 의지하지 않는 사람은 지고의 신에 도달한다. 어떤 것에도 의지하지 않는 사람은 적정(寂靜)을 지나 궁극의 상태에 이른다."

51.
"자기 자신이 행위자도 아니고 그 결과의 수혜자도 아니라는 사실을 깨달을 때, 모든 마음의 물결은 멈추게 된다."

52.
"지혜로운 사람의 자연스럽고 천진한 행동은 밝은 빛처럼 빛난다. 어리석은 사람의 의도적인 고요함은 그렇지 않다."

53.

"허상에서 자유로운, 어디에도 얽매이지 않고 제한되지 않은 자각을 가진 지혜로운 사람은 많은 사물 가운데서 스스로 즐길 수도 있고, 산속의 동굴로 물러날 수도 있다."

54.

"영적인 스승이나 신적인 존재, 성지(聖也)를 경배하든, 아름다운 여인이나 왕, 가까운 친구를 보든, 지혜로운 사람의 마음은 흔들리지 않는다."

55.

"그의 하인들이, 아들들이, 아내들이, 딸들이, 손자들 그리고 모든 친척들이 그를 비웃고 경멸할지라도, 요기는 낙심하지 않는다."

56.

"기쁠 때조차 그는 기쁘지 않고, 고통 속에 있을지라도 그는 고통 받지 않는다. 이 놀라운 상태는 오로지 그와 같은 이들만이 알 수 있다."

57.

"의무에 대한 믿음이 그것의 실행을 위해 상대적 세계를 창조한다. 지혜로운 사람은 그 자신이 형상이 없고, 영원하며, 모든 곳에 편재하고, 티 없이 순결함을 아는 까닭에 의무와 세상을 초월한다."

58.

"어리석은 사람은 아무것도 하지 않을 때조차도 산만함으로 동요되고, 능숙한 사람은 그의 의무를 다할 때조차도 고요하고 흔들림이 없다."

59.

"실생활에서도 지혜로운 사람은 행복하다. 행복하게 앉고, 행복하게 잠자고, 행복하게 오가고, 행복하게 말하고, 행복하게 먹는다."

60.
"지혜로운 사람은 참나를 아는 까닭에 보통 사람들과 달리 일상생활에서 흔들리지 않는다. 그는 광활한 호수처럼 깊고 고요하다. 그의 모든 슬픔은 사라졌다."

61.
"어리석은 사람에게는 휴식조차도 행위이다. 지혜로운 사람에게는 행위마저도 고요함의 결실을 맺는다."

62.
"어리석은 사람은 종종 그의 소유물에 반감을 보인다. 그러나 육체에 대한 애착이 떨어져 나간 사람은 집착하지도 않고 싫어하지도 않는다."

63.
"어리석은 사람의 마음은 항상 생각하는 것이나 생각하지 않는 것에 집착한다. 그러나 지혜로운 사람의 마음은, 비록 생각해야 할 것을 생각할지라도, 생각하지 않음이 본성이다."

64.
"지혜로운 사람은 직접 그의 손으로 행위 하고 있을 때조차 아무 일도 행해지지 않는 것을 본다. 그는 어린아이처럼 순수하며 아무 동기 없이 행위 한다."

65.
"참나를 아는 자는 복이 있나니, 보고 듣고 느끼고 냄새 맡고 먹을 때조차 욕망에서 자유로울 뿐만 아니라 모든 상황 가운데서도 한결같다."

66.

"지혜로운 사람은 언제나 허공처럼 텅 비고 변함없는데, 자아가 어디에 있으며, 세상이 어디에 있으며, 궁극이 어디에 있으며, 궁극에 이르는 수단이 어디에 있겠는가?"

67.

"모든 욕망에서 자유롭고, 자신의 본성인 지복을 체현한 사람은 영광스럽나니, 그는 참나 안에 침잠해 있다."

68.

"요컨대, 진리를 깨달은 위대한 영혼은 즐거움이나 해탈에 대한 욕망에서 자유롭다. 언제 어디서나 그는 아무것에도 집착하지 않는다."

69.

"스스로 순수한 의식 자체이며, 그저 이름과 생각으로 창조된 현상 세계가 존재하지 않는다는 사실을 본 사람에게 무슨 해야 할 일이 남아 있겠는가?"

70.

"표현할 수 없는 것을 체험한 사람에게 평화는 자연스럽다. 그는 모든 현상이 다만 환상일 뿐이며, 아무것도 존재하지 않는다는 사실을 안다."

71.

"자각의 빛 자체인 사람, 사물들의 비실재성을 본 사람에게 계율이나 무집착, 포기와 금욕 따위가 무슨 의미가 있겠는가?"

72.

"무한의 빛으로 빛나며, 상대적 존재를 지각하지 않는 사람에게 기쁨이나 슬픔, 구속이나 해탈이 어찌 있겠는가?"

73.

"참나를 깨닫기 전까지는 윤회 가운데 환영(幻影)이 계속된다. 그러나 깨달은 사람은 '나'라는 생각 또는 '내 것'이라는 생각 없이 살아간다."

74.

"참나는 불멸이며 고통을 넘어서 있음을 아는 사람에게 지식이 어디 있고, 세상이 어디 있으며, '나는 육체다.' 혹은 '육체는 내 것이다.'와 같은 생각이 어디 있겠는가?"

75.

"어리석은 사람은 생각을 없애는 것과 같은 행위들을 그만두자마자 곧장 변덕스러운 기분과 욕망의 희생자로 전락한다."

76.

"어리석은 사람은 진리를 듣는다 할지라도 자신의 망상을 포기하지 않는다. 노력과 억제를 통해 겉으로는 평온해 보일지라도, 속으로는 여전히 감각 대상을 갈망하고 있다."

77.

"세상 사람들의 눈에는 행위 하고 있는 것처럼 보일지라도, 지혜로운 사람은 아무 행위도 하지 않는다. 깨달음을 통해 노력을 떨쳐 버렸기에, 그는 어떤 행위나 말을 할 이유가 없다."

78.

"언제나 변함없고 두려움 없는 지혜로운 사람에게는 어둠도 없고, 빛도 없으며, 잃어버릴 것도 없다. 아무것도 없다."

79.

"인내심과 분별력, 두려움 없음, 이런 것들이 요기에게 무슨 소용이 있겠는가? 그의 본성은 묘사될 수 없으며 개인성을 벗어나 있다."

80.

"천국도 없고, 지옥도 없으며, 삶 가운데 해탈조차 없다. 요컨대, 의식이 텅 비어 있거늘 무엇을 더 말할 수 있겠는가?"

81.

"지혜로운 사람은 충족을 갈망하지도 않고 부족을 슬퍼하지도 않는다. 그의 마음은 고요하며 불멸의 감로수로 가득 차 있다."

82.

"욕망에서 벗어난 사람은 착한 사람을 칭찬하거나 나쁜 사람을 비난하지 않는다. 행복과 불행 가운데서 똑같이 만족하기에 그는 어떤 것도 바꾸려 하지 않는다."

83.

"지혜로운 사람은 윤회를 싫어하지도 않고 참나를 욕망하지도 않는다. 그는 기쁨과 슬픔에서 자유로우며, 죽은 것도 아니고 살아 있는 것도 아니다."

84.

"지혜로운 사람은 갈망이 없이 살아간다. 그는 자식이나 아내, 다른 사람에 대한 집착이 없으며, 감각의 대상들을 욕망하지 않을 뿐만 아니라, 자신의 육체마저 신경 쓰지 않는다."

85.

"지혜로운 사람은 마음대로 돌아다니면서, 주어지는 대로 먹고 살며, 해가 지면 그 자리에서 쉬지만, 가슴속은 늘 만족스럽다."

86.

"자기 자신의 존재 속에 뿌리 내리고 탄생과 재생에 무심한 위대한 영혼은 자신의 몸이 죽고 사는 것에 신경 쓰지 않는다."

87.

"지혜로운 사람은 홀로 서며, 아무것도 신경 쓰지 않으며, 어떤 소유물도 가지고 있지 않다. 그는 마음대로 행위 하며, 이원성에서 자유로우며, 모든 의문은 산산조각 났다. 그는 진실로 축복받았다."

88.

"지혜로운 사람은 '내 것'이라는 감각이 없다. 그에게는 흙과 돌과 금이 동일하다. 그의 가슴을 묶고 있던 매듭은 풀렸다. 그는 탐욕과 무지에서 자유롭다."

89.

"가슴속에 아무런 욕망도 없고, 모든 것에 만족하고 무심한 자유로운 영혼과 비교할 만한 사람이 누가 있겠는가?"

90.

"오직 욕망에서 자유로운 사람만이 아무것도 아는 것 없이 알고, 아무것도 말하는 것 없이 말하고, 아무것도 보는 것 없이 본다."

91.

"거지든 왕이든 욕망이 없는 사람은 훌륭하다. 그는 더 이상 사물을 좋다거나 나쁘다는 관점에서 보지 않는다."

92.

"삶의 목표에 도달했고 신실함을 체득한 요기에게는 방탕한 행위도 없고, 절제도 없고, 진리에 대한 욕망조차 없다."

93.

"욕망과 고통에서 자유롭고, 참나 안에 안주하며 만족하는 사람의 내적 체험을 어떻게 그리고 누구에게 설명할 수 있겠는가?"

94.

"지혜로운 사람의 상태는 결코 달라지지 않는다. 곤히 잠들어 있어도, 그는 잠자지 않는다. 몽상에 잠겨 누워 있어도, 그는 꿈꾸지 않는다. 눈을 뜨고 있어도, 그는 깨어 있지 않다."

95.

"깨달은 사람은 생각하면서도 생각이 없고, 감각을 지각하면서도 지각이 없고, 지성을 가지고 있으면서도 마음이 텅 비어 있고, 자아의식을 가지고 있으면서도 자아의식이 없다."

96.

"마음이 고요한 사람은 행복하지도 않고 불행하지도 않으며, 무심하지도 않고 집착하지도 않으며, 해탈하지도 않고 해탈을 구하지도 않는다. 그는 이도 저도 아니다."

97.

"축복 받은 사람은 산란한 가운데서도 고요하다. 명상에 들어 있어도 그는 명상하지 않는다. 무지 속에서도 그는 명징한 채로 남아 있다. 배움이 있더라도 그는 아무것도 아는 것이 없다."

98.

"해탈한 사람은 욕망이 없다. 그는 어떤 상황에서도 참나에 안주한다. 그는 행위와 의무라는 개념에서 자유롭다. 그는 언제 어디서나 동일하다. 그는 자신이 했거나 하지 않은 일에 대해 걱정하지 않는다."

99.

"그는 칭찬을 받아도 기뻐하지 않고, 비난을 받아도 화내지 않는다. 그는 삶에 집착하지도 않고, 죽음을 두려워하지도 않는다."

100.

"마음이 고요한 사람은 사람들이 많은 곳을 피하지 않으며 황야나 숲을 찾지도 않는다. 그는 어떤 곳, 어떤 상황에서도 한결같이 고요하다."

19장

1.

자나카 왕이 말했다.

"진리의 집게로 나는 가슴속 가장 깊숙한 곳에 박힌 생각의 가시를 뽑아 버렸습니다."

2.

"참나의 영광 가운데 머물러 있는 내게 법(法, Dharma)이 어디 있고 업(業, Karma)이 어디 있으며, 물질적 부와 분별력, 이원성과 비이원성이 어디 있겠습니까?"

3.
"참나의 영광 가운데 머물러 있는 내게 과거와 미래, 현재가 어디 있으며, 시간과 공간이 어디 있겠습니까?"

4.
"참나의 영광 가운데 머물러 있는 내게 참나가 어디 있고 무아가 어디 있겠습니까? 선과 악, 혼란함과 명징함이 어디 있겠습니까?"

5.
"참나의 영광 가운데 머물러 있는 내게 잠자는 상태나 꿈꾸는 상태, 깨어 있는 상태가 어디 있으며, 그것들을 넘어선 네 번째 상태(Turiya), 그리고 두려움이 어디 있겠습니까?"

6.
"참나의 영광 가운데 머물러 있는 내게 먼 곳과 가까운 곳, 안과 밖, 크고 작음이 어디 있겠습니까?"

7.
"참나의 영광 가운데 머물러 있는 내게 삶과 죽음이 어디 있고, 세속과 세속적 관계가 어디 있으며, 산란함과 고요함이 어디 있겠습니까?"

8.
"참나 가운데 영원히 안주하는 내게는 인생의 목적에 대해 말할 필요도, 수행에 대해 말할 필요도, 나아가 진리에 대해 말할 필요도 없습니다."

20장

1.

자나카 왕이 말했다.

"티끌 한 점 없이 맑고 깨끗한 참나 가운데, 다섯 가지 물질적 요소나 육체가 어디 있겠습니까? 감각 기관이나 마음이 어디 있으며, 텅 빈 공이나 절망이 어디 있겠습니까?"

2.

"이원성에서 자유로운 내게 경전이 어디 있고, 깨달음이 어디 있겠습니까? 무심이 어디 있고, 만족과 욕망에서 자유로움이 어디 있겠습니까?"

3.

"참나는 아무런 속성이 없는데, 앎과 무지가 어디 있겠습니까? '나'와 '내 것'이 어디 있겠습니까? 구속이나 해탈이 어디 있겠습니까?"

4.

"오직 하나만 있을 뿐인데, 업(業)과 그 과보(果報)가 어디 있겠습니까? 삶 속에서 해탈하거나 죽음에서 해탈하는 것이 어디 있겠습니까?"

5.

"여기에는 아무도 없는데, 행위를 하는 자나 그 결과를 받는 자가 어디 있겠습니까? 생각의 시작이나 끝이 어디 있으며, 직접적인 앎이나 그것의 반영(反影)이 어디 있겠습니까?"

6.

"나의 본성 가운데 둘이 없거늘, 세상이 어디 있고, 해탈을 염원하는 사람이 어디 있겠습니까? 명상하는 사람이 어디 있고, 깨달은 사람이 어디 있겠습니까? 속박된 사람이 어디 있고, 해탈한 사람이 어디 있겠습니까?"

7.

"나는 하나인데, 창조와 파괴가 어디 있겠습니까? 수단과 목적이 어디 있겠습니까? 구도자와 그의 성취가 어디 있겠습니까?"

8.

"나는 순수한 자각인데, 아는 자가 어디 있겠습니까? 아는 과정이 어디 있고, 알려지는 것 또는 앎 자체가 어디 있겠습니까? 유(有, anything)가 어디 있고, 무(無, nothing)가 어디 있겠습니까?"

9.

"내가 고요함 그 자체인데, 산란이나 집중이 어디 있고, 깨달음이나 망상이 어디 있겠습니까? 기쁨이나 슬픔이 어디 있겠습니까?"

10.

"생각이 없는 나에게 상대적인 것이 어디 있고, 초월적인 것이 어디 있겠습니까? 행복이나 불행이 어디 있겠습니까?"

11.

"나는 순수한 참나인데, 환상이 어디 있고, 실재가 어디 있겠습니까? 집착이 어디 있고, 무욕이 어디 있겠습니까? 중생이 어디 있고, 신이 어디 있겠습니까?"

12.

"영원히 변함없고 나눌 수 없으며, 참나 안에 확고하게 안주한 내게 방종이나 절제가 어디 있겠습니까? 해탈이나 구속이 어디 있겠습니까?"

13.

"나는 한계가 없는 절대인데, 가르침이 어디 있고, 경전이 어디 있겠습니까? 제자가 어디 있고, 스승이 어디 있겠습니까? 삶에서 성취해야 할 지고의 선(善)이 어디 있겠습니까?"

14.

"존재가 어디 있고, 비(非)-존재가 어디 있겠습니까? 이원성이 어디 있고, 비-이원성이 어디 있겠습니까? 더 이상 말할 것이 어디 있겠습니까? 나에게는 아무 일도 일어나지 않습니다."

아쉬타바크라의 노래

초판 1쇄 발행일 2018년 5월 10일
지은이 심성일

펴낸이 김윤
펴낸곳 침묵의 향기
출판등록 2000년 8월 30일, 제1-2836호
주소 10380 경기도 고양시 일산서구 중앙로 1542, 635호(대화동, 신동아노블타워)
전화 031) 905-9425
팩스 031) 629-5429
전자우편 chimmukbooks@naver.com
블로그 http://blog.naver.com/chimmukbooks

ISBN 978-89-89590-71-2 03220

*책값은 뒤표지에 있습니다.